KB117098

인문학자 김경집의
6I 사고혁명

인문학자 김경집의
6I 사고혁명

1판 1쇄 인쇄 2021. 5. 4.
1판 1쇄 발행 2021. 5. 17.

지은이 김경집

발행인 고세규
편집 박보람 디자인 조명이 마케팅 고은미 홍보 이한솔
발행처 김영사
등록 1979년 5월 17일(제406−2003−036호)
주소 경기도 파주시 문발로 197(문발동) 우편번호 10881
전화 마케팅부 031)955−3100, 편집부 031)955−3200 | 팩스 031)955−3111

값은 뒤표지에 있습니다.
ISBN 978−89−349−8916−5 03100

홈페이지 www.gimmyoung.com   블로그 blog.naver.com/gybook
인스타그램 instagram.com/gimmyoung   이메일 bestbook@gimmyoung.com

좋은 독자가 좋은 책을 만듭니다.
김영사는 독자 여러분의 의견에 항상 귀 기울이고 있습니다.

Investigation

Intuition

Inspiration

Insight

Imagination

I

인문학자 김경집의
6I 사고 혁명

김경집 지음

김영사

차례

프롤로그: 지금 우리는 어디에 있는가? ·· 008

1부
무엇을, 어떻게 보고 있는가?

1장   속도와 효율에서 창조와 융합으로

세기의 전환: 스티브 잡스 vs 스티브 잡스 ···································· 019
스티브 잡스는 실패에서 무엇을 배웠는가? ······························ 025
형태의 혁신: 마크 로스코 ··· 031
수평성과 유연성: 왜 팀제인가? ··· 036
시대의 전환점, 1997년 우리는 무엇을 성찰했는가? ··················· 043

2장   지금, 당신은 어디에 서 있는가?

현대미술과 대상: 인식과 '나'라는 중심 ······································ 049
감상과 해석: '나'라는 주체 ·· 053
우리는 정말 자유로운가? ··· 058
변환의 서곡: 20세기와 미도파 사태 ·· 062
집단지성과 융합: 21세기, 무엇부터 변화할 것인가? ··················· 068

2부
파이브 아이즈5I's, 다섯 개의 길

3장 탐구Investigation, 지식의 진화

지식: 모든 것의 토대 ·· 081
우리에게 필요한 지식은 무엇인가? ·························· 086
축적으로서 지식: 쌓이는 지식과 정보는 여전히 유효하다 ·········· 088
분석과 비판: 무엇이 지식과 정보를 강하게 만드는가? ············ 093
종합으로서 탐구: 지식을 주체적으로 배양하는 단계 ············· 100
탐구로서 독서: 꾸러미 독서의 힘 ·························· 104
독서에서 창조로: 책의 소비 ······························ 109
책 소유의 가치: 언제든 꺼낼 수 있는 보물 ················· 113
깊은 독서: 전문저널과 지식의 확장 ······················ 122
탐구에서 직관으로 ····································· 126

4장 직관Intuition, 전체를 조망하는 관점

경험적 직관과 본질적 직관 ······························· 131
관찰로서 직관: 전조를 읽어내는 능력 ···················· 134
확장으로서 직관: 사건의 더 큰 맥락을 이해하기 ············· 141
개념의 파괴: 직관의 힘은 어떻게 길러지는가? ·············· 146
핵심으로의 집중: 본질을 파악하는 힘 ···················· 151
예술적 직관: 형상을 넘어 핵심으로의 도약 ················· 154
직관 그 이후: 반성적 성찰 ····························· 160
코페르니쿠스의 직관: 복잡함에서 단순함으로 ·············· 164
비즈니스에서 직관: 찰나의 동물적 감각 ··················· 170
직관은 어디에서 오는가? ······························ 177

5장 영감Inspiration, 창조적 파괴

창조적 착상: 왜 영감이 필요한가? ······················ 185
경험의 축적: 영감의 전제 조건 ·························· 192

관점 전환: 시선을 돌리면 새로운 영감이 떠오른다 ················· 197
호기심과 질문: 영감은 답이 아니라 물음에서 온다 ··············· 202
언어의 재구성: 수사학의 가치 ································· 206
탐구와 영감은 어떻게 결합하는가? ····························· 209
직관과 영감은 어떻게 결합하는가? ····························· 212
재조합의 힘: 탐구, 직관, 영감의 레고 놀이 ····················· 215

6장 통찰Insight, 하나로 꿰뚫는 능력

관계와 맥락: 무엇이 본질인가? ································ 222
역사적 맥락 읽기: 1960년대를 다시 주목하라 ················· 227
역지사지의 통찰: 통념을 뒤집는 역멘토링 ······················ 236
관점 뒤집기: 제자의 눈으로 바라본 《논어》 ··················· 241
콘텍스트로 확장: 다시 읽는 《춘향전》 ······················· 244
질문과 통념: 당연한 것에 의문을 제기하라 ···················· 249
관계에서 통찰로: 이름에서 발견하는 지혜 ····················· 255
맥락에서 통찰로: 24절기를 어떻게 활용할 것인가 ··············· 258
복잡한 관계를 단순하게:유전혁명을 이끌어낸 단순함 ············· 264
과거로 현재를 읽는 법: 중국의 몰락과 부흥 ··················· 267
무엇이 통찰력을 만드는가? ································· 273

7장 상상Imagination, 판을 바꾸는 아이디어

자유의 가치: 상상력의 뿌리 ································· 284
정반합의 상상: 일상을 탈출하는 반중력 ······················ 291
빈칸을 채우는 힘: 박물관에서 배우는 상상력 ·················· 293
과학과 진보: 혁명은 지식이 아니라 상상에서 시작된다 ············ 299
통찰과 상상은 어떻게 결합하는가? ···························· 303
왜 지금 우리에게 상상력이 필요한가? ························· 307
상상의 필요 조건: 공감의 보편성을 증대시키는 법 ·············· 312
프레임 깨기: 경계 너머를 바라보는 눈 ························ 315
통념 뒤집기: 보이지 않는 것을 보는 힘 ······················ 319

3부
여섯 번째 I, 그리고 새로운 길

8장 파이브 아이즈 융합

직관과 영감은 어디에서 오는가? ·· 327

입체적 사고: 텍스트의 울타리 탈출하기 ································ 329

텍스트에서 콘텍스트로: 콘텐츠는 콘텍스트에 있다 ········· 336

문장 공부: 콘텐츠를 발견하는 독해 ······································ 339

발상의 전환: 콘텐츠의 달걀 ·· 348

스토리의 힘: 빼빼로와 쌍스이 ·· 354

철학의 정립: 결과보다 가치를 보라 ······································ 360

가치 혁명: 누구를 위한 콘텐츠인가 ······································ 366

텍스트의 재구성: 추종하지 말고 도전하라 ·························· 370

9장 최종 도달점, '나I/Individual'

근대의 시작, 나 ·· 378

나의 발견에서 자아의 실현으로 ·· 383

나, 겉이 같다고 속도 같은 건 아니다 ·································· 389

주체로서의 나: '어떻게'가 아닌 '왜' ····································· 395

나는 어디에? ·· 401

연출가의 시선으로 바라보는 '나' ·· 409

연출하는 그림 읽기 ··· 416

콘텐츠는 사람에서 시작한다 ·· 423

에필로그: 세계를 낯설게 바라보기 ·· 431

지금 우리는 어디에 있는가?

"콘텐츠는 힘이 세다."

방탄소년단BTS이 세계가 좁다고 휘저으며 어마어마한 아미 ARMY(방탄소년단 팬)를 몰고 다니면서 마침내 빌보드 차트 1위에 등극하는 대사건을 만들어냈다. 영화 〈기생충〉은 칸영화제에서 그랑프리인 황금종려상을 받더니 마침내 할리우드의 아카데미 시상식에서 각본상, 국제장편영화상, 감독상에 이어 작품상까 지 휩쓸었다. 대단하고 뿌듯한 일이다.

콘텐츠의 시대. 누구나 콘텐츠가 중요하다고 말한다. 맞는 말이다. 그렇다면 그 중요하다는 콘텐츠는 어디에서 오는가? 하늘에서 떨어지는 것도 땅에서 솟아나는 것도 아니다. 사람에 서 나온다. 아쉽게도 우리 사회는 콘텐츠와 사람의 중요성을 강 조하지만 아직은 그저 말에 그칠 따름인 듯 보여 안타까운 경우가 많다. 여전히 사람을 단순히 노동력과 소비의 대상으로 삼으며 정작 콘텐츠를 생산할 수 있는 환경에는 적극적으로 투자하지 않는다. 나뭇잎이 아무리 번성해도 뿌리가 얕으면 어느 바람에 쓰러질지 모른다. 그런데도 눈에 보이는 건 땅 위의 나무라서 줄기와 가지, 잎과 열매에만 눈길이 간다. 특히 열매에만 집착한다. 뿌리는 눈에 보이지 않으니 마음을 두지 않는다. 콘텐츠는 뿌리가 튼튼할 때 생겨나는 열매다. 핵심은 눈에 보이지 않는 것에 있는 셈이다.

21세기는 20세기와 비슷하지 않다. 완전히 다른 세기이자 이질적인 세계다. 두 세기는 어떻게 다른가? 몇몇 상징적 코드로 비교해보면 쉽게 이해할 수 있다. 두 세기를 압축적으로 대비할 때 나는 20세기의 아이콘으로 대륙간탄도미사일ICBM: Inter-Continental Ballistic Missile을 꼽는다. 20세기는 속도와 효율의 시대였다. 20세기 전반부에 전 세계는 두 차례 세계대전을 치렀고 후반부에는 냉전의 대립 구조에 있었다. 당연히 끊임없는 무기 경쟁이 이어졌다. 누가 더 좋은 무기를 갖고 있느냐에 생존이 달렸다. 그런데 무기 산업은 무한히 '돈 먹는 하마'다. 계속해서 상대를 능가할 수 있는 무기를 생산해야 한다. 기술과 돈 모두가 동시에 제공되어야 가능하다. 게다가 내가 좋은 무기를 만들어도 상대가 더 좋은 무기를 만들어내면 금세 무용지물이 된다. 무기 산업은 다른 생산과 이어지며 다양한 부가가치를 생성하는 것도 아니다(인터넷과 GPS처럼 무기 개발에서 비롯된 사례도 있지만 소수에 불과하고 무엇보다 엄청난 돈이 들어간다는 점에서 매우 비생산적이다). 그러나 생존을 위해서 상대를 압도해야 하고 당연히 더 많은 무기를 생산하며 엄청난 재정 부담을 안아야 한다. 그 악순환이 반복된다. 무기 경쟁의 함정이다. 두 차례의 전쟁이 끝난 후 대부분의 세계는 산업화의 경쟁으로 전환했고 냉전이 완화된 후에는 그 기세가 더 거세졌는데, 산업화 역시 속도와 효율을 통해 최대 이익을 추구하는 방식이었다.

전쟁과 산업화의 패러다임인 '속도와 효율'의 시대에는 '빠르고 경제적으로' 시스템이 가동되는 걸 전제해야 한다. ICBM은 그런 점에서 가장 효율적인 '공격과 방어' 체제였다. 미사일의 초석을 다진 독일(그러나 나치가 패망하면서 모든 기술이 미국과 소련으로 넘어갔다)이나 전후 냉전 체제에서 미국과 소련이 그랬다. '방어' 중심의 ICBM도 마찬가지다. 강대국이 아닌 나라들로서는 국가의 안보와 경제를 고려할 때 이만한 무기가 없었다. 그래서 온갖 감시와 제재를 뚫고 핵무기를 개발했다. 21세기의 북한이 핵미사일에 매달리는 것도 이런 이유 때문이다.

20세기의 ICBM은 눈에 보이고, 형태가 있으며, 물질로 이루어졌다. 그 시대를 살아온 사람들의 사고도 같은 방식으로 형성됐다. 교육은 그 시대와 사회가 요구하는 노동력의 지적 토대를 마련하고 수련하게 한다는 점에서 가시적 성과 그리고 속도와 효율의 방식에 충실히 따랐다. 그 가장 전형적인 형태가 바로 우리나라의 교육이었다. 주입식 교육이라고 무조건 나쁜 건 아니다. 주입식 교육은 필요한 지식을 머릿속에 집어넣고(소유) 필요할 때 꺼내 쓸 수 있기 때문에 속도와 효율의 체제에 가장 잘 맞는 방식의 하나이기도 했다. 그러므로 지식을 많이 소유하면 좋은 직업과 직종을 얻을 수 있었고 좋은 대우를 받을 수 있었다. 또한 반복적 훈련을 통해 주어진 복잡한 상태를 처리할 수 있어야 하므로 정확한 계산의 능력을 키우는 교육에 힘썼다. 미분과 적분, 지수와 로그를 왜 하는지조차 가르치지 않고 무작정 계산법만 가르친 건 결국 뛰어난 오퍼레이터operator, 즉 작업자를 필요로 하는 산업구조였기 때문이었다. 그게 통했던 시대였다. 그렇게 양질의 노동력을 값싸게 제공함으로써 산업화 시대에 성공할 수 있었다.

21세기도 ICBM으로 상징된다. 그러나 20세기의 대륙간탄도미사일과는 달리 비형태적·비가시적·비질료적이다. 사물인터넷IoT, 클라우드Cloud(인터넷과 연결된 중앙컴퓨터에 데이터를 저장해서 인터넷에 접속하기만 하면 언제 어디서든 데이터를 이용할 수 있는 것), 빅데이터Big Data, 모바일Mobile의 머리글자를 모은 조어造語로서의 ICBM이다. 그리고 이때의 모바일은 도구(디바이스)가 아니라 모바일이 만들어낸 네트워크 시스템을 말한다. 이미 이것들은 우리의 일상에 깊숙하게 들어와 있다. 아주 빠른 속도로 확장되고 발전해서 일상적으로 사용되기에 우리는 이것을 장악하거나 주도하고 있다고 여기기 쉽다. 그러나 이것들은 이제 시작에 불과하며, '도구적으로' 사용하고 있는 것일 뿐 이에 따른 사고의 혁명과는 거리가 멀다. 여전히 눈에 보이고, 손으로 만질 수 있으며, 질료적인 것을 찾아 헤맨다.

문제는 시대가 변했는데도 여전히 과거의 방식이 통한다고 착각하고 있다는 점이다. 그 까닭은 두 가지로 볼 수 있다. 하나는 아직도 상당 부분에서 20세기 산업구조가 작동하고 있기 때문이다. 대한민국 경제를 떠받치는 제조업과 건설 등 기존의 산업화 체제는 여전히 건재하다. 이전에 비해 암기와 계산 능력으로 할 수 있는 부분이 크게 줄었지만 아직은 그 체제가 남아 있다. 다른 하나는 그 체제 속에서 성장한 사람들이 지금 21세기를 지배하고 있는 기성세대이기 때문이다. 그들이라고 변화를 모르는 것은 아니다. 늘 변화하고 있다. 그러나 혁명적인 사고의 전환이 없으면 이전의 방식을 계속해서 고수할 수밖에 없다. 요즘 대부분의 조직은 체계적이고 지속적으로 다양한 교육과 연수의 과정을 요구하기 때문에 이전에 비해 많이 달라지고 있다고 하지만, 그 교육의 프레임을 짜는 사람이 혁명적 사고의 전환을 겪지 않는 한 기본적 틀은 바뀌지 않는다. 단지 예전에 비해 크게 변했다는 착시에 빠질 뿐이다.

이제 그런 시대는 거의 끝났다. 혁명의 시대에는 혁명적으로 변화해야 한다. 그렇다면 어떻게 준비하고 대응하고 있는가?

누구나 콘텐츠의 위력을 실감한다. 여기저기서 틈만 나면 콘텐츠의 중요성을 강조한다. 글로벌 한류 열풍과 그에 대한 자부심, 그리고 예전에는 상상도 하지 못하던 것, 예를 들어 한류 콘텐츠가 높은 수익을 창출하는 것을 목격하면서 더 크게 느끼는 점도 분명히 있을 것이다. 더구나 한류가 단순히 연예와 스포츠에 그치지 않고 국가의 품격과 위상을 높이며 심지어 한국 제품에 대한 호감으로 이어져 매출이 상승하는 걸 보면서 이런 콘텐츠가 계속해서 성장하기를 희망한다. 아쉽게도 콘텐츠에 대한 이해가 성과에만 그치는 측면이 있지만, 어쨌거나 이제 콘텐츠를 언급하지 않고는 어떠한 미래 가치에도 다가갈 수 없다.

생각이 바뀌면 삶이 바뀌고 미래가 바뀐다. 21세기 ICBM의 실체를 정확하게 인식하고 콘텐츠에 대한 인식을 새롭게 바꾸는 것만으로도 놀라운 콘텐츠를 생산할 수 있다. 엄청난 비용을 들여 기계나 도구, 네트워크를 갖추기 전에, 생각을 바꾸고 발상의 전환을 꾸준히 시도하다 보면 어느 순간 비등점처럼 끓어오를 순간이 온다. 이 순간은 한순간에 오지 않는다. 길게 품고 생각을 바꾸고 기르며 꾸준히 사고의 '온도'를 높이면 어느 순간 벼락처럼 온다. 하지만 이것은 벼락이 아니라 긴 시간 숙성된 혁명이다. 지금이 바로 그런 콘텐츠의 혁명에 눈을 돌려야 할 때다.

여기저기 제4차 산업혁명의 충격에 대해 말한다. 그 용어가 굳어진 건 2016년 다보스포럼 이후니 그리 오래되지 않았음에도 너무나 당연한 현실처럼 받아들인다. 피할 수 없는 현실이다. 그런데 그 충격의 속살은 산업과 기술의 발전 속도를 인간의 지성과 역사가 따라잡을 수 없다는 절망감과 불안에서 비롯된다. 거기에 적응하지 못하는 사람은 도태시켜도 어쩔 수 없다고 겁박하는 데에만 몰두한다. 이해할 수 없고 동의할 수 없는 일이다. 왜 경주마와 달리기를 전제하는가? 아무리 빠르게 달려도 인간은 경주마를 이길 수 없다. 지금 우리에게 필요한 건 '말 타는 법'을 배우고 익히는 것이다. 희망과 기대에서 비롯된 미래 설계는 불안과 체념을 완전히 벗어날 때 가능하다. 지금 우리 앞에 서 있는 경주마는 절망과 불안 그리고 체념을 받아들이며 도태와 소외를 어쩔 수 없이 수용하게 만드는 유령이 아니라 희망과 기대의 경주마여야 한다. 콘텐츠는 바로 그 말 타는 법을 배워 말을 몰고 더 멀리 달려갈 수 있는 힘을 만들어내는 매력적인 요소다.

지금 우리에게 요구되는 대부분의 콘텐츠는 비가시적이고 비질료적인 것이지만 우리가 은연중 사용하는 콘텐츠라는 개념에는 여전히 가시적이고 질료적인 것이라는 습관적 사고가 제거되지 않은 상태다. 지금 우리에게 요구되는 콘텐츠는 무엇인지, 그것을 어떻게 키우고 강하게 할 것인지 다양하면서도 견고하게 따져 보아야 한다. 거기에 우리의 미래의 삶이 달렸다. 절실하다. 절망과 희망은 종이 한 장의 차이에서 비롯된다. 그 종이 한 장이 바로 콘텐츠이다.

현재의 우리는 문제의 초점을 어디에 맞출 것인가? 물음은 단순하지만 대답은 결코 간단할 수 없다. 이 책에서는 콘텐츠로 가는 여섯 가지 길을 담았다. 중요한 요소를 짚어보면서 전체적으로 조망할 것이다. 각각의 요소가 완벽하게 독립적이며 독자적인 영역을 차지하고 있는 것은 아니다. 그 요소들의 면면이 어떤지, 그리고 어떻게 넘나들면서 더 나은 콘텐츠를 생산하는지를 살펴볼 것이다. 마지막 요소는 앞의 요소들이 어떻게, 그리고 어디에서 최종적으로 발현되어야 하는지의 핵심이기에 별도로 다루기로 한다.

무엇을, 어떻게
보고 있는가?

1장

속도와 효율에서
창조와 융합으로

그림 1_ 애플에서 쫓겨나서 다시 돌아오기까지 스티브 잡스에게 무슨 일이 있었을까?

세기의 전환:
스티브 잡스 vs 스티브 잡스

20세기와 21세기를 대비할 또 다른 아이콘으로 나는 스티브 잡스Steve Jobs를 소환하려 한다. 우리는 주로 21세기에 재기하고 성공한 스티브 잡스를 기억하며 그의 혁신을 강조한다. 그의 전기傳記에 사람들은 열광했고 기업은 꼭 읽어야 할 책으로 선정했다. 안타까운 건 많은 사람들이 그의 21세기 성공에 대해서만 집중할 뿐, 정작 그가 어떻게 20세기에 성공했고 실패했는지 등에 대해서는 별로 관심이 없다는 점이다.

20세기 후반을 상징하는 대표적인 인물이 스티브 잡스다. 그는 하버드대학교나 MIT 같은 일류 대학을 졸업한 '수재'는 아니었다. 태어나자마자 입양된[1] 그의 삶이 순탄하지는 않았다. 자동차 영업과 부동산중개업을 하던 아버지가 직장 때문에 사우스 샌프란시스코의 산업단지에 있는 주택가로 이주해서 주변 전자회사에 다니던 사람들과 어울리며 성장한 것은 훗날 그의 삶에 중요한 계기가 됐다. 동년배인 빌 페르난데스와 다섯 살 위인 스티브 워즈니악Steve Wozniak과의 교류도 잡스의 삶에 중요한 자산이 됐다. 세 사람 모두 학교에서 낙제생이고 독선적인 성격의 외톨이였다. 하지만 전자적 지식과 집념 그리고 유쾌한 성격은 비슷했다.

그는 홈스테드고등학교를 졸업하고 오리건주 포틀랜드에 있는 리드대학교에 입학했지만 1년 만에 학교를 그만두고[2] 캘리포니아로 돌아가 아타리Atari라는 전자게임 회사에 취업했다. 아타리를 잠시 떠났다가 다시 돌아온 잡스는 워즈니악의 도움을 받아 컴퓨터 게임을 만들었다. 이 두 사람의 결합은 20세기

---

1   훗날 작가인 여동생, 심리치료사인 어머니, 정치학 교수였던 아버지의 존재를 알게 되었지만 그들이 자신을 꺼리는 눈치를 보이자 친부모에게 냉담하며 언제나 양부모를 친부모로 여기며 살았다.

2   리드대학은 스탠퍼드대학 못지않게 학비가 비쌌다. 당시 막노동으로 생계를 유지하던 양부모에게 큰 부담이었다. 동시에 대학교육 가치에 대한 회의로 자퇴했다. 그런데 당시 리드대학에는 서체 디자인에 대한 강좌가 있어서 잡스에게 큰 영향을 미쳤고 가장 뛰어난 서체를 매킨토시에서 구현했다. 리드대학은 그에게 졸업장을 주지 못해도 디자인 마인드를 준 셈이었다.

성공의 가장 핵심적인 상징을 그대로 드러낸다. 스티브 잡스는 사업적 수완과 마케팅 감각이 뛰어났다. 특히 그의 직관은 동물적 감각에 버금갈 만큼 놀랍도록 탁월했다. 우리는 그의 직관에 주목해야 한다. 스티브 잡스가 창립한 애플의 성공 요인 가운데 하나가 바로 직관이기 때문이다.

직관直觀, intuition은 철학, 문학, 사회학 등 각 영역에서 정의하는 방식이 다르지만 일반적으로는 사유 혹은 추리와 대립되는 인식능력이나 작용을 의미한다. 사유나 추리가 반성과 분석을 통해 사태의 부분 혹은 일면을 파악하는 것이라면 직관은 순간 속에서 사태를 전체적으로 파악하는 것이다. 물론 분석처럼 명확하지는 못하다. 직관으로 명확하게 파악했다 하더라도 그것을 타인에게 전달할 수 없다. 하지만 직관은 사유나 추리에 비해 '속도'의 측면에서는 훨씬 월등하다. 20세기에 애플이 성공할 수 있었던 핵심 요인 중 하나는 바로 잡스의 뛰어난 직관 능력이었다. 그리고 이게 통했던 건 20세기가 바로 속도의 시대였기 때문이다.

그러나 직관은 속도의 측면에서는 월등할지 모르지만 체계적이고 기술적인 문제를 수행하는 데엔 치명적일 수 있다. 이 문제를 해결해준 게 엔지니어인 워즈니악이었다. 스티브 잡스의 첫 번째 행운이었다. 직관 능력이 뛰어난 잡스는 속도를, 엔지니어링을 담당한 워즈니악은 효율을 담당한 환상의 조합이었다. 이 둘의 조합은 '속도와 효율'이라는 20세기 방식에 최적화된 모델이었다. 우여곡절이 없던 것은 아니지만 이 조합을 통해 애플은 승승장구했다. 두 사람이 만들어낸 제품은 개인용 컴퓨터PC 시장에서 대성공을 거두었다. 획기적인 운영체제 덕분에 컴퓨터에 대한 지식이 없는 사람도 애플의 PC를 어렵지 않게 사용할 수 있었고 잡스는 억만장자가 됐다. 애플은 매킨토시 프로젝트로 IBM을 위협할 정도로 성장했고, 회사의 규모가 커지자 전문 경영인을 영입했다.

하지만 딱 거기까지였다. 스티브 잡스는 자신의 직관을 지나치게 과신했다. 늘 성공했으니 더 그랬을 것이다. 그의 독선적 성격도 한몫했다. "나를 따르라Follow Me!"를 외치며 호응하지 않는 직원은 매정하게 내쳤다. 그의 직관적 선택이 계속해서 성공했다면 문제가 없었겠지만 세상은 바뀌고 있었다. 속도와 효율의 시대는 이미 서서히 저물기 시작하고 '창조·혁신·융합'의 시대로 전환하고 있었는데 그는 옛 방식을 고수했다. 게다가 그는 모순적인 성격과 인색함 때문에 사람을 잃었다. 매킨토시와 리사Apple Lisa 컴퓨터를 개발하면서 핵심 엔지니어와 경영진 사이의 반목을 수습할 능력도 관심도 없었다. 그 와중에 그를 믿고 따랐던 매킨토시 프로젝트 담당 엔지니어들은 자신들이 형편없는 대우를 받고 있다고 불평했고 결국 잡스에 대한 배신감으로 악화됐다.

스티브 잡스는 자신의 선택에 대해 절대적 신념을 갖고 있었고 다른 견해는 받아들이려 하지 않았다. 독선과 아집이 그의 트레이드 마크였다. 회사 내부의 파워 게임으로 인한 갈등도 방치했다. 잡스는 뛰어난 기획자curator였을지라도 조정자coordinator로서는 형편없는 리더였다. 게다가 매킨토시 발표 후 얼마 지나지 않아 이 운영체제에서 사용할 수 있는 소프트웨어가 부족하다는 게 드러나면서 판매도 급감했다. 이제 스티브 잡스의 독특한 스타일과 분위기는 사람들과 맞지 않았고 실적도 떨어지면서 그의 성공 신화에 대한 의구심과 균열이 자라기 시작했다. 워즈니악이 회사를 떠난 것은 그 결정판이었다. 1985년, 결국 스티브 잡스는 자신이 세운 회사에서 쫓겨났다. 회사를 도탄에 빠지게 만든 주역으로 지목된 것이다. 그의 나이 서른 살 때였다. 쫓겨나는 그에게는 '비현실적인 망상가'라는 딱지가 붙었다. 그렇게 그의 신화도 꺼져갔다.

　　놀랍게도 한국의 스티브 잡스 열풍에서는 20세기 잡스에 대해 자세히 다루지 않는다. 특히 그의 실패에 대해 더더욱 그러하다. 늘 성공 사례만 추종하는 관행 때문이다. 20세기 잡스의 성공과 실패 모두 '속도와 효율'의 패러다임에서 나왔다. 뛰어난 그의 직관과 기획력은 속도의 측면에서는 유리했지만 20세기 후반에 들어서면서 속도와 효율의 시대가 저물고 있다는 것을 깨닫지 못했다. 그러나 대한민국에서는 '빨리, 더 빨리'를 채

근했다.

　20세기에 아침 해처럼 떠올랐다 저녁 해처럼 기울었던 스티브 잡스가 어떻게 화려하게 컴백할 수 있었을까? 사실 그는 애플에서 쫓겨났을 뿐 완전한 패배자는 아니었다. 그는 넥스트 NeXT를 설립해서 넥스트스텝을 개발했고 1986년에는 픽사 Pixar를 인수했다. 넥스트에서는 새로운 그래픽 전용 컴퓨터를 개발하여 의료업계에 판매하려 했지만 그 시도는 실패했다. 넥스트도 휘청댔다. 다시 위기가 찾아온 그를 살린 건 픽사였다. 픽사를 담당했던 엔지니어와 그래픽 아티스트 들은 잡스에게 하드웨어 사업 포기를 권하면서 장편 애니메이션 영화 제작을 제안했다. 잘 나가던 잡스라면 일언지하에 거절했을 것이다. 그러나 상황이 달랐다. 그는 큰 기대를 하지 않은 채 그 제안을 받아들일 수밖에 없었다. 그의 사업은 점점 더 벼랑 끝으로 내몰렸다.

　우리가 잘 아는 것처럼 픽사는 〈토이 스토리 Toy Story〉로 흥행 대기록을 세웠다. 래시터 John Alan Lasseter 감독은 앞서 그 영화의 원형이 되는 〈틴토이 Tin Toy〉를 만들었고 아카데미상 단편 애니메이션 상을 수상하면서 가능성을 보였다. 그러나 잡스는 여전히 픽사 인수를 후회했다. 그러다가 1995년 개봉된 영화 〈토이 스토리〉가 드디어 대박을 터뜨렸다. 픽사는 쓸모없는 회사가 아니었고 후회막급한 투자가 아니었음을 입증했다. 픽사는 〈토이

스토리〉의 성공을 발판으로 주식시장에 상장했고 스티브 잡스는 다시 억만장자의 대열에 올랐다. 곧이어 1996년 애플이 넥스트를 인수했다. 적자에 허덕이던 애플은 새로운 운영체제가 필요했고 그 대상이 바로 넥스트라고 판단했던 것이다. 이렇게 잡스는 자연스럽게 다시 애플로 돌아왔지만 그의 직책은 CEO가 아니라 경영 컨설턴트였다. 다행히 흑자가 났다. 드디어 그는 애플의 CEO로 완전히 복귀했다. 애플로 복귀 후 그가 넥스트 시절 개발했던 기술들이 21세기 애플의 르네상스를 주도했다.

스티브 잡스는
실패에서 무엇을 배웠는가?

앞에서 언급한 것처럼 우리는 잡스가 복귀하고 이뤄낸 애플의 성공 신화에만 주목한다. 그러나 이때의 신화에는 그가 픽사에서 경험한 것이 크게 영향을 미쳤다는 점을 간과해서는 안 된다. 영화라는 건 다른 기업의 운영과 많이 다르다. 어떤 영화를 만들지, 어떻게 만들지, 어떤 전문가를 섭외할지, 배역을 어떻게 할지, 어떻게 마케팅할지 등에 대해 토론을 거쳐야 하고 각 분야 전문가의 의견을 청취하고 수렴해야 한다. 영화는 한 사람의 독단에 의해 결정되는 게 아니다. 20세기 애플을 운영했던 잡스로서는 도저히 그 과정을 이해할 수 없었을 것이고 때로는 복장이 터지는 느낌도 들었을 것이다. 그러나 결과적으로 픽사는 대성공을 이끌어냈고 그에게 부와 기회를 다시 안겨주었다.

우리는 흔히 스티브 잡스의 연설문을 인용할 때 "갈망하라, 늘 갈망하라! Stay Foolish, Stay Hungry!"를 반복한다. 그가 죽기 얼마 전 스탠퍼드대학교 졸업식에서 했던 축사의 마지막 구절이다. 감동적이고 명쾌해서 회자하기 딱 좋다. 그러나 진짜 중요한 말은 그가 애플로 컴백하기 직전 스미소니언 재단과 컴퓨터월드 저널이 함께 시상하는 혁신상을 받았을 때 했던 인터뷰에 있다. 거기에서 그는 이렇게 말했다.

"비즈니스에서 진정 위대한 일은 한 개인이 아니라 팀에 의해서 이루어집니다."

여기서 '한 개인'은 바로 '천재, 위대한 인물, 영웅' 등을 지칭하는 의미다. '속도와 효율'이 지배하던 20세기는 이러한 개인이 엄청난 결실을 만들어내면 덩달아 조직이 발전했다. "한 사람의 천재가 1만 명을 먹여 살린다"는 말이 그렇게 만들어졌다. 우리의 이른바 '영재교육'이나 '수월성 excellency 교육'도 이런 사고의 산물이다.

그러나 21세기에는 그런 것이 더 이상 통하지 않는다. 이미 '창조·혁신·융합'의 시대로 변화했기 때문이다. 그리고 한 사람의 천재가 모든 것을 감당해낼 수 있는 시대도 아니다. 다재다능한 천재는 과거에나 통하던 아이템이다. 세계 최초로 '트랜스포머 나노로봇'을 개발한 김민준 교수는 《김민준의 이너스페이스》에서 지금은 다양한 분야의 융합이 한 사람의 천재를 대신하고 있으며 정보통신기술의 발달로 학문과 학문 사이에서도 벽이 많이 허물어졌기 때문에 그럴 수밖에 없다고 진단한다. 스티브 잡스는 그것을 경험했다. 그게 그의 두 번째 행운이었다. 나는 그것이 픽사를 통한 깨달음의 결과라고 생각한다. '팀에 의해' 이루어진다는 건 집단지성 collective intelligence, 갈등의 조정을 통한 조직력의 강화, 각각의 전문성을 살린 시너지효과 등을 모두 고려한 의미다.

스티브 잡스는 CEO로 복귀한 뒤 애플을 폭발적으로 성장시켰다. 처음 2년 동안 애플의 자본은 20억 달러에서 160억 달러로 증가했다. 그뿐인가? 픽사는 연이은 흥행의 성공으로 엄청난 돈을 안겨주었다. 그는 돈 때문에 주저할 일이 별로 없었다. 그런 그에게 더 큰 변화가 일어났다. 그것은 바로 21세기의 키워드인 '창조·혁신·융합' 중에서 융합을 선택한 일이었다. 그는 새로운 미디어인 인터넷을 새로운 제품 개발에 접목했다. 결정적 계기는 바로 아이튠즈 iTunes였다. 시작은 음악이었다. 애플의 원천기술도 아니었다. 1990년대 말 맥킨토시의 MP3 플레이어 소프트웨어인 SoundJam MP라는 프로그램을 애플이 인수하여 아이튠즈로 내놓은 것이었다. 초기 버전은 CD를 리핑하고, 음악을 관리하고, 원하는 음악을 골라 CD로 굽는 등 전형적인 음악 재생 소프트웨어였다. 아이튠즈의 개발로 발판을 마련한 잡스는 아이팟 iPod을 개발하여 새로운 도약으로 내달렸다.

2001년 첫 선을 보인 아이팟은 MP3플레이어와 온라인 음원 판매를 연동시키는, 엄밀히 말하자면 새로운 발명이 아니라 기존의 것들을 새로운 방식으로 변용한 제품이었다. 아이팟은 플래시메모리를 사용하던 당시의 MP3플레이어와 달리 1.8인치 하드디스크 드라이브를 채택해서 훨씬 더 많은 음악을 담을 수 있었다. 아이팟은 사람들이 음악에 접근하는 방식 자체를 바꿨다는 평가를 받았다. 스티브 잡스 자신도 "아이팟은 음악 산업의 전환점으로 기록될 것이다"라며 그 말이 과대평가가 아니라고 강조했다. 게다가 디자인이 매력적이었다. 매력적인 디자인은 애플의 핵심 요소였다. 눈여겨볼 점은 아이팟의 성공이 획기적 발명이 아니라 바로 융합의 혁신에서 온 것이라는 점이다. 아이팟의 성공에는 바로 아이튠즈라는 자사의 엄청난 동맹군이 한몫을 했다. 혁신적인 발명이 아니라 기존의 것들을 하나로 묶어 편의성을 만족시켰고 음원에 대해서도 기존의 사고를 바꿔놓은 것이다. 아이팟은 애플의 아이콘이 되었고 이후 등장한 아이폰 iPhone과 아이패드 iPad의 모태가 되는 전환점을 만들었다.

2007년 등장한 아이폰은 그야말로 혁명이었다. 처음에 스티브 잡스의 애플이 휴대전화 시장에 뛰어들겠다고 선언했을 때 모두가 미쳤다고 혹평했다. 이미 세계 휴대전화 시장은 노키아, 모토로라, 삼성, 파나소닉 등이 장악하고 있었고 애플은 휴대전화와 전혀 무관한 사업을 해왔기 때문이었다. 그러나 스티브 잡스와 애플은 기존의 휴대전화와는 완전히 다른, 새로운 휴대전화를 가지고 등장했다. 애플의 성공을 의심하던 사람들이 주춤하는 사이에 애플은 세계 휴대전화 시장 자체를 완전히 바꿔놓았다. 철옹성 같던 노키아와 모토로라 등이 한순간에 몰락했다. 아이폰은 가히 휴대전화의 판을 일거에 바꾼 혁명이었다.

완전히 다른 디자인과 기능을 갖춘 아이폰은 세상을 단숨에 정복했다. 잡스는 쉬운 인터페이스를 구현시켰다. 그러나 이것은 완전히 그의 독창적 산물이 아니었다. 그가 사용하기 편한 인터페이스를 고민하고 있을 때 제록스의 그래픽 유저인터페이스가 결정적인 영향을 주었다. 스티브 잡스가 영감을 포착하는 능력이 뛰어났음을 잘 보여주는 사례다. 그런 베이스에 파격적인 디자인의 결합은 전 세계 휴대전화 사용자를 매료시켰고, 이후 출시된 대부분의 스마트폰에 큰 영향을 미쳤다. 아이튠즈와 앱스토어도 아이폰의 성공에 힘을 보탰다. 김민준 교수는 애플과 잡스의 성공은 어느 날 갑자기 나온 것이 아니라 디스플레이부터 일렉트로닉스까지 모든 분야의 기술이 정점tipping point에 이르렀을 때 이미 존재하는 기술에 자신만의 창의적인 디자인을 '융합'하여 기존의 유에서 새로운 유를 만들어낸 것이라고 평가했다.

잡스의 성공은 이처럼 카테고리를 파괴하고 다양하게 연결하는 융합의 힘에서 온 것이다. 여기에 잡스의 특별한 재능이 가미됐다. 그것은 항상 제품에서 디자인을 중시했다는 점이다. 디자인은 하드웨어가 아니라 소프트웨어, 소프트파워다. 그리고 소프트파워는 휴먼웨어의 산물이다. 그 핵심을 놓치면 본질을 보지 못한다. 어쨌거나 제품의 모양 및 색깔 등 디자인의 과감한 변화와 선택은 애플의 트레이드마크가 됐다. 이후 점점 더 많은 부가 기능을 휴대전화에 접목시키며 세상 사람의 허를 찔렀고 그때마다 소비자는 열광했다. 아이폰은 그렇게 전화기 사업을 넘어 통신업계 전반을 뒤흔들고 전 세계 이동통신 사업의 흐름을 일거에 바꿨다. 애플이 전화기 사업에 뛰어드는 걸 의아해했던 사람들은 이제 완전히 새로운 휴대전화에 열광했다. 2007년 아이폰의 출현은 약 500억 달러의 수입을 안기면서 애플을 난공불락의 철옹성으로 만들었다. 2010년에 등장한 태블릿 컴퓨터 아이패드는 컴퓨터 시장까지 뒤흔들었다. 잡스는 세상을 바꿔놓았고 애플은 하나의 '문화'가 됐다. 마침내 스티브 잡스는 21세기의 아이콘 그 자체가 됐다.

이 성공이 워낙 커서 잡스 현상을 대단하게 평가하는 것도 무리는 아니다. 그러나 우리가 너무 성공에만 함몰되어 있는 건 아닌지, 그래서 핵심을 놓치고 있는 건 아닌지 냉철하게 짚어봐야 한다. 먼저 20세기의 잡스와 21세기의 잡스를 구별해야 한다. 그리고 그 구별의 차이를 만든 핵심적인 키워드를 찾아야 한다. 그래야 문제의 본질을 볼 수 있을 뿐 아니라 그것을 발판으로 다음을 조망해볼 수 있다. 20세기의 잡스는 뛰어난 직관으로 속도에서 타의 추종을 불허하면서 성공했다. 물론 기술적 효율성을 보완한 워즈니악과의 환상적인 조합의 덕택이었지만 그 핵심에는 잡스의 놀라운 직관 능력이 있었다. 그러나 결국 그것 때문에 새로운 전환에 스스로가 장애가 되고 자신이 세운 회사에서 쫓겨날 수밖에 없었다. 이미 이 시기에 속도와 효율은 가파르게 하향곡선을 긋고 있었던 것이다. 그러나 이후 픽사를 통해 새로운 통찰력을 얻게 됐고 애플에 복귀하면서 '예전의 스티브 잡스'가 아닌 '새로운 잡스'로 거듭났다. 그것은 바로 '창조·혁신·융합'의 대변신으로 가능했던 부활이었다. 그게 바로 21세기의 가치이자 21세기 콘텐츠의 핵심이다. 20세기 성공과 실패의 스티브 잡스와 21세기 새로운 성공으로 극적으로 재기한 스티브 잡스를 균형 있게 읽어내지 않으면 핵심을 놓친다.

형태의 혁신: 마크 로스코

2015년 서울 예술의전당 한가람미술관에서 '뜻밖의' 전시회가 열렸다. 사람들이 '떼 지어' 몰렸다. 놀라운 일이었다. 그 전시회는 "스티브 잡스가 사랑한 마크 로스코 전"이었다. 과연 대한민국 사람 가운데 마크 로스코Mark Rothko를 아는 이가 얼마나 될까? 그리 많지는 않을 것이다. 피카소나 칸딘스키 같은 거장 몇 명을 제외하고는 현대미술, 특히 추상미술에 대해 거의 무관심한 게 엄연한 현실이다. 사실 우리나라에서 현대 추상미술 전시회가 성공하기는 결코 쉽지 않다. 대중이 어려워하고 꺼리기 때문이다. 속된 말로 흥행이 되지 않는다. 인상파 미술 전시전과 비교해보면 쉽게 알 수 있다.

그런데 왜 마크 로스코 전시회에는 사람이 많이 몰렸을까? 물론 그의 미술을 사랑하는 사람도 제법 많다. 이미 그는 세계적 거장으로 널리 알려졌고 이른바 '추상표현주의'에서 독보적인 위상을 차지하고 있다. 그러나 냉정하게 말해서 전시회 성황의 가장 큰 원인은 바로 '잡스 마케팅'이었다. 절묘한 타이밍이었다. 당시 대한민국 사회는 스티브 잡스 열풍이 한창이었다. 말년에 로스코의 그림에 푹 빠진 스티브 잡스는 로스코 채플[3]을 통째로 갖고 싶다고 했다. 단순한 갈망이 아니다. 그의 여동생의 말에 따르면 잡스가 로스코를 알게 된 것은 죽기 얼마 전

---

3   로스코는 자신의 작품을 잘 팔지 않았고 그것들을 모아놓은 장소를 갤러리가 아닌 '채플chaple'이라 명했다.

이었고 특히 그의 그림에 관심을 갖게 된 건 미래 애플 캠퍼스(애플 본사)의 벽에 무엇을 걸어두고 사람들에게 영감을 줄지 고민하던 차에 "우리는 복잡한 생각의 단순한 표현을 선호한다"는, 로스코가 바넷 뉴먼Barnett Newman과 함께 1943년에 발표한 선언문에 끌렸던 듯하다. 잡스가 로스코에 빠져든 것은 이미 그가 애플 철학을 정립한 말년이었지만 같은 지향점을 가진 두 사람의 조우는 어쩌면 필연적이라는 느낌이 들 정도다. 우연의 일치인지 모르지만 아이폰의 디자인을 보면서 로스코의 그림을 떠올리는 건 시대를 초월한, 그러나 시대를 관통하는 정신을 통찰한 두 대가의 생각이 비슷했기 때문인지 모른다.

로스코와 잡스의 만남은 사고의 본질은 상통한다는 걸 보여준다. 로스코 회화의 큰 특징은 '복잡한 사고의 단순한 표현'이다. 그러나 그 단순함은 오히려 훨씬 더 많은 것을 함축할 수 있고 '낯설지만 친근하게 하는' 매력을 지녔다. 스마트폰이 지금은 보편적 기기가 됐고 제조사가 어디든 모양도 비슷하지만 처음 그 디자인은 익숙하지 않았다. 이전의 휴대전화와는 아예 디자인 자체가 달랐고 사용하는 방식도 많이 달랐다. '스마트폰'이라는, 완전히 새로운 방식의 아이폰은 기존의 휴대전화를 넘어선 다양한 실행모드를 담아내되 복잡한 인상을 주면 심리적으로 부담스러울 수 있다. 지금이야 너무나 익숙해서 아무것도 아닌 것 같지만 서로 모순된 것을 하나로 엮어낸다는 건 결코

그림 2_ 아이폰과 로스코의 그림

쉬운 일이 아니다.

익히 알고 있는 것처럼 애플은 휴대전화 제조사가 아니었다. 1976년에 창업한 애플의 회사명은 본디 '애플 컴퓨터Apple Computer, Inc.'였다. PC와 컴퓨터 소프트웨어를 개발 생산하는 회사였다. 현재에도 아이맥iMac으로 이어지는 매킨토시 시리즈가 대표적 상품이었다. 그런데 애플이 아이팟으로 성공을 거둔 뒤 난데없이 휴대전화 시장에 뛰어들었다. 당시의 휴대전화는 통화와 문자 전송 그리고 지금에 비해 조악한 수준의 카메라 등의 기능을 담았다. 그런데 애플로 되돌아온 스티브 잡스는 완전히 새로운 방식의 휴대전화기를 출시했다. 당연히 형태도 달라야 했다. 디자인 또한 혁신적이어야 했다. 그 고민의 산물이 지금의 애플 아이폰이다. 2007년에는 회사 이름도 '애플컴퓨터'에서 '애플Apple Inc.'로 바꾸었다.

〈그림 2〉를 보면 흥미롭게도 스티브 잡스의 아이폰과 로스코의 그림이 매우 비슷하다는 생각이 든다. 직접적인 영감은 아니었다 해도 두 사람이 세상과 사물 그리고 관계를 바라보는 방식이 상통하고 있다는 것을 느낄 수 있다. 그것은 바로 로스코 회화의 힘, 즉 '복잡성(사고)과 단순함(표현)'의 절묘한 조화와 강렬한 인상이 스티브 잡스의 아이폰 디자인이 추구하는 철학과 상통하기 때문일 것이다. 그게 바로 콘텐츠의 본질적 힘이다.

"스티브 잡스가 사랑한 화가"라는 수식어가 없었어도 그렇게 많은 관람객이 몰렸을까? 이른바 '잡스 마케팅'에 의존하지 않았다면 그 비싼 프로모션을 시도할 수 있었을까? 이미 마니아가 제법 있는 화가이기는 했지만 이 정도의 열풍을 불러일으키기 쉽지 않았을 것이다. 뒤집어 말하자면 잡스가 아니었다면 전시 기획 자체를 하지 않았을지도 모른다. 스티브 잡스는 이미 하나의 '아이콘'이었고 그 자체로 콘텐츠가 됐던 시대였기 때문에 가능한 일이었다.

수평성과 유연성: 왜 팀제인가?

21세기의 스티브 잡스에서 우리가 주목해야 할 중요한 하나의 지점이 있다. 앞서 언급한 것처럼 그는 20세기 애플에서 보였던 독선과 아집이 줄었다. 물론 그의 기질 자체가 바뀌지는 않았지만 이전의 태도와 비교하면 변화는 분명했다. 그가 인터뷰에서 뛰어난 개인이 아니라 팀의 매력과 장점을 강조했다는 것은 매우 의미심장하다.

이른바 1997년 IMF 사태는 기존의 대한민국 경제구조뿐 아니라 사회체제와 구조 전체를 변화시켰다.[4] 대부분의 조직도 변

---

4   하지만 외환 위기를 겪으면서 정작 책임져야 할 사람, 즉 정부 고위관료와 기업 최고경영자는 책임지지 않았다. 국민이 많은 대가를 치렀다. 구조조정 운운하며 전방위적으로 칼을 휘두르는 IMF의 요구사항은 너무 가혹해서 내부에서도 비판이 있을 정도였다고 한다. 한국은 이를 견디고 3년 만에 IMF에서 벗어났다. 자랑스럽고 자부심을 가질 일이나 나는 이왕 치르는 거 5년은 했어야 한다고 본다. 그 무자비한 3년 동안 구조조정은 하부구조에서만 벌어졌다. 대량해고는 다반사고 거의 모든 영역에서 강자의 권한만 강화됐다. 세금인 공적자금을 쏟아부어 기업을 살려낸 건 국민인데 이익은 강자의 몫이었다. 그것도 승자 독식이라는 낡은 신자유주의를 신봉하면서 더 악화됐다. 상부의 그릇된 구조는 정작 IMF 체제를 벗어나면서 조정 타이밍을 놓치고 쏙 빠져나갔다. 상부구조의 모순은 그대로인 상태로 더 커진 이익은 강자에게 돌아갔다. 지금 우리가 안고 있는 수많은 사회적 모순과 갈등의 요소는 거의 다 그때 생겨났고 계속해서 악화되었다. 물론 5년이라고 상부구조가 바뀌겠느냐 하는 반론도 있겠지만, 거의 손을 대지 못하고 오히려 이익의 독점을 가능하게 했다는 점은 결코 가볍게 여길 일이 아니다.

화했다. 구조조정의 여파도 있었고 기존의 시스템으로는 안 되겠다 싶었기 때문이었을 것이다. 조직의 변화는 체질의 변화와 불가분적이고 불가피한 것이었으니 자연스러운 선택으로 보였다. 그 가장 큰 변화는 바로 팀제의 등장이었다. 스티브 잡스가 주장했던(정작 자신은 여전히 독선적 태도를 완전히 버리지는 않았지만) 팀에 주목한 것이다. 그러나 팀의 힘이 수평성과 유연성에 달려 있다는 점은 간과했다. 팀제로 전환하기 위해서는 그에 맞는 체질과 사고의 전환이 따라야 하는데 대한민국의 조직들은 그냥 '무늬만 팀'으로 바꾼 것이다.

예전에는 우리의 역량이 그리 크지 않았다. 그래서 큰 프로젝트를 수행하기 위해서는 조직 전체가 각각의 영역을 분담하여 감당해야 했다. '-실/국, -부, -과' 식의 조직은 각자의 역할을 분담하면서 전체가 유기적으로 일을 수행했다. 그러나 역량이 커지고 프로젝트 자체가 독립적이고 전문화되면서 오히려 조직의 유연성이 떨어지고 책임감도 분화되는 등의 단점이 드러났다. IMF 체제는 이런 조직의 문제를 그대로 드러나게 했고 체질과 조직을 획기적으로 바꾸지 않으면 안 되는 상황을 인식하게 했다.

이 시점에서 스티브 잡스가 강조한 팀 조직은 좋은 모델이었다. 기업부터 팀 조직으로 전환했다. 곧이어 정부 조직도 팀으로 바뀌었고 이어서 지방자치단체와 교육기관까지 그 방식을 따랐다. 이제는 군대까지 부분적으로 팀제로 운영되고 있다. 그런데 놀랍게도 왜, 언제부터 팀제로 전환했는지 물어도 시원하고 확고한 답변을 얻기 어렵다. 그 전환에 대한 성찰이 거의 없었기 때문이다. 가장 예민하다는 기업조차 그렇다. 왜, 언제부터였는지조차 모른 상태로 '어떻게'만 강조하는 조직의 변화가 과연 무슨 힘이 있을까? 그러니 무늬만 팀제인 경우가 많다.

과거 수직적 형태의 조직은 일사불란한 '명령자-수행자'의 관계일 뿐이었다. 명령자도 창의적 사고는 부족하고 왜곡된 카리스마와 권위만 중시됐다. 쌍방의 소통은 연목구어緣木求魚였다. 수직형 조직에서 창의성이나 집단지성은 불가능하다. 좋은 콘텐츠가 만들어진다면 그건 그저 우연한 행운Random Luck일 뿐이다. 20세기에는 그게 통했다. 강력한 리더가 조직을 통솔하고 구성원은 일사불란하게 움직이며 그의 명령과 통제에 따르면 됐다. 빠르고 효율적으로 생산하고 판매하는 방식에서는 유용했다. 그러나 그런 시대는 이미 끝났다. 그런데도 대한민국의 조직과 사고방식에는 이런 조직 문화가 고약한 형태의 형질로 남아 있다. 말로는 소통형 리더십을 강조하면서 그 반대의 경우, 즉 '강력한 리더십, 조직 장악력의 탁월성' 등을 운운하는 경우가 흔하다. 아무리 팀제로 바꿔도 말짱 헛일이다.

팀제의 힘은 '수평성과 유연성'에서 나온다. 왜 팀제가 제대로 작동되려면 수평성과 유연성이 필요한가, 그리고 어떻게 기를 수 있는가?

첫째, 수평성은 민주적 사고와 문화에서 가능하다. 불행히도 우리는 집에서도, 학교에서도, 사회에서도 늘 수직적 위계질서에서 살았고 배웠다. 가정에서도 아이의 의견은 별로 고려하지 않는다. 아이에게 옷을 사줄 때 어른이 일방적으로 고르지 아이에게 선택권을 주거나 그의 의견을 묻는 일은 드물다. 글자로 배우고 선언적으로 말하지만 몸에 밴 속성은 쉽게 바뀌지 않는다. 새로운 속성이 몸에 밸 때까지 늘 의식해야 하고 고치면서 실행해야 한다.

문제는 수직적이고 위계적이며 차별적 언행이 익숙해서 그게 그릇된 것임을 인식하지 못하는 경우가 많다는 점이다. 수평적 관계는 민주주의의 토대다. 민주주의는 정치적 선택의 문제에 그치는 게 아니다. 그것은 우리의 모든 삶의 필수적인 조건이다. 수평적 환경일 때 비로소 팀의 힘이 발현된다. 그리고 그 안에서 콘텐츠의 힘이 강화된다. 이것이 미래 가치의 가장 기본적 조건이다.

수평성에 더욱 주목해야 하는 또 다른 이유를 제4차 산업혁명의 특징으로 꼽히는 초연결성 hyper-connectivity과 초지성 super-intelligence에서도 찾을 수 있다. 두 특징 가운데 초연결성에서는 연결된 매듭이 많을수록 부가가치가 더 많이 생긴다. 수직적 상태에서는 연결 지점이 많지 않지만 수평적 상태에서는 대등하게 연결할 수 있는 지점이 많으며 그것들이 무수한 경우의 수를 만들어내면 엄청난 다양성과 역동성을 창출할 수 있기 때문이다. 그저 수사적으로 민주주의와 수평성을 말하는 게 아니다. 미래 생존의 가장 기본적인 요소라는 점을 결코 망각하지 말아야 한다.

둘째, 왜 팀에는 유연성이 필요하고 그게 콘텐츠의 힘과 직결될까? 여러 사람이 모이면 생각이 다르고 일을 다루는 방식도 다르다. 일을 다루는 방식이 다르다는 건 작업수행공정operation manual을 따르지 않는다는 뜻이 아니다. 이른바 시스템이 작동하려면 작업수행공정이 있어야 하며 작업의 균질성을 위해서도 필요하다. 여기에서 말하는 유연성은 솔루션이 하나만 있는 게 아니라는 뜻이고, 다른 사람의 방식도 존중해야 여러 해결 방식을 이끌어낼 수 있다는 뜻이다.

생각이 다르고 해법이 다른데 쉽게 의견의 일치를 본다는 건 불가능하다. 당연히 갈등하고 대립한다. 갈등과 대립을 불편해하고 회피하면 더 이상 진전이 없다. 그걸 인정하고 시간이 걸리더라도(이것은 시간의 낭비가 아니다. 오히려 시간을 절약하는 가장 좋은 방식이다. 나중에 생길 수 있는 문제를 사전에 차단함으로써 뒷수습에 쓸 시간을 줄일 수 있기 때문이다) 마음을 열고 토론하고 숙의해야 한다. 팀의 리더인 팀장은 의견을 조정하고 보장할 수 있는 배포가 있어야 한다(당연히 팀장에게 그런 권한을 완전하게 '보장'해줘야 한다). 꽃다발도 여러 가지 꽃이 어울릴 때 더 아름답다.

21세기가 요구하는 팀에서는 기획할 때 정확하게 기획하고 조정해야 할 때 서둘지 않고 조정할 수 있는 상사가 최고의 팀장이다. 반대로 최악의 경우는 기획해야 할 때 조정하겠다고 간섭하고 조정이 필요한 때에는 엉뚱하게 기획하는 상사다. 그 가운데 더 최악은 자신은 기획과 조정을 적재적소에 완벽하게 구현하고 있다고 착각하는 경우다. 그럴 만도 하다. 제대로 기획에 대한 교육과 태도를 배운 적 없고 조정에 대한 이해와 문화를 체득한 적 없기 때문이다. 팀이 제대로 가동되기 위해서는 적어도 팀과 팀장에게 적절한 환경과 조건을 제공하며 최대한 수평적이고 민주적인 조직을 마련해야 한다. 무늬만 팀이기 때문에 여전히 20세기의 속성에서 벗어나지 못하는 조직과 기업이 얼마나 많은가.

구성원을 단순한 수행자 혹은 실행자performer로 여기는 리더는 이미 자격이 없고 그런 팀은 제대로 작동되지 않는다. 팀의 리더에게는 자발성을 발휘할 최대한의 권한을 키워주고 수직적 위계의 권력을 허물 수 있도록 해야 한다. 계층적이고 상명하복의 조직 구조가 당장은 일을 매끄럽고 효과적으로 수행하는 듯 보일지 모르지만 그게 망하는 지름길이라는 점을 늘 경계해야 한다. 이른바 오피니언 리더는 'opinion leader'가 아니라 'opinion reader'라는 점을 기억해야 한다. 임원과 팀의 리더는 분권화와 재량권, 자발성을 어떻게 극대화할 것인지 등을 고민해야 한다. 최근에 부각되고 있는 집단지성과 팀제의 관계는 매우 긴밀하고 함축적이다. 집단지성이 부각되는 건 기업을 비롯한 조직이 내부 역량의 한계를 인식했기 때문이다. 동시에 집단지성이 가능해진 이유는 현안이 복잡해지고 개방적 문화가 확대되며 수평적 조직으로 진화했으며, 공유의 가치가 높아지고 그것을 가능하게 해줄 IT기술이 발달했기 때문이다. 여전히 강조되는 집단지성은 내부 구성원을 비롯해 외부 인사까지 포함하여 참여자로부터 3c, 즉 취합collection, 경연contest, 협업collaboration을 통해 새로운 가치와 생산의 창출에 필요한 아이디어와 대안을 수집하고, 투표voting, 합의consensus, 평균화averaging, 예측시장prediction market 등을 통해 참여자의 직관과 지혜를 동원해 평가하고 선택하는 과정을 두루 담고 있다. 이러한 구체적인 목적과 기능을 염두에 두었을 때 팀제가 제대로 작동될 수 있다.

그런데 팀제로 운영하면서 정작 왜, 언제부터 팀이 됐는지, 그 장점과 핵심이 무엇인지는 정작 모른다면 안타까운 일이다. 20세기 스티브 잡스와 21세기 스티브 잡스도 구별하지 못하고 (정확히는 알고 싶지도 않다는 게 맞을 것이다), 팀의 힘을 강조한 인터뷰에서 핵심 요소는 보지 못한 채 걸핏하면 "늘 갈망하라"는 말만 앵무새처럼 되풀이하고 있지 않은지 늘 경계해야 한다.

시대의 전환점,
1997년 우리는 무엇을 성찰했는가?

우리나라에서 인문학 열풍이 일어난 데에 스티브 잡스가 한 몫했다는 걸 부인하기 어렵다. 그의 사업에서 인문학적 사유와 영감이 큰 역할을 했다며 기업마다 인문학을 알아야 한다고 호들갑을 떨었다. 내가 여기에서 '호들갑'이라고 말한 건 세 가지 때문이다. 하나는 인문학에 대한 정확한 이해와 성찰이 있느냐 하는 것과, 다른 하나는 스티브 잡스가 말하는 인문학적 사유와 영감을 정확하게 이해하고 있느냐 하는 것이다. 또 다른 하나는 정작 우리 사회에서 인문학 열풍의 중요한 계기와 이유에 대한 이해는 거의 무시하고 있다는 점이다.

대한민국이 인문학 열풍에 빠진 게 잡스 때문만은 아니다. 1997년 체제의 산물이기도 하다. 대한민국의 노동자들은 가정을 포기하면서까지 회사에 충성했다. 가정을 먹여 살릴 수 있는 월급을 주는 곳이니 거의 무조건적으로 충성했다. 기업도 이를 바탕으로 성장했고 성공했다. 그러나 1997년 IMF 사태는 그 믿음을 일거에 날렸다. 노동자가 게을러서, 서민이 낭비해서 그런 결과를 초래한 게 아니다. 정책을 결정해야 하는 고위직이 세상의 흐름을 제대로 읽지 못해 올바른 대응책을 마련하지 못했고 최고 경영자도 안이하게 이전까지의 성공에 취해 있다가 일거에 당한 것이다. 그러고는 가차 없이 대량해고로 대응했다. 회사에 절대적 충성을 쏟은 사람에게는 가혹한 배신이었다.

이런 상황을 겪고 나자 사람들이 묻기 시작했다. "나는 도대체 뭐지?", "내 인생은 왜 이래?", "세상은 도대체 어떻게 굴러가는 거야?" 이 물음들에 주목해야 한다. 이 책에서 강조하는 콘텐츠의 핵심이자 출발점이기 때문이다. 이전에는 이런 물음이 거의 없었다. 이를 질문하면 "너 배부르지? 시간이 남아도니 그런 쓸데없는 생각이나 하지" 같은 질타만 돌아왔다. 질문은 없고 명령만 수행하면 월급을 받을 수 있는데 왜 쓸데없이 이런 고민과 질문에 빠지겠는가. 하지만 이 질문은 매우 중요하다. 그래야 내가 주체가 되고 세상을 능동적으로 읽어내면서 삶을 설계할 수 있기 때문이다. 그리고 거기에서 창의성이 발현된다. 이것이 바로 콘텐츠의 근간이다. 이것이 바로 인문적 성찰의 힘이다. 이런 질문과 성찰을 놓쳤을 때 인문학은 변종 자기계발서의 나락으로 빠진다.

대량해고와 재취업이라는 전쟁터에 내몰린 사람은 살아남기 위해, 그리고 운 좋게 자리를 지킨 사람도 미래의 불안에서 벗어나기 위해 너 나 없이 자기계발에 매달렸다. 자기계발서가 베스트셀러에 오르는 게 예사였다. 그러나 그런 책을 수십 권 읽어도 삶이 나아지는 건 거의 없었다. 우리가 외환위기를 비롯한 실패의 나락에 빠진 건 개인이 무능해서가 아니라 사회의 구조적 모순이 곪아서 터진 일이었다. 그걸 고치지 않은 상태에서는 아무리 개인의 능력을 키워도 소용이 없다. 수년간 자기계발서를 읽어도 별 효과가 없고 사는 건 지치게 되니 위로를 찾게 되었다. 그렇게 위로를 부르짖는 책들을 소비했다. 그러나 사회적 위로라는 '사회적 혁신'은 빠진 채였고 금세 싫증 난 사람들은 힐링에 빠져들었다. 이 역시 '셀프 힐링'이었지 사회적 힐링은 아니었다. 그런 무의미한 소비가 대략 10년쯤 이어졌다. 도대체 10년 동안 우리에게는 무슨 일이 생긴 걸까?

이러한 변화와 당혹감에 대해 사람들은 이 세 가지 질문을 철학(나는 누구?), 문학(인생의 여러 층위를 보여주는), 역사(세상의 흐름을 기록한)라고 단순하게 요약했고 그것을 인문학이라고 간단하게 정의했다. 그렇게 뭉뚱그린 관점에서 인문학이 소비되기 시작했다. 사람들은 자기계발-위로-(셀프)힐링으로 이어진 무소득을 커버하기 위해 철학, 문학, 역사에 대한 책을 찾았고 관련 강좌를 들었다. 때마침 여러 기업도 그렇고 사회적 분위기도 인문학을 강조하면서 '유사 인문학'이 쏟아졌다.

하지만 인문학은 단순히 문文·사史·철哲이 아니다. 인문학은 나와 세상의 관계를 읽어내며 내가 세상에 묻고 물었던 나로 귀결하며 존재와 사유 그리고 실천을 성찰하는 것이다. 어떤 분야, 어떤 과목이든 궁극적 목적과 대상, 그리고 주제와 주체가 인간으로 귀결되는 모든 것이 바로 인문학이다. 더 나아가 인문학은 시대정신을 명확하게 인식하고 미래 의제를 이끌어내며 그것에 대한 로드맵을 마련하면서 주제의 실천 방안을 모색해야 한다. 또한 개인의 문제에 그치지 않고 사회적 문제로 확장하며 그 사회적 실천을 위한 연대의 가능성을 모색하는 데에 집중해야 한다. 이 인식을 놓친 상태에서의 인문학 소비는 늘 그랬듯 하나의 유행처럼 혹은 붐처럼 지나고 말 뿐이다. 인문학 열풍에 편승해서 인문학으로 둔갑한 변종 자기계발 서적이 줄지어 쏟아졌지만 세상을, 우리의 사고와 삶을 바꾼 건 그리 많지 않았을 것이다. 노골적으로 말해서, "인문학 공부해서 살림살이가 더 나아진 적 있는가?"라는 질문에 대해 "그렇다"고 대답할 수 있는 사람이 과연 얼마나 될까?

기업도 인문학을 강조한다. 그러나 스티브 잡스가 자신의 삶에서 닥친 수많은 문제를 어떻게 인문학적으로 사유하고 통찰했는지, 그걸 어떻게 자신의 삶과 사업으로 연결했는지 등의 근본은 외면하고 그의 성공과 인문학의 상관관계에 대한 얄팍한 인식에 그친 경우가 허다하다. 사내에 다양한 인문학 특강 프로그램을 만들어 양념처럼 연수 과정에 포함시킨다고 되는 일이 아니다. 그 내용과 성찰이 기업 내부에서 소화되고 재생산되며 창조적 사유와 업무로 연결될 수 있는 환경을 조성했는지를 먼저 물었어야 한다. 일반인도 기업도 모두 인문학을 '소비'하면서 '프로그램 쇼핑' 수준에 그친 경우가 많다. 인문 정신으로 자신과 사회를, 삶과 일을 사유하고 성찰했다면 뭔가 달라졌어야 한다. 그렇지 않으면서 인문학 별 거 아니라며 시들해지는 경우가 너무 많다.

2장

지금, 당신은
어디에 서 있는가?

그림 3_ 우리는 왜 현대미술을 무서워하는가?

현대미술과 대상: 인식과 '나'라는 중심

인간에게는 자신의 느낌이나 생각을 조형적으로 표현하고 싶은 욕망이 있다. 하지만 잘 그리는 사람이 있고 못 그리는 사람이 있다. 누가 잘 그리는 사람일까? 옛날에는 그림에 실제를 고스란히 옮겨오는, 즉 재현을 잘하는 게 잘 그리는 것이라는 기준이 있었다. 신라의 전설적인 화가 솔거처럼 사물을 최대한 똑같이 그리는 사람이다. 물론 욕망 외에도 특정한 목적을 의도하여 그림을 남기기도 한다. 국가의 출현 등 사회가 복잡해지고 서열을 가진 계급이 출현하면서 그림을 잘 그리는 사람 또한 화가라는 직업을 얻고 어떤 목적에 따라 그림을 그리게 되었다.

강력한 권력을 소유한 왕이나 사제(종교)가 화가에게 그림을 그리라고 명령하거나 주문한다면 그들이 원하는 그림은 무엇이었을까? 왕이 주문한 초상화나 중요한 사건을 묘사한 그림은 고상하고 근엄하며 다른 이를 압도하는 기운을 느낄 수 있어야 했을 것이다. 종교에서 요구하는 그림은 글을 모르는 신자에게 종교적 내용을 시각적으로 보여주는 정보 전달과 성스러운 느낌을 전제했을 것이다. 이 시기는 '주문자의 시선'으로 '고상한 아름다움'과 '메시지의 충실한 재현'이 중요한 그림의 시대였다. 이런 사항이 쌓이면서 그림을 더 잘 그려내는 기법과 요령 등이 축적됐다. 가장 오래 지속된 이 시기의 그림은 재현과 주문자의 목적(고상함과 성스러움 등)에 따라 평가되었다.

길고 길었던 '재현'의 시대는 18세기와 19세기 유럽에서 일어난 두 차례의 혁명, 즉 프랑스대혁명과 산업혁명을 거치면서 저물기 시작했다. 혁명은 기존의 신분 질서와 제도, 관습을 크게 바꿔놓았다. 따라서 주문자가 급격히 줄자 직업화가의 입지도 크게 위축됐다. 그렇다고 신흥 부르주아가 과거의 왕족, 교회, 귀족처럼 그림을 많이 주문하거나 사지도 않았으니 더더욱 그랬다. 더 큰 변화는 산업혁명이 불러왔다. 새로운 직업이 생기고 예속적 신분에서 벗어나 능력과 기회가 주어지면서 경제적 독립이 가능한 시대로 전환했다. 19세기에는 사진기까지 등장했다. 더 이상 화가가 초상화를 그릴 일도 예전 같지 않게 됐다. 직업화가의 입지는 계속 축소되는 반면 시간과 경제적 여유를 누리게 된 사람들은 자신의 조형적 욕망, 즉 미술에 대한 욕망을 표출하기 시작했다. 그들은 직업적 미술 교육을 받지도 않았고 주문자의 그림을 그릴 처지도 아니었다. 이전의 회화가 주로 인물, 사건 위주였다면[1] 이제는 풍경과 정물이 주된 소재가 됐다. 주문자의 눈이 아니라 '화가의 눈'으로 그리는 그림이었고 '재현'에 충실할 게 아니라 자신이 표현하고 싶은, 즉 '표현하는 아름다움'이 중심이 됐다. 그 흐름이 인상파로 이어지고 결실을 맺은 것이다. 여기에 당시 광학光學의 발달도 한몫했다. 이 당시 등장한 인상파의 매력은 '화가의 눈을 통해 표현된' 새로운 아름다움이었다. 그것은 이전과 전혀 다른 '콘텐츠'였다. 새로운 콘텐츠가 낡은 콘텐츠와 사고를 일거에 밀어냈다.

일단 변화의 물꼬가 트이자 아주 빠르게 변화했다. 같은 인상파에서도 다양한 성향과 분파가 나타났다. 이른바 현대 추상 미술은 이러한 변화와 무관하지 않다. 세상과 삶, 자아는 단순하지 않다. 그것을 하나의 대상으로 표현하는 데 한계가 있다는 걸 화가들은 깨달았다

대상을 치열하게 파고들다 보면 어느 순간 대상 그 자체는

---

1   서양미술에서는 17세기 이후의 네덜란드를 제외하고는 정물화와 풍경화, 풍속화가 거의 없었다. 동양화에서 산수화나 화조도 같은 풍경화와 정물화가 주를 이뤘던 것과는 매우 대조적이다.

오히려 걸림돌이 된다. 예를 들어보자. 내가 스마트폰이 만들어낸, 나와 세상을 잇는 네트워크의 변화와 지식과 정보체계의 혁명적 전환 그리고 시간과 공간을 새롭게 인식하게 되는 상황 등에 대해 표현하고 싶다고 가정해보자. 스마트폰이 나와 세상을 어떤 방식으로 연결했으며, 그 연결이 나의 삶과 사고를 어떻게 변화시켰는지 그려보는 것이다. 나는 사물 자체를 그리는 것이 아니라 사물을 통한 관계의 변화를 그리고 싶다. 그러니 스마트폰이라는 물성物性은 오히려 방해가 된다. 눈에 보이면 보이는 것에만 사로잡힌다. 그 때문에 나의 의도를 살리려면 스마트폰이 만들어내는 '여러 가능성'과 '변화무쌍한 네트워크' 등만 언급하고 구체적 대상인 스마트폰은 아예 그리지 않는다. 이 같은 경우 '인식으로 읽어내는 아름다움' 위주로 표현된다. 즉 '인식'의 시대가 추상미술을 낳은 것이다. 이것 또한 혁명적인 콘텐츠의 구현이었다. 1960년대 말 이후 미술은 아름다움보다 앎을 택했다. 흔히 '개념미술'이라는 명칭이 등장한 것도 그런 변화의 흐름을 대변한 것이다.

그런데 우리는 현대 추상미술로 올수록 작품에서 명확히 인식할 수 있는 대상이 사라져 당혹스러움을 느낀다. 도대체 무엇을 그렸는지조차 모르니 낭패감을 느낀다. 내가 그림을 '읽어내지' 못한다는 곤혹스러움은 나를 위축시킨다. 그러니 현대미술과 더욱더 멀어지게 된다. 그림을 제대로 해석해야 한다는 강박

관념은 내가 해석을 제대로 하지 못했을 때 다른 사람에게 내 무지를 드러낼까 봐 두렵기 때문이고 자신에게 실망할까 봐 겁내기 때문이다. 하지만 추상미술은 이미 화가만의 영역에서 벗어났으며 작품을 어떻게 감상하고 인식하느냐 하는 건 전적으로 '관람자의 눈'에 달렸다. 이 책 마지막에 강조할 '주체적 나'는 바로 '내'가 중심이 되어 주체적으로 해석하고 감상하며 소통하는 자아다. 그게 현대미술의 매력 가운데 하나다. 현대미술, 특히 추상미술은 외부의 객관적 기준에 끌려가는 것이 아니라 나의 주관과 해석에 충실할 수 있다는 점에서 '나와 세상의 대화와 토론'이 된다는 것을 염두에 두면 좋을 것이다. 그게 바로 현대미술이 던지는 현대성의 핵심이다. 내 생각이 바뀌면 세상이 바뀐다. 열쇠는 바로 나 자신에게 있다.

감상과 해석: '나'라는 주체

　　1999년 뉴욕 브루클린미술관Brooklyn Museum의 한 전시회가 뉴욕을 발칵 뒤집어놓았다. 찰스 사치Charles Saatchi의 현대미술 소장품을 전시하는 '센세이션Sensation'이라는 전시회였다. 이 전시 작품 중 나이지리아에 뿌리를 둔 영국인 화가 크리스 오필리Christopher Ofili의 작품 〈성모 마리아〉가 논란의 주인공이었다.

다른 것도 아닌 '성모 마리아'를 그리면서 말린 코끼리 똥을 사용하고, 성모의 주변을 성기 사진으로 장식했다. 가톨릭 신자인 루돌프 줄리아니 당시 뉴욕시장이 발끈하여 소송을 걸었고, 그러자 힐러리 클린턴이 줄리아니를 비난하고 나섰다. 이미 소송 자체로 이 전시회는 뉴욕의 뜨거운 감자가 됐다. 각계가 갑론을박하며 여론이 갈렸고, 미술관이 연방법원에 소송을 제기한 끝에 '코끼리 똥 그림'은 자리를 지킬 수 있었다.

성스러운 마리아에 코끼리 똥이라니! 이렇게 경악할 수도 있다. 그러나 아프리카에서는 코끼리 똥이 음식을 만드는 연료이자 상처를 치료하는 약재이기도 하다. 또한 수많은 물감에는 우리가 상상할 수 없는 이상한 재료를 쓰는데, 그저 상품으로 접하다 보니 모르는 경우도 많다. 이 전시회는 수많은 논쟁거리를 만들었다. 도대체 '성스러움'의 기준과 내용은 무엇인가, 허용된 재료의 범위는 무엇이며 누가 그것을 결정하는가 등 평소에 생각하지 않았던 것을 고민하게 만들기도 했다. 상식을 뛰어넘는 사건은 언제나 논쟁을 유발하고 치열한 싸움으로 이어지지만 결국은 사고의 지평을 확장하는 계기가 된다. 그 과정에서 시민들은 상상도 못하던 문제가 던진 당혹감을 느끼고 사회가 받아들이는 논리와 태도의 치열함을 경험했을 것이다. 그리고 그만큼 무언가가 변화하고 확장했을 것이다. 이를 가볍게 보면 안 된다.

현대미술 전시회에 가서 작품을 작가의 눈으로 해석하는 데에 급급할 게 아니라 자신의 눈으로 해석하면서 당혹감을 느끼기도 하고 그 당혹감을 의식의 확장과 새로운 아름다움에 대한 개안으로 연결하는 체험 자체가 이미 유의미하다. 가끔, 혹은 어쩌다 우연히 그런 전시회에 들러 새로운 느낌을 경험하는 게 누적되다 보면 어느 순간 섬광처럼 뜻밖의 영감과 아이디어를 얻게 될 것이다. 사람들이 마크 로스코의 그림을 처음부터 이해하고 빠져든 건 아니었을 것이다. 그러나 분명 누군가는 자신을 잡아끄는 어떤 매력을 느끼고 거듭해서 그의 그림을 만나게 되면서 어느 순간 깊은 매력에 빠져들고 섬광처럼 어떤 아이디어를 얻었을지도 모른다.

어떤 전시회가 뜨거운 이슈가 되고 쉽게 미술관에 갈 수 있으며 그 이슈를 화제로 삼을 수 있는 동료와 이웃이 있는 사회와 그렇지 않은 사회에서 살아가는 사람의 창의력, 상상력, 영감이 같을 수는 없다. 이걸 심각하게 받아들여야 한다. 우리는 당장 실용적 이익을 주느냐 아니냐만 따지고 있는 건 아닌지? 진정한 실용은 돈에서 오는 게 아니라 그 이상의 결과를 오랫동안 생산하고 공급해줄 수 있는 방식을 찾아내는 데에 있다. 예술가의 영감이 실용성을 마련하거나 제공하느냐고 단순하게 물을 게 아니다.

현대미술은 현재와 미래를 통찰하게 해준다. 과학자는 객관적 논리와 사실에 가장 충실해서 실험과 관찰로 증명하지 못하는 건 잘 다루려 하지 않는다. 사회학자는 기존의 현실을 분석하고 그것을 토대로 미래를 예측하고 추정한다. 과학자도 사회학자도 '사후事後, a posteriori'에 그것을 다룬다. 그에 비해 예술가는 논리적이거나 사변적이지는 않지만 상상력과 창의력에서 훨씬 더 자유롭다. 예술가는 예술적 영감과 예지로 어떤 현상과 예측을 예리한 시선으로 그려낸다. 독특한 방식의 예언처럼. 그래서 그들은 가끔씩 '사전事前, a priori'에 혹은 '선험적으로transcendentally' 느낀다. 미래는 늘 낯설게 다가온다. 우리는 현대미술을 통해 바로 그 예감과 영감을 얻을 수 있다. 미술의 본질은 내 안에 있는 감성과 지성을 조형적으로 표현하는 것이고, 이를 인지하려면 다른 이의 그림을 읽어내는 공감 능력을 익히는 것도 중요하다. 예술은 당대 시점에서 다른 것과 맥락을 맞춰 '다양하게' 봐야 하며, 현대 시점에서 어떻게 재해석할 것인지 고민해야 한다. 예술이 단순히 물질적·정서적으로 삶을 풍요롭게 만드는 도구나 투자의 대상으로 치부되어선 안 된다. 예전에는 예술적 변화가 정치적·사회적 변화보다 조금 늦었지만 현대에서는 예술이 시대를 한 박자 앞서간다. 그래서 현대 예술을 외면하면 우리는 현재와 미래를 놓치는 셈이다. 그러니 일부러라도 현대미술이나 현대음악을 적극적으로 찾아 누려야 한다. 그런 데에서 콘텐츠의 힘이 길러진다.

스티브 잡스는 신제품 발표회에서 가장 극적인 순간에 각각 '인문학'과 '기술'이라고 적힌 도로 표지판이 교차하는 장면을 화면에 띄웠다. 그냥 멋진 이미지를 연출하기 위해서가 아니다. 그건 바로 다빈치적인 영감이었다. 잡스에게 가장 큰 영향을 끼치고 영감을 일깨운 사람이 바로 레오나르도 다빈치Leonardo da Vinci였다. 2010년 인터뷰에서 "다빈치는 예술과 공학 양쪽 모두에서 아름다움을 발견했으며 그 둘을 '하나로 묶는' 능력이 그를 천재로 만들었다"고 말한 스티브 잡스의 '행간'을 읽어내야한다. 그게 잡스가 제시한 '융합'의 힘이다. 다빈치의 상상력은 공상과 경계가 모호할 정도였지만 잡스는 현실과 공상 사이의 경계를 허무는 능력을 잘 키웠다. '레오나르도 다빈치-마크 로스코-잡스'를 관통하는 힘이 무엇인지 읽어내야 한다. 이를 외면한 채 잡스의 성공담에만 탐닉하는 것은 어리석은 일이다.

감상과 해석의 주체는 전적으로 '나 자신'이다. 세상의 중심이고 미래 공감의 핵심이 바로 나 자신이라는 건 엄청난 일이다. 이것이 미래 콘텐츠를 길어낼 넓은 호수며 깊은 샘이다. 스티브 잡스와 마크 로스코의 사례에서 우리가 진정 읽어내야 하는 핵심은 바로 그런 것이다.

우리는 정말 자유로운가?

이쯤에서 우리는 물어야 한다. 우리는 과연 20세기의 틀과 습속에서 자유로운가? 21세기 미래를 어떻게 조망하며, 이에 대한 구체적 실천을 수행하고 있는가를 따져야 한다. 과거에 비해 크게 변했다는 사람들에게 나는 다음과 같은 사례를 묻는다.

대다수의 사람은 여전히 '경기여자고등학교'의 명칭에 대해 별 불편함이나 거부감을 느끼지 않는다. 20세기에 태어난 사람에게 '경기고등학교'와 '경기여자고등학교'는 자연스럽다(심지어 21세기에 태어난 사람들에게'조차' 자연스럽다는 게 더 큰 문제다). 그러나 엄정하게 따져 보자. 여학생만 다니는 학교라서 '경기여자고등학교'라고 부른다면 남학생만 다니는 학교는 당연히 '경기남자고등학교'라는 명칭이어야 한다. 그게 가장 기초적인 양성평등의 사고다. 20세기에 가난하고 자식이 많았을 때 아들을 우선적으로 공부시키고 여력이 생기면 딸도 공부시켰다. 운 좋게 일찍 개명한 부모는 딸들에게 공부할 기회를 적극적으로 주기도 했다. 당연히 여학생 수가 적었다. 지금은 딸 아들 차별하지 않고 본인이 원하고 능력이 있는 한 동등하게 교육시킨다. 그런데도 여전히 명칭에 '여자(중)고등학교'가 잔존한다는 건 부끄러운 일이다. 익숙해서 인식하지 못한다. 21세기에 태어난 청년과 청소년도 의식하지 못하고 있는 건 전적으로 어른들의 사고가 변화하지 않고 행동하지 못해서 남겨진 부끄러운 유산일 뿐이다. 이 사례는 우리 모두가 과거의 틀에 익숙해진 나머지 고치거나 버리거나, 혹은 그래야 함에도 여전히 방치하고 있는 문제가 많다는 것을 보여준다.

이런 사례가 허다하게 많다는 건 여전히 왜곡된 남성중심주의적 사고가 존재하고 있기 때문이다. 다른 사례를 하나 더 들어보자. 흔히 여성이 대부분인 간호사를 '백의의 천사'라 부르게 만든 나이팅게일Florence Nightingale의 실제 별명은 '망치를 든 여인'이었다. 보급품 지원이 제대로 되지 않자 망치를 들고 보급창고 자물쇠를 깨부수고 부상병을 치료했던 데서 연유한다. 그 별명이 자극적(도대체 누구에게 '자극적'이란 말인가?)이라 여긴 '남성' 종군기자가 '등불을 든 여인'으로 표현했고 여러 과정을 거쳐 '백의의 천사'[2]라고 굳어졌다. 거기에는 '천사여야 한다'는 강요가 함축됐다. 나이팅게일의 진취적이고 당당한 태도, 직업의 전문성, 용기와 끈기는 그 이름 뒤로 감춰버렸다. '작명권'이

---

2 당시 최대 발행부수를 자랑하던 영국 〈타임스〉지는 모든 군의관이 퇴근한 밤에도 나이팅케일이 천사처럼 작은 등불을 들고 부상병을 돌본다는 기사를 내보냈다. 이 기사를 읽은 미국 신문기자 겸 시인인 헨리 워스워드 롱펠로는 1857년 발표한 〈산타 필로메나 Santa Filomena〉라는 시에서 '등불을 든 여인을 나는 보았네 A lady with a lamp I see'라고 읊었다. 나이팅게일의 이미지가 '등불 든 여인'이 된 것도 이런 과정을 통해 굳어졌다.

남성의 손에 있었기 때문에 자기의 편의와 이해에 따라 멋대로 만들어진 일의 대표적 사례 가운데 하나다. 모든 일이 다 그렇듯, 현상에 매몰되면 실체와 진실을 제대로 보지 못한다.

하버드대학 교수 댄 킨들런Dan Kindlon이 《알파걸: 새로운 여자의 탄생》에서 강조한 것은 뛰어난 성공을 거둔 여성으로서의 알파걸이 아니다. 그들의 할머니, 어머니 세대가 여성의 권리를 위해 싸운 덕에 여성이라는 이유로 사회적 불평등을 겪지 않아도 되는 환경 속에서 자랐다는 점과, 그들의 부모 역시 아들과 전혀 다르지 않은 방법으로 딸을 교육한 덕분에 남자아이와 경쟁을 전혀 두려워하지 않으며 건강하고, 긍정적이고 자신 있는 태도로 재능과 꿈을 키워나갈 수 있었다는 사실이다. 그게 핵심이고 본질이다. 그런데 그 조건과 환경을 외면하고 '알파걸'이라는 우수한 능력을 입증한 여성만 강조하는 건 본질을 제대로 읽어내지 못하는 것이다. 변화를 도모해야 하는 건 어른의 의무고 그 변화를 요구해야 하는 건 청년의 권리다. 그러나 불행히도 20세기의 사고에서 벗어나지 못한 어른은 자신의 방식으로 틀을 유지하려 하고, 청년은 거기에 끌려간다.

이는 하나의 사례로 끝나지 않는다. 사방에 20세기 사고의 잔재가 남아 있다. 그리고 그 잔재들이 미래로 나아가는 발목을 잡는다. 그래서 혁명이 필요하다. 혁명은 단순히 틀을 확 바꾸는 획기적 변화만을 의미하는 게 아니다. 제대로 된 혁명을 위해서는 낡은 사고와 인식의 틀을 깨뜨려야 한다. 익숙해서 편하다고, 기존의 방식으로 나의 권력과 기득권이 확보됐으며 그것을 아직은 더 누려야 한다는 편협한 생각을 버려야 한다. 이미 충분히 누리지 않았는가. 비겁하고 무지한 욕망을 버려야 한다. 나의 그 미련과 아쉬움 때문에 다음 세대에 족쇄를 채우는 것이 된다면 그건 어른 세대의 죄악이다.

낡은 사고와 인식 틀을 깨뜨리는 건 권리이며 의무다. 그게 혁명의 시대를 살아가는 사고 혁명의 출발점이다. 과감하게 버릴 건 버려야 한다. 낡은 틀을 깨뜨려야 한다. 헤르만 헤세Hermann Hesse의 《데미안》에 나온 "새는 알에서 나오기 위해 투쟁한다"를 차용해서 말하자면 "우리는 자신을 위해서, 특히 다음 세대를 위해서 낡은 틀을 깨뜨리고 나오기 위해 투쟁해야 한다"는 명제가 우리 앞에 놓였다. 침몰하는 배에서 뛰어내리지 못하고 함께 수장되는 사람은 배에 보따리를 가득 싣고 있는 사람이다. 그 보따리가 그의 생명을 보호해주기는커녕 오히려 죽음으로 이끈다는 걸 깨달아야 한다. 누가 20세기 낡은 사고의 틀을 깨느냐가 미래의 주인을 결정하는 가장 핵심적인 열쇠다. 이 같은 성찰 없이 계속해서 쏟아지는 미래 전망과 대비에만 급급해서 대응해봐야 미봉책에 불과하다. 현실을 냉정하게 판단해야 한다. 더 늦기 전에 깨뜨려야 한다. 마지막 기회라는 깨달음이 절박하다.

변환의 서곡: 20세기와 미도파 사태

오늘날 미도파 사태를 기억하는 이는 많지 않겠지만 매우 상징적인 사건이기에 언급하지 않을 수 없다. 대중의 기억에서 사라진 지 오래되었음에도 내가 이 사례를 꼭 넣는 이유는 엄청난 변화가 '도둑처럼' 찾아올 수 있으며 심지어 그게 도둑인지도 모른 채 수수방관하는 경우가 허다하기 때문이다. 그리고 이런 일은 언제든 다시 발생할 수 있기 때문이다. 매우 심각한 사례인데도 제대로 짚고 넘어가거나 분석하지 않았다는 건, 비싼 값을 치렀음에도 반면교사로도 활용하지 못했다는 뜻이다. 단순하게 '다 지나간 일'이고 사람들이 잘 알지도 못하는 일이라고 치부할 게 아니다. 심지어 그 시대를 겪은 사람조차 사건을 세밀하게 기억하는 사람이 별로 없고, 알더라도 그 의미를 통찰한 사람은 더욱 없었다. 비싼 대가를 치렀는데도 기억하지 못한다는 건 더 큰 일에 덮였기 때문이고, 또 이런 일들이 우리나라 기업에 워낙 허다한 일이기 때문이기도 할 것이다. 그러나 그럴수록 분명하게 기억하고 분석하며 비판할 수 있어야 한다. 그게 값을 치른 일에서 얻는 가치다.

이제는 기억에서 사라진 대농그룹에 미도파백화점이 있었다. 롯데, 신세계와 함께 이른바 백화점 트로이카를 구가하던 회사였다. 일제강점기 때 일본인이 세운 조지야丁子屋백화점이

해방 후 국가에 귀속됐다가, 한국무역협회가 인수하고 운영하던 것을 1964년 미도파 주식회사로 독립시켰고, 1969년 대한농산(대농)그룹이 인수했다. 대농그룹은 당시 재계 순위 34위의 큰 회사였다. 대농의 주력 사업은 일반 소비자와 거리가 멀다 보니 그룹 중 미도파가 가장 알려진 회사였다. 그 회사가 순식간에 사라졌다.[3] 이른바 적대적 M&A의 소산이었다.

적대적 M&A는 상대 기업의 동의 없이 강행하는 기업의 인수와 합병이다. 통상 적대적 M&A는 공개매수나 위임장 대결의 형태를 취한다. 지금이야 적대적 M&A가 다반사지만 1990년대만 해도 흔한 일이 아니었다. '적대적'이라는 말의 어감이 주는 불편한 감정도 있었으며 경영권 수호라는 봉건적 사고도 한몫했다. 하지만 미도파가 사라진 가장 큰 원인은 미도파와 대농그룹 자체에 있었다. 당시 그룹을 승계한 2대 회장은 미국 유학까지 다녀온 사람이었고 새로운 사업으로 확장하고 다각화하려는 계획에 착수했다. 합당한 판단이었다. 대농은 사업 구조상 면방사업에 의존한 데다 당시로서는 섬유 사업의 미래가 불안정한 상태여서 이 상황을 탈피하기 위해서는 다각화가 필요했

---

3   공식적으로는 2002년 7월 미도파백화점이 롯데쇼핑 주식회사에 인수되어 롯데그룹 계열사로 편입되면서 끝났지만, 실질적으로는 1997년 신동방의 적대적 M&A로 곤경을 겪고 IMF 한파를 겪으면서 사라진 것이나 마찬가지였다.

다. 그러나 무리한 다각화는 재정을 악화시켰고 재벌의 복잡한 소유 구조를 유지하기 위해 비효율적으로 경영하는 한계를 벗어나지 못했다. 그 상황에서 당시 저평가됐다고 여겨진 미도파 백화점의 주가가 급상승했다. 특히 외국인 투자자의 순매수가 3개월 연속 1위를 기록했다. 대농그룹에서는 누군가 집중적으로 자사 주식을 매입한다면 자칫 경영권 방어가 힘들어지고, 그룹 전체에 대한 경영권이 넘어갈지 모른다고 판단했다. 우리나라 기업의 구조가 대부분 그랬으니 충분히 가능한 일이었다. 그만큼 대농그룹은 큰 약점을 갖고 있었다(당시 어느 기업이나 마찬가지였지만 대농의 경우 상대적으로 리스크가 더 컸다는 의미다).

이 적대적 M&A의 주체는 신동방그룹 및 홍콩의 페레그린과 손잡은 동방페레그린증권이었다. 미도파 경영권에 관심을 보이던 신동방그룹은 동방페레그린증권과 S건설을 동원해 주식시장에서 은밀히 미도파 지분을 매집했고, 뒤늦게 이를 눈치챈 대농은 경영권 방어를 위해 장내에서 경쟁적으로 미도파 지분을 매입했다. 이로 인해 미도파 주식은 연일 사상 최고가를 경신하며 천정부지로 치솟았고, 양 그룹은 지분 확보를 위해 필요 이상의 막대한 자금을 쏟아부음으로써 동반 부실의 길로 치달았다. 식용유가 주 아이템이었던 동방유량을 토대로 성장한 신동방그룹은 1993년 동방페레그린증권과 유니레버 등을 설립하면서 증권과 유통으로 사업을 다각화시켰다. 동방페레그린증권을 창구로 미도파에 대한 적대적 M&A에 적극 나선 게 1997년이었다. 우리는 외환위기와 잇따른 IMF의 충격이 너무 커서 이 사건에 대한 기억이 미미하지만 가볍게 볼 사안이 아니다. 어쩌면 매우 중요한 '예고편'이었던 것이다.

주식이 갑자기 계속해서 상승한 까닭은 그 주식을 집중 매입하는 세력이 있기 때문이다. 미도파가 저평가된 면도 있었지만 기업가치가 갑자기 상승할 까닭은 없었다. 결국 경영권이 흔들릴지 모른다는 생각에 창업주와 동향 출신인 타 그룹 회장의 회사가 백기사로 나서기도 했지만, 그건 단순히 동향이어서 돕는다기보다는 외국자본에 경영권을 넘기는 본보기가 될지 모른다는 두려움도 한몫했다. 그만큼 당시 우리나라는 세계의 변화에 무감했다. 그저 적당히 채찍과 당근을 쓰면서 열심히 앞만 보고 달리며 속도와 효율의 프레임만 수행하면 된다는 고정관념에 사로잡혀 있었다.

당시 대농그룹은 새로운 사업에 전념해야 했으나 미도파 경영권의 방어를 위해 미도파 주식 매입에 힘을 쏟았다. 그러다 보니 유동성이 현저히 악화됐다. 냉정하게 판단했다면 아무리 선대 회장이 인수하고 키운 회사라 해도 주가가 올랐을 때 비싼 값에 팔아서 유동성을 확보하고 그것으로 신사업에 집중 투자해야 옳았다. 그러나 2세 경영인으로서 창업주인 아버지의 업적을 허무는 건 자칫 자신의 능력을 깎아내리는 것이라는 낡은 생각이 합리적 생각을 가로막았을 것이다. 그리고 늘 편법을 사용하며 문어발처럼 계열사를 늘리는 일이 몸에 밴 기업은 자기 팔을 자를 줄 몰랐다. 초기 대응부터 미흡했다. 외국인 투자자의 순매수가 3개월 동안 1위를 찍었으면 그 해당 시기인 1996년 9월부터 상황을 직시하고 다양한 대책을 마련해야 했다. 그러나 대농그룹은 단순히 지분을 늘리기 위한 주식 매입에만 매달렸다. 계속적인 적자와 함께 부채 비율이 700퍼센트를 훌쩍 넘었던 미도파는 결국 버티지 못했고, 그룹 자산구조의 취약성과 함께 한꺼번에 문제점이 드러나면서 순식간에 몰락했다. 미도파와 대농 주식을 매집하는 데에 당시 1000억~2000억 원 대의 자금을 쏟아부으면서 공격적으로 나섰던 신동방그룹도 인수합병에 실패하면서 큰 손해를 입었고 그 후유증은 예상보다 커서 결국 1999년 워크아웃 기업으로 전락하고 말았다. 대농과 신동방 간의 지분 싸움은 그렇게 두 회사를 동시에 부실화시켰고 동반 몰락을 초래했다.

사태를 악화시킨 가장 큰 요인은 오너 경영인의 그릇된 소유 의식이었다. M&A는 이미 세계적인 경제현상이었고 합작과 제휴 등과 같이 회사의 경쟁력을 증가하는 데에 활용할 수 있는 중요한 경영 수단이지만, 기업 간 합병에 무조건적으로 거부 반응을 보인 우리나라 기업 오너의 시대착오적 사고가 가장 큰 문제였다. 기업의 입장을 옹호하기에 급급했던 언론도 문제여서 이 부분을 크게 부각시키지 않았다. 이 사건은 단순히 어느 한 기업의 몰락의 이야기에 그치지 않는다. 겉으로는 화려하게 보였을지 모르지만 우리는 우물 안 개구리였고, 정경 유착으로 온갖 혜택을 누리고 쉽게 돈을 벌면서 오직 속도와 효율만 내세우던 관행은 몰락을 초래했다. 이것은 곧이어 찾아온 더 큰 재앙의 서곡이 되고 말았다.

그런데 당시에는 그게 서곡이라는 것조차 몰랐다. 곧바로 닥쳐온 IMF 외환위기라는 쓰나미에 정신이 혼미해져서 미도파 사태는 눈에 담을 여력조차 없었다. 막대한 대가를 치르고도 문제의 핵심과 심각성을 모른다면 더 큰 파도가 닥쳐도 속수무책으로 당할 수밖에 없다. 이 점이 안타깝다. 나는 경제학자가 아니기 때문에 이 사태를 전문적으로 다룰 수는 없지만 반면교사로서 연구와 분석의 대상이 됐어야 한다는 판단에는 변함이 없다. 그렇게 20세기의 영화는 서서히 사라지고 있었고 곧 이은 외환위기로 국가 전체가 위기에 빠졌다. 그 대가를 호되게 치른 뒤에도 구조적 모순과 낡은 사고의 관행이 크게 바뀌지 않는 기업과 기관이 여전히 많았다. 나는 여기서 경영학적 분석을 말하는 게 아니다. 세상의 흐름을 읽어내고 판단할 수 있는 능력이 없으면 아무리 콘텐츠의 중요성을 떠들어봐야 헛일이라는 큰 틀에서 이 문제를 다룰 뿐이다.

집단지성과 융합:
21세기, 무엇부터 변화할 것인가?

밀레니엄을 맞아 20세기의 낡은 틀을 버리고 21세기의 전망과 전환을 모색했어야 하지만 사람들은 1997년 체제의 충격이 너무 커서 그 뒤치다꺼리를 하느라 정신이 없었다. IMF 사태를 초래한 가깝고 주된 원인은 우리의 낡은 금융 방식 때문이었다. 예대차익에만 익숙하고 관치금융이어서 망할 이유가 거의 없었던 은행은 외국의 저금리 차관을 들여와 동남아시아 국가 등에 고금리로 대출해주고 그 차액을 얻었다. 그야말로 앉아서 꿀떡을 삼키는 일이었다. 그러나 이른바 선진국에서 빌려온 돈은 상환시기가 6개월짜리 단기대출이었고 우리나라 은행들이 빌려준 돈은 연 단위의 장기대출이었다. 단기대출이 계속 갱신된다면 모를까 상환을 요구받으면 상황은 곧바로 칠흑의 나락에 빠진다. 결국 사달이 났다. 그리고 그 결과는 국가부도라는 절망적인 상황까지 내몰렸다. 우리의 낡은 금융 시스템이 빚어낸 일이었다. 금융의 위기는 산업 전반의 위기로 확산될 수밖에 없었다.

국민의 눈물겨운 희생 덕분에 가까스로 그 질곡에서 벗어났지만 정작 책임져야 할 자들은 1997년 체제에 대한 반성과 성찰이 없었고 책임도 지지 않았으며 사죄도 하지 않았다. 오히려 승자 독식의 프레임으로 사회를 유린하며 마음껏 부를 축적했다. 안타깝게도 그 여파는 지금도 계속되고 있다. 그러니 '속도와 효율'의 시대를 마감하고 '창조·혁신·융합'으로 전환하는 21세기에 제대로 대응하고 준비하는 일에 소홀할 수밖에 없었다. 그런 조짐은 이미 여러 분야에서(거의 전 분야에서) 나타났고, 나타나고 있으며, 생각을 바꾸지 않는 한 미래에도 계속해서 나타날 것이다. 반성과 성찰이 결여된 미래 전망과 대응은 비현실적이다. 성찰이 전제되어야 비로소 미래 전망과 대응이 가능하다.

IMF 체제는 우리에게 많은 희생을 요구했고 지금도 그 값을 치르고 있다. 그러나 다른 관점에서 보자면 대한민국과 기업들이 명실상부한 글로벌 체제로 전환하게 된 중요한 계기가 되었다. 세상의 흐름을 읽어내지 못하는 약자는 언제든 도태될 수 있다는 걸 깨달았고 뼈를 깎고 살을 도려내며 대변신을 꾀했다. 기업과 경제를 살려야 한다는 절박감에 이른바 '공적 자금'(그게 다른 이름으로 부르면 곧 세금이다)을 수혈해서 소생시켰다. 그래서 지금 이만큼 성장하고 있다. 만약 IMF 체제라는 외부적 요인이 없었더라도 우리는 과연 스스로 변화하고 혁신하며 글로벌화를 능동적으로 추구할 수 있었을까? 단언컨대 나는 아니라고 본다. 그런 점에서 IMF는 우리에게 병든 몸을 바꾼 '쓴 약'이었다. 세상이 바뀌면 시스템도 패러다임도 바뀐다. 그걸 놓치면 도태된다.

IMF 체제 같은 가혹한 시련은 다시 당하면 안 된다. 기왕 그걸 겪고 이만큼 성장하는 데에 국민의 희생이 밑받침이 되었다면 이제는 이익을 얻은 세력이 그에 상응하는 값을 지불해야 한다. 누군가는 여전히 밑바닥에 신음하고 있는 상태에서 단물은 혼자 빼먹으며 벌어진 격차만 즐기는 건 비도덕적일 뿐 아니라 미래 발전을 위해서도 해로울 뿐이다. 국가와 사회, 기업, 국민은 서로 떨어져 있는 존재가 아니라 유기적으로 밀접한 관계를 맺는다. 절망과 체념이 아니라 희망과 행복의 공통분모가 균형을 갖춰야 변화와 혁신, 더 나아가 혁명이 가능해진다는 사실을 잊어서는 안 된다. 그게 변화의 앞에 선 우리들의 가장 기본 전제여야 한다.

앞에서 ICBM과 스티브 잡스의 20세기, 21세기 상징을 도식적으로 서술한 것처럼 이제는 비가시적이고 비형태적이며 비질료적인, 즉 콘텐츠가 핵심인 시대로 전이했다. 그 본질이 불명확하고 애매하기는 하지만 이른바 제4차 산업혁명은 기계적 혁명이 아니라 비기계적 혁명, 즉 사고의 혁명으로 성큼 들어섰다. 따라서 '창조·혁신·융합'을 어떻게 수행하느냐에 따라 미래의 운명이 달렸다고 해도 지나치지 않다. 안타깝게도 우리 사회가 선언적으로는 창조·혁신·융합을 외치고 있지만 교육 과정에서 배운 적도 없고 일상에서 이를 경험한 적이 별로 없다. 현실적으로 '창조·혁신·융합' 가운데 순서를 굳이 정한다면 나는 융합부터 시작해야 한다고 생각한다. 애플의 사례가 이를 방증한다. 스티브 잡스도 바로 그 융합으로 새로운 애플의 시대를 열었다.

우리로서는 사고의 혁신을 통해 다양한 융합을 이끌어냄으로써 여러 부가적 가치를 강화시키는 방안이 현실적일 것이다. 일차적으로는 기존에 있던 것, 그리고 지금까지 이루어온 것을 최대한 여러 가지로 엮어서 융합해야 한다. 제4차 산업혁명을 주장한 클라우스 슈밥Klaus Schwab이 강조한 '초연결성'처럼 영역(카테고리)도 파괴하고 다양한 방식으로 씨줄과 날줄을 최대한 연결해야 한다. 이미 말했듯이 초연결성이 극대화되려면 먼저 사회와 조직이 최대한 수평화되어야 한다. 수평적일 때 연결할 수 있는 접점이 많아지고 더 많은 고리를 통해 융합될 여지가 훨씬 더 커진다. 이것만으로도 엄청난 혁신적 결과를 얻을 수 있다. 애플의 결과만 바라볼 게 아니라 왜 애플이 성공했는지, 그 성공의 핵심이 무엇인지 명확하게 인식하고, 우리는 그것을 어떤 방식으로 해결하고 부가가치를 높일 수 있는지부터 따져야 한다.

이러한 융합이 어떤 결과물을 산출할 수 있는지를 보여주는 사고 혁명의 사례가 바로 '집단지성'이다. 우리의 학교는 집단지성과 완전히 거리가 먼 교육기관이다. 그저 '모여서 머리 맞대는' 게 집단지성이 아니다. 이는 현상적 모습에 불과하다. 집단지성에 대한 사전적 정의는 '집단 구성원이 서로 협력하거나 경쟁하여 쌓은 지적 능력의 결과로 얻은 지성 또는 그러한 집단적 능력'을 의미한다. 이것은 소수의 우수한 개체나 전문가의 능력보다 다양성과 독립성을 가진 집단의 지성이 올바른 결론에 가깝다는 주장이다. 대중의 지혜에 바탕을 둔 '공생적 지능'의 중요성을 부각시키는 개념이기도 하다.

앞서 언급한 김민준 교수가 여러 대학에서 교수 자리 제안을 받고 고민할 때 박사과정 지도교수는 그에게 드렉셀대학을 추천했다고 한다. 창의적이고 혁신적인 연구를 하기 위해서는 공동연구의 기회가 많은 곳으로 가야 하며, 드렉셀대학 바로 앞에 펜실베이니아대학교가 있어서 공동연구를 하기 좋다고 충고했다는 회상이 인상적이었다. 박테리아를 이용한 유체공학으로 박사학위를 받은 그는 드렉셀대학에서 연구를 시작하면서 길 건너 펜실베이니아대학교의 로봇공학자들과 어울리며 나노로봇공학이라는 새로운 분야를 개척하는 계기를 만들었다.

김민준 교수는 지금도 연구실 학생을 선발할 때 특별한 경우가 아니면 한 나라에서 두 명 이상의 학생을 뽑지 않으며, 자신이 잘 아는 전기화학과 유체공학 분야의 전공자도 뽑지 않는다고 한다. 그의 연구실에서는 연구 역량과 배경이 저마다 다른 가진 학생이 소통하면서 배우고 자신의 약점을 보완한다. 매주 1회는 학부 학생을 포함한 연구실 전원이 한자리에 모여 자유롭게 자기 생각을 제시하고 토론하며 연구 방향을 잡아 나간다. 이뿐 아니라 새로운 아이디어가 있을 때는 언제든지 누구나 미팅을 소집할 수 있다고 한다. 자연스럽게 집단지성의 효과를 극대화하고 있는 셈이다. 그게 실력을 증진하는 방법인 시대가 된 것이다. 그런데도 우리는 여전히 대학의 '서열'과 유명세 따위를 먼저 따지고 있다.

집단지성 혹은 협업지성의 핵심은 '개체의 지적 능력을 넘어서는 힘'이다. 이 용어를 최근에 많이 쓰며 대표적 사례로 위키디피아와 웹 2.0을 들어서 그런지 이 개념을 최신의 것으로 생각하지만, 사실은 등장한 지 1세기가 넘은 개념이다.[4] 물론 이후에도 집단지성에 대한 연구는 지속적으로 이루어졌고 '특정 조건에서 집단은 내부의 가장 우수한 개체보다 지능적'이라는 새로운 인식의 결과물이 나왔다. 사이버공간에서 집단지성의 개념은 피에르 레비Pierre Lévy가 "어디에나 분포하며, 지속적으로 가치가 부여되고, 실시간으로 조정되며, 역량의 실제적 동원에 이르는 지성"이라고 정의하면서 획기적으로 주목받기

---

4   미국의 곤충학자 윌리엄 M. 휠러 William M. Wheeler의 《개미: 그들의 구조·발달·행동Ants: Their Structure, Development, and Behavior》(1910)에서 개미가 협업을 통해 개미집을 짓는 걸 보고 개미는 개체로서는 미미하지만 군집체로서는 높은 지능 체계를 형성한다고 주장하면서 만들어진 개념이 '개미의 집단지성'이다.

시작했다. 이러한 집단지성이 본격적으로 나타난 것은 전자미디어의 보편화 덕분이다. 이것을 더 확장하면 '전 지구적인 두뇌Global Brain'의 구축을 가능하게 할 것이고 컴퓨터가 두뇌의 확장이라면 컴퓨터 네트워크는 전 지구적 차원에서 두뇌들이 결합한 집합적 지성의 탄생을 의미한다. 결국 컴퓨터 네트워크의 결합은 데이터베이스의 전 지구적인 결합이다. 자연스럽게 전 지구적인 차원에서 이루어지는 지성의 실시간 연결이 되는 것이다. 이것은 분명 새로운 혁명이다.

이제 가장 빠른 시간에 최적의 결과물에 도달할 수 있는, 새로운 인간 활동 유형이 된 집단지성은 인터넷으로 서로의 생각을 나누고 공유하는 데서 한 걸음 더 나아가 현실의 집합행동으로 연결되었다. 더 이상 특별한 활동이 아니라 협동적 참여와 소통의 일반적 유형이 된 것이다. 더 나아가 생물학적으로 사용됐던 초기 개념이 현재에는 사회학이나 과학, 정치, 경제, 문화 등 거의 모든 분야로 확장되고 인간과 동식물도 연구 대상에 포함되고 있다. 지식과 정보의 생산자가 따로 없이 누구나 생산할 수 있으며 누구나 쉽게 공유하면서 계속해서 진보하는 집단지성이라는 개념은 바로 '융합'의 핵심이다. 그렇다고 그냥 이것저것 묶고 섞는다고 융합되는 것도 아니고 집단지성이 되는 것도 아니다.

우리에게는 아직도 '창조·혁신·융합' 가운데 가장 손쉬운

'융합'조차 익숙하지 않은 듯하다. 융합은 녹아서(혹은 녹여서) 하나로 합친다는 물리학·화학적 개념이다. 이제는 일반 개념으로 확장되어 융합 현상을 방송과 통신의 통합에서 많이 사용하며 망의 융합, 서비스의 융합, 기업의 융합 등으로 다양하게 쓰인다. 사실 융합이 무조건 능사는 아니다. 심리학에서는 어설픈 융합을 경계한다. 그것은 다른 사람의 경험을 자신도 똑같이 경험할 수 있다고 믿음으로써 자신과 타인을 혼동하는 것일 수 있기 때문이다.

특히 게슈탈트gestalt 심리학에서는 융합을 접촉경계혼란을 일으키는 다양한 원인 가운데 하나로 지목하면서 자신과 타인과의 경계가 분명하지 않고 흐려진 경계 지점에서 타인의 의견이나 감정에 동의하는 현상으로 특정하기도 한다. 조직에서 상사의 의견에 무조건적으로 동의하거나 지지하면서 나중에는 그것을 자신의 생각으로 착각하며 맹종하는 것을 충성이라고 착각하는 인식의 오류도 그 가운데 하나다. 그건 겉으로는 서로 위해주고 보살피는 것처럼 보일지 모르지만 내면적으로는 서로 독립적으로 행동하지 못하고 의존 관계에 빠뜨리는 것일 뿐이다. 이 경우 건강한 의미의 융합은 불가능하다. 서로의 개성과 자유를 포기하고 그 대가로 얻은 안정을 지키려는 성향은 개인뿐 아니라 조직 전체를 괴사시키는 주범이다.

심리학적으로 좀 더 심화해서 나아가 보면 융합은 인간의 원초적 공포, 즉 실존적 고독, 죽음, 공백을 두려워하는 심리에 대한 방어기제의 일종이다. 새로운 것 또는 서로 다른 것을 경험할 때 직면하는 당혹감을 완충하기 위해 서로의 차이를 줄이고 싶은 사람이 시도하는 환상과 같은 것이다. 우리가 추구해야 하는 융합은 소극적 방어기제의 영역에서 벗어나 새로운 가치를 창출하는 방향으로 나아가야 한다. 그러므로 올바른 융합을 위해서는 자신의 정체성과 더불어 온전한 타자성을 인식하고 서로 심오한 연합을 경험하는 과정이 필수적이다. 콘텐츠와 융합의 문제는 바로 이 지점에서 출발해야 한다.

파이브 아이즈 5I's,
다섯 개의 길

이 책에서 제안하는 여섯 'I'의 하나하나가 완벽하게 독립적이거나 독자적으로 체계성을 갖추고 논리적으로 연결되는 것은 아니다. 때로는 어느 하나가 특별하게 도드라지기도 한다. 그러나 근본적으로는 서로 연결되고 융합되는 것이다. 먼저 상대적으로 연관성을 가질 수 있는 둘씩 짝을 지을 수 있고, 확장해서 셋으로 짝을 지을 수 있을 것이고 더 나아가 때론 네 개씩 혹은 그 이상으로 각각의 경우의 수에 따라 결합될 수도 있을 것이다. '나'는 언제나 상수이니 나머지 다섯 개가 각각 하나씩 혹은 무리를 지어 만들어내는 경우의 수는 엄청나다. 각각의 항목에 매달리기보다 경우의 수를 결합해서 폭발력을 만들어내는 것이 중요하다.

3장

탐구 Investigation,
지식의 진화

그림 4_ 가짜뉴스의 시대, 거짓과 진실을 어떻게 구분할 것인가?

지식: 모든 것의 토대

세월이 지나도 변하지 않는 확고한 사실이 있다. 기초가 튼튼해야 튼실한 구조물을 올릴 수 있다는 것이다. 예를 들어 적조식積造式 건물의 경우 아무리 설계도가 좋고 부지가 있어도 벽돌이 없으면 집을 지을 수 없다. 현대사회에서는 지식과 정보가 그 기초 역할을 담당한다. 건축물로 보자면 벽돌과 같다. 이 때문에 지식과 정보를 최대한 습득해야 한다.

하지만 벽돌만 쌓는다고 집이 되는 게 아니다. 설계도면이 있어야 하고 집을 올릴 땅이 필요하며 어떤 집을 지을지에 대한 비전이 있어야 한다. 이처럼 지식과 정보를 체계화하고 자신의 방식으로 구성할 수 있는 능력이 필요하다. 현대사회는 이전과 달리 지식과 정보의 절대량이 부족해서 차이나 차별이 생기는 환경이 아니다.

예전에는 지식과 정보를 '소유'하고만 있어도 상대적으로 유리하고 더 좋은 조건을 획득할 수 있었다. 그래서 우리 교육은 주입식에 매달렸다. 기성세대가 받았던 교육 방식은 거의 전적으로 그랬고 불행히도 현재의 교육 방식도 크게 달라지지 않았다. 그런 점에서 주입식 교육에 근거한 낡은 객관적 평가를 고수할 수밖에 없는 현재의 대입시험 체제는 교육의 방식을 바꾸는 데에 핵심적인 장애다. 평가 시스템에 대한 신뢰가 구축되고 공유되지 않는 한 현재 방식에 대한 교육의 혁신은 불가능하다. 교육을 혁신하려면 사회시스템 자체가 바뀌어야 한다. 이제는 그렇게 하지 않으면 도태될 상황이 도래했다. 나는 머지않아 기존 방식이 더 이상 작동되지 않는 현실을 인식하고 어쩔 수 없이 그것을 포기해야만 하는 상황이 올 것이라고 생각한다. 난공불락이라 여겼던 것도 무너지는 건 한순간이다. 그러나 이 경우에도 지식과 정보의 가치는 여전히 유효할 것이다.

하지만 지식과 정보가 많다고 능사는 아니다. 지금은 원하는 만큼 쉽게 찾고 얻을 수 있다. 책이나 신문·잡지 등에서 지식과 정보를 제한적으로 습득하던 건 옛날이야기다. 지금은 다양한 매체를 통해 엄청나게 많은 지식과 정보를 얻을 수 있다. 문제는 필요한 지식과 정보뿐 아니라 이른바 '가짜뉴스'를 비롯한 쓰레기 정보가 범람한다는 사실이다. 그것을 식별하고 제거할 수 있는 판단력이 없으면 쓰레기 정보와 가짜뉴스에 쉽게 휩쓸린다. 가짜뉴스가 아니어도 내가 조각을 꿰어 쓸 능력이 없으면 깊이도 너비도 없는 정보는 그저 '더미'에 불과할 뿐이다. 쓰레기 정보와 지식이 뒤섞여 올바른 판단과 행동에 방해가 되는 일이 더 많다. 영국 태생의 역사학자 폴 케네디Paul Kennedy는 온갖 쓰레기 정보, 즉 정크포메이션junkformation(junk와 information의 합성어)을 걸러 배출할 수 있는 힘이 미래의 제대로 된 인식의 바탕이라고 강조했다. 그래서 인포메이션information, 즉 밖에서 안으로in 들어와 형성된form 게 아니라 안에 있는 그릇된 것을 밖으로ex 내보낼 수 있는 능력이라는 의미를 가진 익스포메이션exformation이라는 신조어를 만들었다. 쓰레기 정보를 판단할 수 있는 힘은 어디에서 오는가? 자기 주관과 더불어 진위를 제대로 판단하는 능력이 필요하다. 가짜뉴스와 쓰레기 정보는 개인의 인식 체계를 혼란시킬 뿐 아니라 사회의 건전성을 오염시킨다는 점에서 심각하다.

따라서 공신력 있는 지식과 정보의 채널을 확보하고 다양한 방식으로 그것을 습득하고 소화할 수 있는 능력이 절대적으로 필요하다. 미래 교육의 중요한 과제와 역할은 바로 그런 능력을 체계적으로 학습하고 경험하면서 체득할 수 있게 하는 것이어야 한다. 공신력을 담보하기에 가장 적절한 채널은 무엇일까?

무엇보다 책임과 역할을 상대적으로 높게 확보할 수 있는 매체는 여전히, 책이다. 대부분의 책은 저자가 오랜 시간 연구하거나 성찰한 것을 사실적 근거와 논리적 합리성을 확보해서 적확하고 모범적인 문장으로 내용을 풀어낸 것이다. 따라서 책을 읽는 것만큼 안정적이고 체계적이며 논리적인 생산적인 지식과 정보 채널은 흔치 않다.

책을 많이 읽으면 다른 지식과 정보를 판단하고 가려낼 능력을 기를 수 있다. 비판적인 안목과 시야도 생긴다. 이때 '비판적'이라고 하는 말의 뜻은 비난하거나 비평한다는 좁은 의미가 아니라 합리적으로 분석하고 논리적으로 판단할 수 있는 능력을 의미한다. 체계적이고 논리적이며 합리적 사유를 키워주는 지식과 정보를 최대한 증진시키는 것은 미래의 핵심 가치인 콘텐츠의 바탕이 된다. 무조건 책이 좋다거나 옹호하는 게 아니라 상대적으로 안정적이고 합리적이며 체계적인 지식과 정보를 습득할 수 있는 신뢰할 채널이라는 뜻이다. 쉽고 편하게 습득할 수 있는 지식과 정보의 채널이 많아지면서 역설적으로 건강한 지식과 정보가 외면되고 있다. 이를 묵인하고 방조하는 데에 가담하는 순간 엄청난 지식과 정보를 누리는 듯 착각할 수 있지만 근본적으로는 악수惡手와 악수握手하는 것임을 직시해야 한다. "악화惡貨가 양화良貨를 쫓아낸다"는 그레셤의 법칙Gresham's law 은 금본위제도가 사라진 현대경제학에서는 이미 죽은 이론이지만, 불행히도 사회와 문화 영역에서는 여전히, 그리고 더 심각하게 널리 퍼져 있다.

대한민국 사회의 대립과 갈등의 진폭이 갈수록 커지는 이유 가운데 하나는 바로 쓰레기 정보와 가짜뉴스에 휘둘리는 사람이 많아졌기 때문이다. 시민과 대중의 각성은 반드시 필요하다. 누구나 생각할 수 있는 권리가 있고, 그 생각을 표현할 수 있는 권리 또한 헌법에 보장되어 있다. 그러나 나쁜 의도로 퍼뜨리는 지식과 정보의 습득에 매몰되어 그것을 근거로 인식할 때 문제가 심각해진다. 특히 이 경우 인지부조화의 단계를 넘어 확증편향에 사로잡혀 오로지 자신이 획득한 자의적 지식과 정보에 대해서만 절대적으로 충성할 뿐 다른 것에 대해서는 모두 가짜라면서 적대적이다.[1] 이들은 유튜브 등에 떠도는 온갖 쓰레기 영상과 가짜뉴스에 현혹되어 자신의 확증편향을 가중시킬 뿐이다. 차라리 책 한 권도 읽지 않는 게 '책 한 권만 읽는 것'보다 훨씬 더 낫다. 문제는 이러한 태도가 단순히 사회 갈등과 대립의 문제만 야기하는 게 아니라 근본적으로 편향적이고 그릇된 지식과 정보에 탐닉함으로써 건전하고 합리적인 사고판단 자체를 마비시킬 수 있다는 점이다.

---

1   이 문제에 관심이 있는 독자라면 박준석의 《가짜뉴스의 심리학》(휴머니스트, 2021)과 최은창의 《가짜뉴스의 고고학》(동아시아, 2020)이 도움이 될 것이다.

어쨌거나 쓰레기 지식과 정보를 걸러낼 수 있는 합리적 판단력을 갖추고 지식과 정보를 최대한 축적하는 것은 필수적이다. 이제는 특정한 계층이 지식과 정보를 독점하는 시대가 아니다. 건강한 시민사회가 합리적이고 매력적인 콘텐츠를 생산한다면 사회 전반에 다양성과 합리성, 논리적 체계성을 체화하는 힘을 기를 수 있다.

우리에게 필요한 지식은 무엇인가?

지식과 정보는 필수지만 거기에만 매달릴 때 사회는 퇴행한다. 기존의 엘리트 중심 사회가 그러했다. 어느 사회건 엘리트 그룹이 있다. 엘리트elite는 선택된 사람, 정예, 사회 중추 등을 뜻하는 프랑스어에서 온 것으로, 대중과 대립되는 말이다. 각 영역에서 지도적 역할을 수행하며 정책을 결정하고, 조직을 구축하며, 문화의 창조에 참여하는 소수자를 가리키기도 한다. 대개 정도의 차이는 있지만 엘리트 그룹이 사회 계층의 상부를 차지하며 사회를 지배한다. '지배'라는 말에 거부감이 생기지만 현실적으로 그들은 자신들이 '지배'한다고 생각한다. 그리고 그들의 지도에 수동적으로 따르는 대중은 이 체제에 따르는 게 사회적 안정과 이를 토대로 한 자신의 삶에 도움이 된다고 여긴다. 그렇게 길들여지며 살아왔다. 물론 여기에는 오랫동안 지배와 피지배의 구도로 이어져 온 인류 역사의 큰 흐름에 따른 측면도 있다. 이제는 낡아빠진 사고인데도 여전히 작동한다.

그렇다면 대한민국에서 추구하는 엘리트는 어떤 인물인가? 대개 아는 것이 많고(암기력이 좋아서 저장 정보량이 많다는 의미다), 계산에 빠르며(수학적 능력. 그러나 대입을 위한 수학공부가 끝난 뒤에는 본인이 직접 계산할 일이 거의 없다), 윗사람의 심기를 콕 짚어서 짐작하고 대응하는 능력 등이 뛰어난 인물이라고 생각한다. 우리가 지금까지 목격한 엘리트 대부분이 그렇다. 그래서 좋은 대학, 좋은 학과를 나오는 것으로 가장 먼저 가늠한다. 문제는 대학과 학과'만'으로 모든 게 결정된다는 점이다. 이런 유형의 인물이 갖춘 능력은 지식이 거의 유일한 경우가 허다하다. 물론 경험이 쌓이고 승진하면서 시야가 넓어지는 등 그 능력이 향상되면서 탐구 능력이 증진된다. 하지만 딱 거기까지다. 개인의 품성과 잠재 능력의 발현 여부에 따라 차이가 나지만 대개는 그렇다. 그런데 21세기에도 그 능력이 필요할까? 이제는 아니다! 그런 시대는 이미 끝났다. 그렇다면 우리에게 필요한 능력은 무엇일까? 무엇이어야 할까? 이제 그것을 물어야 할 때가 온 것이다.

축적으로서 지식:
쌓이는 지식과 정보는 여전히 유효하다

"구슬이 서 말이라도 꿰어야 보배"라는 말은 뒤집어보면 '꿰어야 할 구슬이 있어야 보배를 만들 수 있다'는 말이기도 하다. 지식과 정보가 예전과 같은 독점적 힘을 갖는 것도 아니고 오히려 넘쳐서 문제가 되는 세상이다. 필요한 건 검색하면 다 찾을 수 있다. 그러나 검색이 능사는 아니다. 기본적으로 내가 지식과 정보, 그리고 그것을 판단하거나 구성할 체계를 갖고 있어야 한다. 검색으로 얻는 건 자투리 지식에 불과하다. 그것으로는 주제 전체를 관통하는 맥을 찾아낼 수 없다. 호흡이 긴 지식과 정보를 축적해야 한다. 콘텐츠는 그 과정에서 숙성된다.

BTS의 앨범 'Map of the Soul: Persona' 속 〈Dionysus〉에는 심리학과 철학이 짙게 깔렸다. 심층심리학의 카를 융Carl Gustav Jung과 초월적 실존철학의 프리드리히 니체Friedrich Wilhelm Nietzsche가 그 바탕을 마련하고 있다. 실제로 'Map of the Soul: Persona'는 정체성과 인격에 대한 융의 이론을 모티프로 삼고 있다. 페르소나라는 말은 연극에서 사용되던 '가면'을 의미하는 그리스어에서 온 말이다. 융에 따르면 인간은 사회적 위치와 타인과의 관계 등에 따라 각각 다른 가면을 쓰면서 또 다른 자아를 만들어낸다. 가면, 즉 페르소나로서의 자아는 '내가 되고 싶은 나'와 '사람들이 원하는 나', 그리고 '사람들이 원하기를 바라는 나의 실현으로서의 나' 등 다양한 방식으로 표현된다. 융은 다양한 페르소나의 표현을 위선이 아니라 적절한 사회적 관계를 맺게 하는 윤활의 역할을 하는 것이라고 설명한다. 누구나 다차원적이고 복잡한 성격을 갖고 있기 때문에 상황에 따라 그에 맞는 페르소나로 자신을 표상한다. 긍정적인 페르소나는 자존감의 발현을 만들어낸다는 점에서 적극적으로 표현하고 체화할 필요가 있다. BTS의 가사를 차분히 읽어보면 그런 자아에 대한 고민이 잘 묻어난다. 그냥 근사한 말을 갖다 붙인 것이 아니라 자신뿐 아니라 같은 세대가 느끼는 고민의 본질을 잘 표현했다.

융이 활동하던 시기는 과학의 시대였다. 과학은 인간의 삶을 더욱 총체적으로 이해할 수 있게 새로운 문을 열었다. 수많은 사람이 심리치료의 필요성을 느꼈고, 세기말의 혼란과 20세기 전반부를 지배한 전쟁의 공포는 정신분석학의 중요성을 더욱 확고하게 만들었다. 병원에서 일하던 융은 자각하지 못한 상태에서 고통받는 환자를 치료하면서 '무의식'의 문제에 천착하던 중 프로이트Sigmund Freud의 심층심리학에 크게 공감하고 서로 교류하며 정신분석 이론을 공고히 했다. 그러나 무의식의 기원을 대부분 성性의 문제로 환원하는 프로이트와 결별하면서 집단무의식, 콤플렉스, 페르소나, 자아 등에 대한 독자적인 연구로 성과를 거뒀다. 머리 스타인Murray Stein은 융을 연구하는 학자 중 손꼽히는 사람으로서 그가 쓴 책이 바로《융의 영혼의 지도Jung's Map of the Soul》다. 그는 융의 분석심리학 이론을 지도 제작 과정에 비유하면서 영혼의 맨 위 표면에 해당하는 자아에서 출발해 콤플렉스, 리비도, 그림자, 아니마/아니무스, 자기, 개성화, 동시성 등 점점 더 복잡한 영역의 독도법讀圖法을 제시한다. 그 지도는 밋밋한 2차원 평면지도가 아니라 융의 심리학을 입체적이고 역동적으로 보여주는 3D 지도다.

융의 분석심리학은 심리학뿐 아니라 철학, 신학, 사회학, 인류학, 신경과학, 천문학, 물리학 등 다양한 학문 분야에 영향을 끼쳤다. 그 내용과 이론이 만만치 않은데 스타인은 그것을 누구나 쉽게 이해할 수 있는 언어와 표현, 비유로 재미있게 설명함으로써 융의 학문 세계에 대한 벽을 허물었다는 평가를 받았다. 어려운 융의 사상을 충실하고 종합적이며 대중적으로 잘 요약하고 정리했다는 평가를 받은 이 책이 BTS 노래의 바탕에 깔려 있다.

머리 스타인의 고백에 따르면 자기 학생 중 한 명이 BTS가 자신의 책을 추천했다고 알려줬을 때 BTS가 뭐냐고 물었다고 한다. 그런데 한 달 뒤 그 학생이 BTS의 새로운 앨범 제목이 'Map of the Soul: Persona'라고 얘기해줘서 깜짝 놀랐다고 한다. 머리 스타인 박사는 BTS의 노래에 대해 아주 적절한 시기에 중요한 메시지를 던지고 있는 것 같다고 하면서 젊은이들이 보통 자신의 페르소나가 부족하다고 느끼고 사회에 부적합하다고 판단하거나 자신이 부족하다며 깎아내기 쉬운데 그게 반복되면 극단적인 선택을 할 수도 있다며 BTS의 역할을 평가했다.

나는 개인적으로 BTS의 음악을 들을 때마다 그 곡과 가사가 단순한 음악적 기교로 만들어지지 않았다고 느낀다. 모든 멤버가 그 책을 읽고 사유하고 토론하며 자신들과 같은 세대가 무엇을 느끼고 생각하는지, 무엇을 찾아내고 싶은지 등에 대해 수많은 교감을 나누며 노래를 만들었을 것이다. 그렇게 할 수 있도록 환경을 만들어준 것이 방시혁의 방식이며 그게 바로 다른 기획사들과 다른 점이다. 나는 이 차이가 BTS를 다른 아이돌과 다르게 만든 중요한 지점이라고 생각한다. 방시혁은 멤버들을 매뉴얼에 따라 훈련시킨 게 아니라 그들이 문제를 스스로 만들어낼 수 있는 힘을 자발적으로 먼저 도출할 수 있도록 열어주었다. 그게 매우 중요한 차이다. 그들이 심리학을 전공하거나 융의 정신분석 이론을 완전히 이해하지는 않았더라도 머리 스타인의 책을 통해 문제와 주제의식을 발견했을 것이고 자신들의 시대와 세대의 그것을 음악적으로 표현하는 일에 공을 들였을 것이다. BTS의 곡과 가사가 많은 이의 공감을 얻은 것은 그런 시대정신을 아주 훌륭하게 짚어내고 표현하며 이를 전달하는 방식에 누구나 호응할 수 있기 때문일 것이다. BTS와 아미 ARMY

가 공간을 초월해서 '감응'하고 교감하며 연대하는 글로벌한 힘은 단순히 그들의 완성도 높은 퍼포먼스나 노래 실력 때문만은 아닐 것이다.

책 한 권으로 모든 것을 파악하고 이해하기란 쉽지 않지만, 그들의 노래에는 단순히 '검색'하여 지식의 파편을 조합하는 방식으로는 결코 얻을 수 없는 것이 담겨 있다. 자투리 정보나 지식의 파편은 창조적 생산력으로 이어질 수 없다. 우리가 원하고 필요로 하는 지식과 정보는 축적되고 이어져서 자신의 사유와 창조를 이끌어낼 힘을 지닌 것이어야 한다. 지식과 정보의 축적과 숙성은 여전히 필요하다. 다만 이전처럼 지식만 있거나 그 양적 축적만으로는 부족하며, 지식과 정보의 질과 결이 성장하고 진화할 수 있는 새로운 호흡이 필요하다. 검색을 통해 가볍게 소비되는 지식과 정보 너머에 있는 큰 그림을 읽어낼 수 있는 힘 또한 지식과 정보의 축적과 소화에서 길러진다. 그러므로 우리는 최대한 지식과 정보를 '탐색(검색이 아니라)'하고 '사색'할 수 있는 새로운 지식과 정보의 메커니즘을 마련해야 할 것이다. 그 메커니즘이 새로운 진화를 이끌며 더 나은 콘텐츠를 잉태한다.

여전히 지식과 정보는 필요하지만 그게 유일한 방법이거나 우선 순위여서는 안 된다. 지금까지 우리는 대개 지식과 정보를 1순위로 하고 그 상위 단계에서 탐구 능력을 요구했다. 그리고 영감이나 직관 등은 예술가의 영역으로 치부했다. 그러나 그 중요도나 순서가 반대로 바뀌는 세상이 되고 있다. 아무리 지식과 정보를 많이 축적해도 탐구 능력과 창조적 능력이 없으면 그저 작업자에 불과하다. 이제 지식과 정보는 저장과 소유의 영역이 아니라 탐색과 검색 차원으로 전환됐다. 그러므로 지식과 정보의 습득 및 진화의 방식도 변해야 한다. 개인의 활용에 따라 달라지겠지만 탐구도 예전과 달리 상당 부분은 시스템만 갖춰놓으면 기본 작동이 가능하다. 앞으로는 컴퓨터와 인공지능AI이 해결할 수 있는 일이 많아지게 되는 건 필연적이다. 그런 분야에서는 인간이 컴퓨터와 AI의 경쟁자가 될 수 없다. 철저히 지식과 정보에 좌우되어 탐구 없이 때우는 시대는 끝났다. 영감이나 직관이 없다면 작업자에 그칠 뿐이다. 이른바 콘텐츠의 시대는 과거의 관행을 깨뜨리고 벗어나는 데에서 시작된다. 이 지점에서 지식과 정보를 새로운 방식으로 축적하고 진화시켜야 하는 당위가 연결된다.

분석과 비판:
무엇이 지식과 정보를 강하게 만드는가?

그러면 긴 호흡으로 사유할 수 있는 지식과 정보를 축적하는 것으로 충분한가? 그러기에는 뭔가 미흡하고 허전하다. 최대한 많은 지식과 정보를 축적하되 이를 또 걸러내고 재구성할 수 있는 '지식과 사유의 근력'을 함께 키워야 한다. 이를 어떻게 수행할 수 있을까?

그 첫 번째 단추는 분석이다. 국어사전에서 정의하는 분석은 첫째, 얽혀 있거나 복잡한 것을 풀어서 개별적인 요소나 성질로 나누는 것, 둘째, 개념이나 문장을 보다 단순한 개념이나 문장으로 나누어 그 의미를 명료하게 하는 일, 셋째, 복잡한 현상이나 대상 또는 개념을 그것을 구성하는 단순한 요소로 분해하는 일, 넷째, 물질의 성분, 즉 물질에 포함되어 있는 화합물, 단체, 원자, 분자의 조성과 함량 따위를 물리적·화학적 방법을 써서 알아내는 일 또는 그런 조작 등으로 나열된다. 첫째는 심리분석, 둘째와 셋째는 철학, 넷째는 화학에서 각각 설명하거나 정의하는 분석의 의미다. 서로의 영역에 따라 정의가 조금씩 다르지만 분명한 것은 '쪼개고 나누며 각 구성요소의 본질과 핵심을 파고드는 것'이라 할 수 있다. 분석이 없는 해석은 나의 것이 아니라 타인의 것을 그대로 따르는 것이다. 분석은 피곤한 일이기도 하다. 전체를 무작위로 쪼개는 것이 아니라 그 전체의 본질을 담으면서 각 기본 단위를 구성하는 요소를 찾아내는 일이기 때문이다.

분석의 가장 전형적인 방식은 인과관계를 파악하는 것이다.

논리적 분석이건 실증적 분석이건 그건 공통적이고 필수적이다. 그것이 비단 자연과학의 고유한 영역은 아니다. 역사나 문화 혹은 경제에서도 고스란히 적용된다. 예를 하나 들어보자. 고대 그리스의 유물 가운데 도기가 상당히 많다는 사실에서 우리가 찾아낼 수 있는 역사적 사실은 무엇일까? 솔론Solon은 기원전 594년 최고행정관인 아르콘에 선출된 뒤 전광석화처럼 아테네를 개혁했다. 빚을 져 노예가 된 아테네 시민을 모두 해방시켰고 외국에 노예로 팔려 간 아테네 시민도 고향으로 돌아올 수 있게 했다. 또한 빚을 진 시민의 빚을 탕감하고 토지를 회복시켰다. 가혹한 형벌도 대부분 폐지했다. 그리고 상인계급도 아르콘에 출마할 수 있도록 문호를 개방했다.

그러나 토지를 회복했다 해도 아테네가 위치한 아티카attica는 너무나 척박한 대지라서 다시 빚을 질 수밖에 없다는 걸 날카롭게 인식한 솔론은 이 문제를 해결하기 위한 경제개혁을 단행했다. 채산성이 떨어지는 곡물 재배를 포기하는 대신 척박한 땅에서도 잘 자라는 올리브와 포도 등 특화작물 재배를 장려했다. 특화작물을 팔아 그 돈으로 곡물을 수입하는 방식을 선택한 것이다. 현대 무역의 정곡을 너무나 정확하게 꿰뚫어 보았다. 솔론은 심지어 외국에서 기술자를 데려오는 데에도 적극적이었다. 올리브와 포도 재배에 집중하는 시간이 쌓이면서 재배 노하우도 쌓였고 올리브유와 포도주를 수출하기 위한 그릇이 필요했다. 그렇게 해서 수출입을 위한 조선업과 도기 산업이 발전했다. 짧은 시간에 아테네의 도기는 지중해 그릇 시장을 장악했다. 우리가 오늘날 보는 지중해의 도기 유물은 바로 그런 산물이다. 솔론의 개혁과 도기 산업의 관계가 갖는 인과를 분석하면 뜻밖에 많은 사실을 발견할 수 있다. 이런 게 바로 분석의 힘이다.

오늘날은 지식과 정보가 넘친다. 우리가 검색한 정보를 분석할 일은 별로 없다. 그것은 하나의 조각에 불과하여 본질을 담은 기본 요소에 해당되는지조차 헤아릴 수 없기 때문이다. 검색을 통한 지식과 정보의 소비는 그 자체로 이미 분석 능력을 상실하게 만든다. 이른바 '불임 지식과 정보'다. 분석은 종합의 반대 개념이기도 하다. 분석은 전체 그림을 부분으로 쪼개 읽어야 한다는 점을 의미한다. 그러므로 주제를 명확히 인식했을 때 분석이 가능하다. 분석은 단순히 세밀하게 들여다보는 것이 아니다. 전체를 관통하는 주제와 본질에 비춰 보면서 각각의 세목이 합리적이고 합목적적인지 따지는 일이다. 조각난 지식과 정보로는 그것이 원천적으로 불가능하다. 분석력은 어떻게 키울 수 있을까? 부분과 전체를 동시에 아우를 수 있는 능력을 키울 수 있는 방법이 무엇일까?

여러 방법 가운데 내가 제안하는 방법은 책을 읽는 것이다. 어려운 책이라고 무서워할 것 없다. 흔히 어렵고 두꺼운 책은 정독하는 경우가 많다. 쉽지 않으니 한 줄 한 줄 꼼꼼하게 읽어야 겨우 이해할 수 있다고 여기기 때문이다. 그러나 꼼꼼하게 읽는다고 이해하는 경우는 그리 많지 않다. 오히려 지쳐서 완독을 포기하는 경우가 더 많다. 나는 그런 책을 잡으면 속독하거나 대충 후다닥 읽는다. 이렇게 하면 책 전체의 주제 의식(아직 주제는 아니다)과 방향성을 파악할 수 있다. 그런 다음 곧바로 천천히 그 책을 다시 읽는다. 어려운 대목이나 더 깊이 따져 봐야 하는 구문을 봐도 앞서 파악한 전체의 그림 또는 주제 의식에 비춰 그게 어떤 의미와 의도인지 짐작할 수 있고 더 깊이 분석할 수 있다. 분석이라고 무작정 잘게 쪼개서 들여다보는 게 아니다. 제대로 된 분석은 맥락의 논리성이 일치하는지, 논거가 명확한지, 주장과 결론이 타당한지 등을 따지는 것이다. 우리는 늘 '주어진' 답을 암기하고 '정해진' 방식으로 문제를 푸는 교육에만 치중했고 사회적 삶도 그 범주에서 크게 벗어나지 않았다. 타성에 굳은 채, 주어진 내용을 꼼꼼하게 따져 보는 능력의 결핍은 결국 콘텐츠의 빈약을 초래한다. 그러므로 분석 능력을 어떻게 발휘하느냐에 따라 지식과 정보의 가치가 달라진다는 점을 기억할 필요가 있다.

지식과 정보의 차원에서 분석과 짝을 이루는 것이 바로 비판이다. 비판은 비난과 완전히 다르다. 비난이 남의 잘못이나 결점을 책잡아서 남을 깎아내리기 위해 험담하는 것이라면 비판은 부족한 부분을 지적하고 채워주는 역할이다. 그런 점에서 비판은 매우 훌륭한 대안이 된다. 올바른 비판을 위해서는 제대로 된 분석이 전제되어야 한다. 분석을 수반하지 않은 비판은 감정적이거나 의도적인 비난에 흐려지기 쉽다. '비난'은 한자로 쓰면 헐뜯을 비非와 나무랄 난難인 반면 '비판'을 한자로 쓰면 비평할 비批와 판단할 판判이다. 전혀 다른 말이고 심지어 비슷한 말도 아니다. 압축적으로 말하자면 비난은 욕하는 것, 비판은 지적하는 것이다. 비판의 사전적 의미는 현상이나 사물의 옳고 그름을 판단하여 밝히거나 잘못된 점을 지적하는 것, 또는 사물을 '분석'하여 각각의 의미와 가치를 인정하고 전체 의미와의 관계를 분명히 하며 그 존재의 논리적 기초를 밝히는 것으로 부정적이건 긍정적이건 상관없이 객관적으로 평가하는 것이다. 비판에서 주목해야 할 점은 '분석'과 '객관'이다. 비판은 그릇된 지식과 정보를 걸러내고 그 본질을 강화하고 정리해준다는 점에서 필수적이다. 비판적으로 사고하는 것critical thinking은 바로 그런 토대 위에서 생각하는 것이다.

좋은 비판을 통해 지식과 정보가 강화된다는 점에서 무엇이 좋은 비판인지 가려야 한다. 좋은 비판은 논리적 구조를 갖추고 오류에 빠지지 않아야 한다. 그리고 올바른 의미의 낱말을 사용해야 한다. 애매하고 난해한 낱말은 비판의 힘을 허문다. 중의어를 비롯한 다의적 의미가 있는 낱말은 그 갈래를 명확하게 밝혀야 한다. 또한 비판할 부분을 명확하게 한정해야 한다. 예를 들어 코로나19가 확산되는 주범으로 몰렸던 이태원 클럽의 집단 감염 사례를 비판할 때 확진 판정을 받은 성소수자에 초점을 맞추는 건 부적절하다. 핵심은 방역 수칙을 어긴 행동이지 그가 성소수자라는 게 아니다. 좋은 비판은 그 비판의 근거가 충분하고 명확하며 신뢰할 수 있는 출처가 있어야 하며 문제에 대한 정확한 파악이 수반되어야 한다. 특히 자신이 소화하지 못할 타인의 견해를 끌어와서 자기 의도나 목적에 맞게 편집하거나 의존하는 것은 오히려 비판의 기능과 역할을 망칠 수 있다. 가치판단이 개입되는 경우와 사실의 문제만 따져야 하는 경우 등을 구분하지 않고 뒤섞인 채 비판하는 것도 위험하다. 결국 좋은 비판의 핵심은 논리와 사실을 제대로 갖춰야 한다는 점이다.

지식과 정보는 일종의 원자재raw material다. 그것을 무조건 가공하면 불순물(오류와 악의 등)이 뒤섞여 자칫 원천적으로 그것들을 도려내는 일 자체가 불가능해진다. 쓰레기 지식과 정보가 만들어지고 가짜뉴스가 퍼지는 건 바로 이런 과정에서 기인한다. 지식과 정보에 대한 분석과 비판이 필수적인 것은 바로 이 때문이다. 분석과 비판은 지식과 정보의 진화 과정에서 가장 먼저 만나게 될 관문이다. 그리고 그 과정은 객관, 논리, 타당성, 합리성 등과 나의 주체적 판단력이 결합됨으로써 보다 정제되고 향후의 방향과 목적에 따라 가공할 수 있는 최적의 기본 재료를 제공해 준다는 점에서 결코 놓치지 말아야 한다. 바로 이런 과정을 통과한 지식과 정보가 탐구의 과정을 통해 다양한 방식으로 가공되고 진화할 수 있다.

종합으로서 탐구: 지식을 주체적으로 배양하는 단계

공부와 연구는 비슷한 듯하지만 다르다. 공부는 '학문이나 기술을 배우고 익히는 것'이고 연구는 '어떤 일이나 사물에 대해 깊이 있게 조사하고 생각하여 진리를 따져 보는 일'이다. 지식과 정보를 습득하는 것은 공부다. 비유하자면 우리가 초등학교부터 대학에 이르기까지 해온 것이 공부고 대학원에서 깊이 있게 조사하고 탐구하는 것은 연구다. 물론 그 이전 단계에서도 연구가 이루어질 수 있다. 하지만 사람들은 지식과 정보를 습득하는 일에만 매달린다. 이 시대와 미래가 원하는 창조적 콘텐츠의 생산을 위해서는 그 단계에서 벗어나 더 진화된 단계로 나아가야 한다. 그게 바로 탐구의 영역이다.

탐구investigation/inquiry의 사전적 의미는 '진리, 학문 따위를 파고들어 깊이 연구'하는 것이다. 좀 더 폭넓게 해석하면 어떤 가설, 혹은 신념의 입증을 위해 정보 수집, 질문 제기, 자료 조사, 이론 검토 등을 하는 행위다. 일반적으로 우리가 탐구라는 말을 쓸 때는 지식 혹은 이론의 획득이나 정립을 위한 지적 노력 그 자체나 그것에 수반되는 활동을 뜻한다. 이러한 탐구에는 객관적으로 존재하는 사실에 관한 정보 혹은 이론적 지식을 획득하기 위한 사실적-경험적 탐구, 사고의 명료화와 개념의 명확한 작동을 위한 형식적-논리적 탐구, 가치의 추구나 평가, 실천적 규범이나 원리의 정립을 위한 규범적-평가적 탐구 등이 있다. 어떤 종류의 탐구든 공통적인 것은 체계와 구성이라는 속성을 지닌다는 점이다.

지식과 정보에 대한 1차 가공 단계가 바로 탐구다. 지식과 정보를 수집한 다음 해야 할 절차를 놓치면 그 상태에서 벗어날 수 없다. 요리의 역사라는 관점에서 보면 '불'이 재료와 결합하는 것이 탐구의 진화 과정이다.[2] 음식의 역사에서 '불'의 역할을 찾는 1차 관문은 우선 그것들을 체계적으로 분류하고 그 틀 안에서 논리나 내용이 충돌하는 경우 다양한 조사를 통해 어느 지식과 정보가 더 정확하고 설득력이 있는지 판단하는 것이다. 그 다음으로 다른 분야의 지식과 정보 간에 관련되는 것의 흐름을 읽어낸 뒤 연결의 고리를 찾아낸다. 마지막으로 지식 제공자의 견해에 대해 비판적으로 분석하고 자신의 눈으로 해석하는 힘

2　이 문제를 다룬 대단히 매력적인 책이 바로 리처드 랭엄의 《요리 본능》(사이언스 북스, 2011)이다.

을 키우는 것이다.

탐구가 늘 논리적이고 체계적으로 지식을 차곡차곡 축적하고 분석하며 새롭게 구성하는 것을 의미하지는 않는다. 지식과 정보는 일종의 모자이크 혹은 스테인드글라스와 흡사하다. 각각의 지식 꾸러미는 모자이크 조각이고 그것들은 제가끔 색과 모양을 갖는다. 그러나 그 자체로는 큰 그림을 그려내지 못한다. 그림이 되기 위해서는 전체 그림의 밑그림이 있어야 한다. 그것들이 아귀를 잘 맞추면서 각자의 역할을 수행할 때 아름다운 그림이 된다. 그 그림의 틀을 짜는 게 탐구의 역할이다. 구슬이 서 말이라도 꿰어야 보배다. 그 '꿰는 것'이 바로 탐구다.

탐구 과정을 통해 주체적 자아가 강화된다는 점 또한 간과할 수 없는 중요한 요소다. 탐구는 지식과 정보를 습득하고 저장하며 분류하는 단순한 행위가 아니라 모든 판단을 '내'가 한다는 점 때문이다. 지식과 정보의 습득은 수동적일 수 있지만 탐구는 능동적일 수밖에 없다. 주체적 자아는 단순한 자의식이 아니라 끝없는 자기 혁신과 진화를 통해 형성되는 개념이다. 나와 세상의 관계를 적극적으로 인식하고 허위를 깨뜨리며 실체적 진실을 두려워하지 않는 능동적이고 생산적인 주체다. 그러므로 탐구와 주체적 자아는 불가분의 관계다.

'자기 주관'은 '내가 주인이 되는 것'을 의미한다. 타인이 생산하고 가공한 지식과 정보에 의존하는 건 나의 개입을 배제하는 것이다. 그것에 의존해서 나의 판단과 행동을 수행하는 것은 결국 종속적이라는 뜻이다. 심하게 말하자면 노예의 삶이다. 표면적으로는 내가 취사선택한 지식과 정보인 듯하지만 거기에 익숙해지고 의존하면서 나의 주체적인 판단은 위축된다. 내 사고, 행동, 삶을 타인이 지배하게 된다. 그러면 책은 어떤가? 물론 책도 어느 정도 그 범주에서 벗어나지 않는다. 그러나 1차적으로 책은 파편적 지식과 정보보다 훨씬 더 체계적이고 논리적이어서 '나'의 수긍이 따른다. 책을 읽으면서 전체를 관통하는 논리와 체계 및 해석과 판단을 접하게 된다. 비록 처음에는 이루어지지 않는다 하더라도 책을 한 권 한 권 읽어감에 따라 그 능력이 증가한다.

인터넷이나 유튜브 등에서 쉽게 접할 수 있는 정보는 필요한 부분만 취할 수 있고 직관적(이때의 직관은 직접 관찰하고 감각할 수 있다는 의미)이어서 고민하고 따질 것이 별로 없다. 그러니 매우 편리하고 용이하다. 이런 채널은 이전 세대는 누리지 못한 축복이다. 그러나 여기에 세 가지 문제점이 있다.

첫째, 명확한 사실적 근거를 제시하지 못하는 경우가 많아서 그 정보나 지식이 타당한 것인지 모호하다. 더욱이 자기 자신에게 그것을 판단할 수 있는 지적 토대가 없으면 판단의 근거를 확인하기 어렵다. 진위조차 가리지 못하는 지식과 정보는 때로는 차라리 없느니만 못하다. 둘째, 인터넷이나 유튜브 등에서

접하는 내용은 분량과 시간 때문에[3] 충분한 설명과 논리적 전개를 제공하기 어렵다. 제공자의 자의적 결론이거나 혹은 상당수가 자신의 의도에 맞게 발췌, 인용, 편집, 왜곡하는 경우가 많다. 셋째, 내용 중에 더 알고 싶은 부분이나 관심 있는 분야에 대한 확장의 실마리가 별로 없다. 대부분의 경우 출처도 모호하거나 참고도서 등 도움이 될 수 있는 자료가 거의 없는 경우가 허다하다. 이런 것을 식별하고 걸러낼 수 있는 능력을 키우려면 탐구에 소홀해서는 안 된다.

탐구로서 독서:
꾸러미 독서의 힘

이미 언급한 것처럼 책은 지식과 정보의 1차 관문이다. 동시에 탐구의 능력을 증강시키는 열쇠이기도 하다. 책은 대개 어떤 분야의 전문가가 여러 해 혹은 심지어 평생 연구한 것을 최대한 사실에 근거해서 논리적이고 체계적으로 완성한 지적 산물이다. 인류 문명의 발전은 이러한 지적 산물의 축적 덕분에 인해

---

3   소비자는 긴 글을 읽으려 하지 않으며 영상도 점점 더 짧은 걸 원한다. 15초짜리 동영상을 제작 공유하는 앱 '틱톡TikTok'의 출현도 이런 흐름과 무관하지 않다.

가능했다는 점에서 책의 보편화, 즉 책의 엄청난 생산과 소비는 인류사에서 매우 중요하다. 한 분야를 깊이 있게 연구하고 고민하며 나름대로 분석하고 해석하며 결론을 제시한다는 점에서 책을 능가할 수 있는 콘텐츠를 만나기는 쉽지 않다. 전문가 수준을 만드는 것이 바로 탐구의 영역이고 역할이다. 지속적이고 체계적인 탐구 활동은 새로운 문제를 분석하고 해결할 수 있는 대책을 마련할 수 있다는 점에서도 매우 매력적이다.

책을 통한 자기 진화와 책의 효용성에 대한 좋은 팁이 있다. 책을 많이 읽지만 머리에 남는 것도 없고 딱히 진화를 체감하지 못한다고 한탄하는 이들이 있다. 무조건 책을 많이 읽는다고 해결될 일이 아니다. 만약 어떤 분야에 대해 심층적으로 이해하고 어느 정도의 전문가 수준을 원한다면 그 분야의 책 열 권을 읽는 것보다 효과적인 것은 흔치 않다. 나는 이것을 '꾸러미 독서'라고 부른다. 처음 읽을 때는 난해하거나 낯설 수 있다. 그러나 서너 권 읽으면 그 분야의 큰 틀과 논점의 핵심을 파악하고 예닐곱 권의 책을 읽으면 자신만의 비평적 시선도 형성된다. 그렇게 열 권을 읽으면 어느 정도 전문가의 어깨 수준에 올라 자기 나름의 안목도 생긴다. 때로는 대학에서 몇 개의 강좌를 수강하는 것보다 더 우수할 수도 있다. 책을 쓰는 일은 엄청난 노력과 시간이 필요하지만 책 한 권 읽는 건 커피 서너 잔 값과 며칠의 시간만 투자하면 족하다. 가격 대비 성능으로는 최고다.

해당 분야의 책 열 권을 읽는다고 모두가 전문가 수준으로 올라갈 수 있는 건 아니지만 이만한 대안도 드물다. 이제는 첨단 기술의 발달 속도가 엄청나게 빨라서 그에 대한 지식과 정보의 유효기간이 3년을 넘지 못하는 경우가 흔하다. 대학에서 배운 걸 평생 우려먹으며 살던 시대는 끝났다. 그러므로 끊임없이 탐구해야 한다. 한 분야의 전문성과 탐구력 증가뿐만이 아니라 미래의 삶에 대한 준비로서도 '꾸러미 독서'는 매우 유효하다. 이미 평생직장이라는 건 옛말이 됐다. 교사, 공무원, 공기업 등 상대적으로 정년이 보장된 직업이라 해도 퇴직 후 제2의 삶을 살아가야 한다. 고용 기간이 보장되지 않은 일반 기업에 다니는 경우는 더 말할 것도 없다. 불행히도 아직 평생교육이 체계화되지 않아서 퇴직이나 이직 후에 무엇을 해야 할지 막막한 경우가 흔하다. 준비하지 못한 경우는 말할 것도 없지만 준비한다 해도 이런저런 취업 정보나 시장 동향 등에 대한 정보 쪼가리가 대부분이니 막상 쓸모가 별로 없다.

만약 다른 분야로 이직하거나 전업하려는 경우, 시간 여유를 갖고 그 분야에 대한 책을 열 권쯤 읽어보면 꽤 도움이 될 것이다. 처음에는 막연하고 용어도 낯설지만 몇 권 읽고 나면 적어도 기본 개념과 각 분야의 특징과 핵심 등을 파악할 수 있고, 열 권을 다 읽고 나면 시야가 크게 트이고 관심 분야에서 무엇을 어떻게 해야 할지에 대한 최소한의 밑그림과 방향성을 잡을 수 있다. 이런 힘을 키우기 위해서 평소에 훈련을 해두면 좋다. 두 달 정도 기간을 잡아 전반기 한 달 동안에 좋아하는 분야의 책을 다섯 권쯤 읽고(독서 근육을 키우기 위해서는 좋아하는 분야로 하는 게 유리하다), 후반기 한 달은 평소에 멀리 했던 분야의 책을 다섯 권쯤 읽어서 '독서와 사유의 근육'을 확장하는 게 좋다. 그 지식과 정보가 쌓이고 숙성되면서 더 좋은 것으로 진화할 수 있으니 일거양득이다. 탐구의 힘이 형성되는 것 또한 무시할 수 없는 소중한 자산이 된다.

어른에게만 해당되는 훈련이 아니다. 어린 학생에게도 이 훈련이 유용하다. 그들 세대에는 어마어마한 변화가 예고되어 있다. 즉 평생직장은 고사하고 이직 경험도 두세 번으로 끝나지 않을 것이다. 이미 1980년대 후반부터 유럽 여러 나라에서 자녀 세대가 살아가면서 적어도 여섯 번 이상 직업이 바뀔 것이며, 당연히 교육도 이에 대비하여 삶의 로드맵을 짜고 준비할 수 있는 내용으로 바뀌어야 한다고 강조했다. 직업이 5~10년 단위로 바뀐다고 가정하면 그에 맞춰 준비해야 하는데, 지금 우리처럼 획일적이고 일방적이며 교조적인 텍스트 추종 방식의 교육은 변화에 부적절하다. 이를 알면서도 방치하는 건 부모나 교사로서 직무유기다. 인지이해 능력의 발현이 늦는 아이가 있고 빠른 아이가 있다. 그런데 10대에 치른 한정된 능력에 대한 평가 결과만으로 평생의 삶이 결정되고, 역전이 허용되지 않는 삶을, 그것도 아주 오래 살아야 한다는 건 끔찍한 일이다. 그걸 깨뜨릴 수 있게 해야 한다. 학교라는 제도 교육을 통해서 탐구 능력을 얻기 어려우면 우리 스스로 방법을 찾아야 한다. 그런 점에서 아이들도 미래를 대비하고, 역전 가능한 삶을 살 수 있으려면 어렸을 때부터 꾸러미 독서를 익히는 것이 매우 유익하다. 그게 미래 교육의 핵심이다. 고학력 엘리트 카르텔의 사회와 질서는 저물고 있다. 최대한 빨리 끝내야 한다. 그러기 위해서는 미리 그리고 스스로 준비해야 한다.

독서는 지식과 정보의 습득뿐 아니라 탐구 능력을 증진시킬 수 있는 매우 유익한 대안이다. 그걸 알지 못하면 아무리 책을 읽자고 떠들어봐야 헛일이다. 분명히 인생 몇 번째 단계에서 든 꾸러미 독서를 한 사람과 그렇지 않은 사람의 삶은 결정적으로 갈라지는 시간이 온다. 이를 직시해야 한다. 읽든 안 읽든 그건 개인의 선택이다. 내 삶은 내가 책임져야 한다. 지금 당장은 표가 나지 않겠지만 아무리 길어도 10년이면 그 차이는 엄청날 수 있다는 걸 명심하는 게 좋다. 10년 갈 것도 없다. 5년 안에 판명난다.

독서에서 창조로: 책의 소비

　탐구 단계에서는 책과 잡지를 통해 단순히 안정적 지식을 축적하고 소통하며 체계를 구축하는 힘을 넘어 콘텐츠를 생산하는 창조성을 마련할 수 있어야 한다. 콘텐츠는 단순히 지식과 정보에 제한되는 것이 아니라 다양한 직관, 통찰, 영감, 상상력 등이 가미되면서 무제한적으로 확장되고 연결되는 가치다. 그 연결고리가 탐구의 영역이다. 물론 책만 읽는다고 콘텐츠를 확장·연결하는 힘이 저절로 증가되지는 않는다. 그렇다면 굳이 책에 의존하지 않아도 되지 않을까?

　나는 크게 두 가지 측면에서 그 관련성을 강조하고 싶다. 우리가 주목해야 할 첫 번째 측면은 다음과 같다. 사고의 호흡을 길게 할 수 있는 사람이 훨씬 더 깊고 넓은 콘텐츠를 생산한다. 영상미디어는 직관적(intuitive가 아니라 direct-sensible이라는 의미)이어서 쉽게 이해하고 습득할 수 있다. 그건 분명히 큰 장점이다. 그러나 여기에는 또 두 가지 문제가 내재한다. 첫째, 온전히 제공자의 속도에 따라야 한다. 지식과 정보의 전달 속도는 소비자가 정하는 게 아니다(물론 다시 보기를 통해 어느 정도 조절할 수는 있다). 소비자는 생각할 틈이 없이 일방적으로 따라가야 한다. 이 점에서 '나'는 수동적이고 비주체적이며, 우리가 이 책의 마지막에 다루게 될 'I'와 밀접하게 관계를 맺는다. 둘째, 영상미디어는 구어 口語, 즉 입말로 만들어진다는 점이다. 구어는 쉽게 알아듣는다. 간결하고 필요한 것만 담는다. 문장이 짧다. 그러니 더 알아듣기 쉽다. 문장이 짧은 건 미덕이기도 하지만 구어에서 문장이 짧은 건 호흡 때문이다. 날숨의 길이가 입말의 길이를 결정한다. 계속해서 짧은 문장만 생산하고 소비한다. 긴 호흡의 문장은 꺼린다. 그런데 사고의 길이는 문장의 길이에 비례하므로 일부러라도 문어로 된 글을 읽어야 한다. 사고 호흡의 길이는 그가 생산하고 소비하는 문장의 길이에 비례한다.

책에 주목해야 할 두 번째 측면은, 콘텐츠는 단순히 그것이 담고 있는 지식과 정보에 그치는 게 아니라는 것이다. 그것을 확장하고 가공할 수 있는 다양한 상상력과 영감의 실마리를 찾아낼 수 있어야 한다. 그런데 구어에서는 갈수록 감성과 감각의 언어가 축소된다. SNS에서는 더더욱 그렇다. 짧게 축약한 언어는 경제적 효율성에서는 뛰어나지만 이런 언어가 주를 이루면 콘텐츠를 강화하거나 가공할 수 있는 언어적 요소를 상실하게 된다는 점에 주목해야 한다. 여러 가지 관형어와 부사의 사용이 갈수록 줄어든다. 그런 품사의 낱말은 문장의 주요 성분을 구성하는 게 아니어서 없어도 문장을 이해하는 데에 크게 지장을 주지 않는다. 그러니 갈수록 축소된다. 하지만 감성과 감각의 요소는 문장에 없어도 된다고 해서 간단하게 무시할 수 있는 것이 아니다. 이를테면 "우사인 볼트는 총알처럼 달렸다"와 "우사인 볼트는 빠르게 달렸다"는 내용에 차이가 없지만 느낌이 다르다. '총알처럼'에는 이미 '빠르게'라는 의미가 담겼을 뿐 아니라 그 이상의 어떤 것을 함축한다. 요즘 아이들은 더 단순하고 강하게 말한다. "'개'빨라!" 축약은 경제적이지만 얻는 것보다 잃는 게 많다.

책에는 간결한 지식과 정보의 문장만 있는 게 아니다. 다양한 언어를 통해 감정, 감각, 감성, 상상력, 이성 등의 요소가 적절하게 결합된다. 그 요소들을 체계화시키고 극대화시킬 수 있는 힘이 탐구력이다. 책은 '섬세하고 깊은 사유, 다양한 감각, 풍부하고 독특한 감정' 등의 요소를 균형적으로 발달시킬 수 있다는 점에서 탁월하다. 게다가 앞서 말한 것처럼 속도를 내가 정하기 때문에 '사소한' 관형사나 부사 하나에서도 감동과 충격을 받으면 멈춰 서서 오랫동안 많은 것을 생각할 수 있다. 영상의 한 장면이 때로는 글보다 훨씬 더 강렬하고 많은 것을 자극하고 생각과 감성을 일깨우기는 하지만 그저 잠깐뿐이다. 게다가 이미지에 그치거나 거기에 갇히기 쉽다. 그러나 사소한 '낱말' 하나에 꽂혀 한참을 머무르며 그 낱말이 담아낼 수 있는 다양한 감정, 감각, 이성을 소환하며 엮어낼 수 있는 건 분명히 말이 아니라 글이 주는 엄청난 힘이고 매력이다.

나는 '오직 책'이 해법이라는 편협성을 말하는 게 아니다. 우리는 현대의 이기를 충분하게 마음껏 누려야 한다. 그건 분명

현대의 축복이고 이를 누릴 수 있는 건 우리의 특권이며 혜택이다. 그러나 이와 더불어 책이 줄 수 있는 힘과 가치를 '새롭게' 인식하고 평가할 수 있어야 한다. 책이 콘텐츠의 원천이라는 상투적인 말이 아니다. 단순히 읽기만 해서는 원하는 것을 얻지 못한다. 내 눈과 마음이 그것들을 허투루 넘기지 않는 내공이 책을 읽으면서 조금씩 쌓이고 그것들을 콘텐츠로 가공할 때 비교할 수 없는 결과를 얻을 수 있다는 뜻이다.

우리는 인류 역사상 문서 정보와 영상 정보를 동시에 누리는 첫 세대다. 엄청난 콘텐츠로 누릴 수 있는 이 두 가지 소스를 최대한 그리고 충분히 활용할 수 있어야 한다. 그런데 어느 한쪽의 편의성과 자극적 즐거움만을 편식하는 건 안타까운 일이다.

나는 굳이 책을 읽으라고 강권할 생각이 없다. 책을 읽지 않아도 살아가는 데에 큰 지장이 없다. 다만 21세기 콘텐츠 시대를 살아가는 데 필요한 내공을 쌓을 수 있는 주요 수단이 바로 책이라는 점을 강조하는 것이다. 책을 읽지 않아도 살 수 있다. 하지만 주체적 사유와 판단 능력을 상실하고 누군가 의도적으로 던져 준 지식과 정보에 의존하는 수동적인 삶을 살 가능성이 높아진다. 그것은 결국 명령 받는 삶이다. 명령 받은 것만 수행하면 먹고살 수 있다. 거기에 그친다. '주인으로서의' 내 삶은 사라지고 없다.

책 읽는 사람은 책을 통해 지식과 정보만 습득할 게 아니라 주체적 삶을 끊임없이 의식하고 사유하며 그것을 근거로 판단하고 행동할 수 있어야 한다. 그렇지 않은 사람보다 더 나은 콘텐츠를 생산할 수 있음을 '입증'해야 한다. 읽든 말든 다 각자의 몫이다. 그러나 콘텐츠의 생산을 꿈꾸며 탐구의 영역까지 진입하고 그 이후의 단계에 대해 꿈꾼다면 책을 가볍게 여기거나 대하지 못한다.

책 소유의 가치: 언제든 꺼낼 수 있는 보물

법정스님은 무소유를 강조했지만 책 읽기를 좋아하는 사람이 책을 소유하고 싶어 하는 건 자연스럽고 굳이 질책할 것도 아니다. 언제든 내 손에 들고 읽을 수 있는 책을 소유하는 건 매력적인 일이다. 여기에도 한 가지 팁이 있다.

당신은 어떤 방식으로 책을 구입하는가? 인터넷으로 구매하면 편리한 데다 저렴하다. 게다가 오가며 쓰는 시간과 교통비 등 기회비용도 줄일 수 있으니 굳이 서점에 갈 까닭이 없다. 그런데 그건 소탐대실이다. 서점에 대한 접근성이 좋지 않은 경우야 어쩔 수 없이 인터넷서점을 이용할 수밖에 없지만 가능하면 서점에 가는 것이 좋다. 서점에 가는 건 사야 할 책이 정해져 있는 경우가 대부분이다. 대형서점에는 책이 어디에 있는지 알려주는 검색 서비스가 있어서 사려고 하는 책을 쉽게 찾을 수 있다. 그걸 찾으면 재빨리 구매해서 나갈까? 대충이라도 서점 여기저기를 기웃거릴 것이다. 사방이 책이다. 누운 책 꽂힌 책 가릴 것 없이 제목이 눈에 띈다. 그 제목들만 훑어봐도 뜻밖에 많은 것을 얻을 수 있다. 적어도 어떤 책이 나왔는지 알 수 있다. 자신이 특별하게 관심 있는 분야라면 더더욱 그렇다.

최근에 출간된 책을 일별해보면 트렌드를 읽을 수 있다. 물론 책이 오로지 트렌드에 충실한 게 그리 바람직하지 않지만 적어도 그 흐름은 읽을 수 있어야 한다. 그건 일종의 시대정신을 드러내는 방식이다. 이렇게 트렌드의 흐름을 읽는 것만으로도 인터넷에서 책을 구매할 때 할인되는 10퍼센트의 이익은 상쇄하고도 남는다. 더 큰 무형의 자산을 증식한 것이다. 내가 좋아하는 저자의 신간을 발견하고 그 책 제목만 봐도 그의 지적 영토가 어떻게 확장되거나 심화되는지 짐작할 수 있다. 그것은 이미 구축된 탐구의 영역을 추론하고 상상하는 도구가 된다. 이건 서점이 아니고서는 얻을 수 없는 기회다.

진열된 책의 제목을 보고 어떤 주제를 다뤘는지 알아볼 수 있고 자기 나름대로 그 내용을 추론해볼 수 있으며 마음에 드는 책을 집어서 차례라도 훑어보면 방향성과 의도를 읽을 수 있다. 흥미를 끄는 장이나 절이 있으면 찾아서 읽어본다. 때로는 어느 한 페이지에서 전혀 예상하지 못했던 영감이 떠오르기도 한다. 서점이 갖는 또 다른 매력은 지적 편식을 막을 수 있다는 점이다. 누구나 자신이 좋아하는 분야가 있다. 전공 분야도 있지만 지적 호기심으로 유난히 끌리는 분야도 있다. 대부분 그런 책만 고르게 된다. 그런데 서점 여기저기를 둘러보면 다른 분야의 책도 볼 수밖에 없다. 특별하게 끌리지 않아도 어쩌다 눈길을 끌거나 제목에 마음이 쏠리는 경우도 있다. 언론의 책 소개에서 얼핏 보았던 책이어서 눈에 띄는 것도 있다. 그때는 그냥 넘겼는데 서점에서 그게 기억나면 아무래도 마음이 끌린다. 좋은 의미의 견물생심 見物生心이다. 그렇게 여러 서가를 어슬렁거리다 보면 꼭 책을 구매하지 않더라도 그 분야에서 어떤 문제가 다뤄지고 있는지를 이해하는 데에 많은 도움이 된다.

책 사는 걸 부담스러워하는 이들도 있다. 누구나 지갑을 여는 건 망설인다. 어떤 사람은 충동구매는 아니라도 일단 마음이 움직여서 사들여 놓은 책을 막상 제대로 혹은 끝까지 읽지 못하고 서가에 꽂는 경우가 많다고 하소연하기도 한다. 사실 산 책이라고 전부 읽는 건 아니다. 책을 샀기 때문에 읽기도 하지만 사둔 책이 있어서 읽기도 한다. 그러니 일단 사두면 언젠가는 읽게 된다. 책을 보관하는 일도 만만치 않다고 푸념하는 이도 있다. 나 자신도 그런 부담을 많이 느낀다. 방마다 서가를 들여놓는 것도 모자라 거실 한쪽 벽면까지 책이 차지했다. 작업실에도 책이 쌓였다. 그럼에도 책이 많으면 정신과 마음이 풍요롭고 늘 그 자체로 자극도 된다.

책은 한 번 읽고 끝내도 무방한 게 있고 여러 차례 읽거나 들춰야 하는 경우도 있다. 책은 단순한 소비재가 아니라 언제든 필요할 때 소환해서 꺼내 쓸 수 있는 지식과 정보의 은행이다. 책의 소장은 어느 날 눈길만 잠시 머물러도 그 책이 무엇을 담고 있는지 기억할 수 있는 방아쇠가 된다는 점을 고려해야 한다. 탐구의 능력과 역량이 쌓이면 그 방아쇠는 언제든 연결의 실마리를 이어주고 영감과 상상력이라는 탄약을 장전할 수 있다. 책의 소유는 그런 힘을 지닌다. 서가에서 이전에 읽은 책을 꺼내 펼쳤을 때 분명 같은 책임에도 다른 느낌과 해석을 만나는 경우도 많다. 그 과정에서 내가 어떻게 진화하고 있는지 확인하는 것도 부수적인 수확이다.

여행할 때, 특히 외국으로 갈 때 책은 뜻밖의 선물이다. 공항과 비행기에서 무료한 시간이 제법 길다. 대합실과 기내에서 책을 보면 그 시간이 지겹지 않을 뿐 아니라 책을 통해 얻는 게 많아서 좋다. 오랫동안 이코노미석에 앉아 있으면 몸이 힘든데 희한하게 책을 읽고 있으면 그 속에 빠져서 몸의 불편함조차 조금 덜 느껴진다. 다만 책의 무게와 부피가 부담스럽고 기내 조명이 다른 사람에게 방해가 될 수 있으니 이럴 때는 전자책이 딱 좋다. 굳이 종이책만 고집할 필요는 없다.

같은 책이라도 읽는 공간과 시간에 따라 느낌도 생각도 다르다. 여행 가는 길에서 혹은 여행지에서 읽은 책은 일상에서 읽을 때와 느낌과 감동이 다를 것이다. 같은 책을 읽으면서도 얻는 게 다르다는 건 내 의식과 감정의 확장과 연결될 수 있다. 또한 같은 대상에 대해서도 같은 독자로서의 나의 진부한 관계성도 다르고 받아들이는 밀도나 느낌도 다를 것이다. 그 경험 자체만으로도 이미 책은 단순한 한 권의 책 그 이상이다.

같은 책에 대한 감상을 변화시키는 건 여러 방식으로 나타난다. 같은 책을 몇 해 뒤에 다시 읽었을 때 생각보다 많은 걸 경험하게 된다. 이전에 읽었을 때 어떤 건 완전한 이해가 되지 않은 상태에서 대충 맥락으로 이해하거나 건너뛴 게 확연하게 이해될 수도 있고, 어떤 건 분명히 읽기는 한 듯한데 새롭게 느껴지는 게 있는가 하면 심지어 처음 보는 것처럼 느껴지는 것도 있다. 기왕에 읽었던 중요한 것은 재확인하고 놓쳤던 걸 재발견하기도 하면 완전히 새롭게 이해하는 방식이 된다. 탐구의 확장이라는 게 대단한 과정이 아니다.

책은 가장 거대하고 체계적인 인류의 문화적 축적물이다. 책을 소비한다는 것은 그 과정을 경험하고 인식을 확장하는 행위며 책을 소유한다는 것은 이러한 산물을 쌓아가며 다양한 연결의 고리들을 저장하고 숙성하는 행위다. 다만 습관처럼 책의 지식과 사유를 평면적으로 쌓기만 하는 건 별무소용이다. 사유의 촉수를 벼려 책에서 만난 지식과 정보 그리고 생각이 맞물리는 접점이 있으면 늘 그 지점에 모아놓고 정리해야 한다. 탐구는 이 같은 훈련을 통해 저절로 형성된다. 그러므로 책은 지식과 정보를 넘어 탐구의 영역에서 결코 놓쳐서는 안 되는 절대상수다.

수많은 기업들이 최선을 다해서 투자하고 활동한다. 투자와 기업 활동의 주 목적은 돈(이익)이지만 활동을 수행하고 더 나은 가치로 증대시키는 것은 사람(직원)이다. 사람에 대한 투자와 미래가치의 관계를 깨닫는 데 상징적이며 실제로 효과적인 걸 꼽으라면 나는 사내도서관을 든다. 무엇보다 큰 돈이 드는 것도 아니니 투자 대비 효과가 뛰어나다. 당장은 아니지만 기업과 직원 모두가 곧 그 효과를 누리게 된다.

많은 이가 학교를 떠나면 책을 아예 가까이 하지 않는다. 책 읽는 훈련과 습관이 부족하고 대다수가 읽지 않으니 자신도 읽지 않는 데 위기감이 없다. 서점이 하나둘 사라지고 급기야 서울에 제대로 된 서점이 하나도 없는 동(洞)이 3분의 1에 이를 정도가 됐다. 예전에는 책이 없어도 먹고사는 데에는 직접적인 영향은 별로 없었다. 그러나 이제는 그랬던 시대가 끝났다. 이미 언급한 것처럼 최신 지식과 정보의 유효기간이 고작해야 3년쯤에 불과하다. 기업의 진짜 힘은 자본이나 기술이 아니라 사람에 있다. 사람을 키우는 기업이 성공한다. 사람을 키우는 가장 기초적인 환경은 책을 부지런히 읽는 일이다. 서점에서 책을 구매하는 사람 가운데 직장인이 많다는 건 매우 함축적이고 상징적이다. 그러나 빠듯한 회사 생활에서 서점에 갈 시간도 별로 없다. 말로만 인력의 가치를 운운할 게 아니라 직원이 마음 놓고 책을 읽을 수 있는 환경과 조건을 마련해줘야 한다. 그러기에는 사내도서관이 최고다. 요즘은 사내도서관에 투자하는 기업이 늘고 있지만 여전히 소수에 불과하다. 그러나 눈여겨보라. 좋은 사내도서관을 갖춘 기업이 미래에 성공하게 될 것이다. 콘텐츠를 생산하는 능력이 증가하기 때문이고, 사람에 대한 투자를 안팎으로 보여주는 기업에 대한 신뢰와 자부심이 맨파워를 증가시킬 것은 분명하기 때문이다.

우리나라는 일찍이 '공적인 독서 제도'를 마련했던 나라다. 조선 세종 8년(1426년), 집현전 학자인 신석견, 권채, 남수문 3인에게 이런 어명이 떨어졌다.

"내가 그대들에게 집현관을 제수한 것은 나이가 젊고 장래가 있으므로 다만 글을 읽혀서 실제 효과가 있게 하고자 함이었다. 그러나 직무로 인하여 아침저녁으로 독서할 겨를이 없을 테니 지금부터는 출근하지 말고 집에서 전심으로 글을 읽어 성과를 나타내어 내 뜻에 맞게 하라."

세종의 어명은 일종의 독서 안식년인 '사가독서제賜暇讀書制'의 시작을 알리는 것이었다. 세종은 유능한 인재를 양성하고 문운을 진작시키기 위해 젊은 문신에게 휴가를 주어 독서에 전념할 수 있게 했다. 세종은 1420년 3월 집현전을 확대하여 개편했으며, 집현전 학자들 가운데 재능과 언행이 뛰어난 자에게 휴가를 주어 독서 및 연구에만 전념할 수 있게 하고 그 경비 일체를 나라에서 부담하도록 했다. 처음에는 자택에서 독서하도록 했으나 신숙주 등 6인에게 휴가를 주어 진관사에서 글을 읽게 했다(이를 상사독서上寺讀書라고 했다). 임금은 음식과 의복까지 친히 내렸다. 사가독서제는 세조 때 중단됐다가 성종이 다시 부활시켰다. 성종은 한양의 한강변 세 곳에 문신이 독서에 전념할 수 있는 공간인 '독서당'을 지었다. 옥수동에 동호당東湖堂, 마포에 서호당西湖堂, 용산에 남호당南湖堂을 만들었다. 율곡 이이의 《동호문답東湖問答》이 나온 곳이 동호당이다.[4]

문신들은 시원한 대청마루와 따뜻한 온돌방에서 짧게는 3개월, 길게는 3년을 책에 파묻혔다. 사가문신으로 선발되는 건 최고의 영예였다. 학문을 총괄하는 대제학은 사가문신 중에서만 임명됐다. 사가문신이 된다는 건 최대의 영예였고 젊은 문신은 당하관이어도 사가문신으로 뽑히면 당상관급으로 대우를 받았다. 조선의 학문을 총괄하며 사가문신 중에서만 임명되는

---

4   옥수동에서 약수동으로 넘어가는 고갯길은 지금도 '독서당고개'로 불린다.

대제학은 영의정보다 더 높은 명예를 누릴 정도였다. 성삼문, 신숙주, 서거정 등 조선의 걸출한 문인은 대개 사가문신 출신이었다. 독서당은 실로 인재 양성의 요람이었다. 성종 사후 연산군이 폐지했다가 중종 때 다시 부활시켰다. 중종 때 흉년이 들어 독서당을 폐지하자는 신하들의 읍소가 있었다. 《조선왕조실록》의 기록을 보면 이 읍소에 대한 중종의 답변이 나온다.

"독서당에 문학하는 선비를 모아 강습 토론하게 하는 건 학문의 성취를 기다려 크게 쓰고자 함이니 경솔히 이랬다저랬다 하지 말지어다."

사가독서제도는 인재를 아끼는 세종대왕의 탁월한 안목에 의하여 처음 실시된 이후 약 340년간 지속되면서 성삼문, 이황, 이이, 정철, 유성룡, 서거정 등 300여 명이 독서당을 거쳐 갔다. 세종 시기의 번영과 이후 조선을 이끌어간 힘이 여기에서 나왔다 해도 과언이 아니다. 세종대왕의 업적을 자랑하고 떠들어대면서 정작 사가독서제는 금시초문이라면 안타까운 일이다.

정말 미래에 투자하고 싶으면 지금이라도 이 제도를 실시해야 한다. 그리고 모든 구성원이 마음껏 지식과 정보를 탐구하고 자신의 능력을 크게 증가시킬 수 있도록 사내도서관을 개설하고 독서를 위한 과감한 투자를 아끼지 말아야 한다. 투자 대비 성과를 얻기에 이보다 좋은 게 또 있을까? 불용예산만 합리적으로 줄여도 사내도서관에 들일 비용은 충분히 마련할 수 있다.

회사에서 마련해주지 않으면 직원이 요구해야 한다. 노동조합은 그런 일도 하라고 만든 것이다. 임금인상투쟁이 전부가 아니다. 노동 환경 개선에 이런 것도 반드시 포함되어야 한다. 생각을 바꿔야 미래가 바뀌고 우리의 삶이 바뀐다.

깊은 독서 :
전문저널과 지식의 확장

앞서 '꾸러미 독서'에 대해 언급했지만 이것만으로 문제가 완전히 해결되는 것은 아니다. 물론 책은 지식과 정보의 안정성·체계성·확장성에서 탁월하다. 책은 지식을 체계적으로 구성하고 논리적으로 전개한다는 점에서, 그리고 하나의 주제를 관통하며 긴 호흡으로 이끌어간다는 점에서는 그 어떤 것보다 우월하다. 그러나 현재까지는 그게 전부다. 급변하는 시대에는 시간성에서 뒤처질 수밖에 없다. 극단적으로 말하자면 책은 나오는 순간 이미 과거의 산물이 된다. 책의 원천적 한계다. 그렇다면 안정적이고 체계적이며 확장적인 장점을 가진 책을 읽은 다음에는 무엇을 해야 하는가? 최신의 주제가 최신의 연구 결과로 나타나는 건 바로 전문 분야를 다루는 저널journal이다. 현재 생산되고 소비되는 지식의 흐름을 읽기 위해서라면 그런

저널을 읽어야 한다. 특히 이공계 분야에서는 전문저널을 읽는 게 선택이 아니라 필수다.

현재 각 전문 분야에서 뜨겁게 달궈지는 논의가 가득 담긴 건 바로 전문저널이다. 불행히도 우리나라 지식생태계에서 가장 취약한 부분의 하나를 꼽으라면 나는 전문저널의 부재라고 주저하지 않고 말한다. 전문저널이 전혀 없는 건 아니다. 각 분야의 학회지가 바로 전문저널이다. 그러나 학회지는 해당 분야의 학자들끼리만 보는 이너서클의 울타리에 갇혔고, 일반 독자에게는 낯선 '학문적 사투리'의 때문에 꺼려진다. 또한 학회지를 그저 연구 실적을 위한 방편으로 삼는 학자도 많아서 관심 있는 사람들의 호감을 끌기에도 부족하다. 마땅히 도움을 받을 만한 전문저널이 없으니 생산자도 소비자도 모두 답답하다. 이제는 독자가 전문저널을 소비할 수 있도록 시장을 형성하고 전문가와 학자가 계속해서 현재의 당면 문제에 대한 따끈한 지식과 정보를 쏟아내야 한다. 이런 선순환의 정립이 시급하다. 제대로 된 콘텐츠의 생산은 바로 이와 같은 사회적 메커니즘이 마련됐을 때 지속적으로 발전할 수 있다는 점을 명심해야 한다. 지금 이른바 한류 콘텐츠가 통한다며 환호작약하지만 기초가 부실하면 언제든 한순간에 무너질 수 있다.

그렇다고 마냥 그 시장이 형성되기를 기다릴 수만은 없다. 방법이 없는 건 아니다. 영어로 된 외국의 전문저널은 엄청나게 많다. 사실 우리의 영어 교육이 회화 위주가 아니어서 현장에서 실용성이 떨어진다는 건 누구나 공감하는 일이다. 다행히 독해 능력은 어느 정도 갖췄다. 충분하지는 않더라도 영어로 된 전문저널을 읽으면서 영어 실력도 기를 수 있으면 일거양득이다. 학생들에게도 시험 점수를 위한 의미 없는 영어 공부에 매달리지 말고 이런 목적을 위해서라도 외국어 공부가 필요하다고 설득할 수 있을 것이다. 문제는 관심과 열정 그리고 꾸준하고 성실한 실천이다. 전문저널을 읽는 것이 미래 경쟁력에 엄청난 힘이 되는 걸 절감하게 될 날이 올 것이다. 미래지향적 지식과 탐구의 여건이 미비하다고 불평만 할 게 아니라 전문저널을 적극적으로 읽으며 과거의 지식과 현재 첨단에서 생산되고 있는 지식을 연결함으로써 미래의 방향성과 대응을 마련할 수 있다. 그 연결의 힘을 강화해주는 게 바로 탐구다. 탐구가 없으면 그냥 지식과 정보의 더미를 많이 보유하는 것에 그칠 뿐이다. '체계'는 따로 가르치고 배울 수 있는 게 아니다. 그러니 그걸 전문적 수준으로 습득할 수도 없다. 설령 가르치고 배울 수 있다손 치더라도 일시적일 뿐이고 남의 것을 잠깐 빌려 쓰는 것에 불과하다. 여러 책과 전문저널을 읽다 보면 저절로 체득되는 것이 체계의 힘이다. 전문저널만 제대로 읽어도 어지간한 대학교수의 지식수입상 같은 강의보다 훨씬 더 나을 것이다.

자신의 전공과 전문 분야 혹은 관심 분야의 전문저널을 정기 구독하는 게 가장 좋지만 일단은 인터넷 등을 통해 꾸준히 탐색하면서 사고의 근육을 키우면 좋을 것이다. 전문저널뿐 아니라 지평을 다양하게 넓히는 방법 가운데 하나로 인터넷에서 공신력 높은 해외 언론을 검색해보는 것도 좋을 것이다. 솔직히 내 실력으로는 TV에서 CNN 뉴스를 들어도 절반도 못 알아듣는다. 하지만 신문이라면 다르다. 모르는 단어는 사전에서 찾으면 되고 속도가 더뎌도 마음만 먹으면 중요하거나 관심을 끄는 꼭지를 읽을 수 있다. 비록 전문저널이 아닌 일간지이지만 한때 내 컴퓨터 초기화면을 〈뉴욕타임스〉와 〈월스트리트저널〉로 깔아두기도 했다. 나의 관심사는 주로 책이나 전시 등이기 때문에 아무래도 그쪽을 먼저 클릭하게 된다. 하지만 첫 화면에서 주요 뉴스 제목만 봐도 미국을 중심으로 한 국제사회의 주요 이슈나 쟁점을 알 수 있기에 헤드라인에 관심을 갖는 게 무의미하지 않다. 관심이 더 끌리면 해당 기사를 클릭해서 읽는다. 새로운 것들을 알게 되는 일이 흥분되고 즐겁다. 그리고 이런 일이 축적되면 세상을 조금은 더 세밀하게 바라볼 수 있게 된다. 외국 신문도 그런데 전문저널이라면 더 말할 것도 없다. 다시 돌아와서 말하자면, 우리 지식생태계에서 전문저널의 위상을 하루 빨리 마련해야 하고 그 이전에는 외국의 전문저널이라도 열심히 찾아 읽어보는 게 좋다.

누구나 학창 시절에 시험을 앞두고 벼락치기 공부를 해봤을 것이다. 국·영·수에서는 어차피 벼락치기가 통하지 않지만 암기 과목에서는 충분히 효과적이다. 시험 범위도 정해졌고 짧은 시간 집중해서 반복하면 머리에 잠시나마 '보관'할 수 있다. 그래서 평소 공부하지 않더라도 시험을 코앞에 두고 몰아서 공부한다. 짧은 구간의 지식과 정보의 벼락치기는 가능하다. 그러나 탐구는 그렇지 않다. 탐구는 많은 시간을 투자해서 연구하고 고찰하며 다양한 해석을 부단하게 시도해봐야 한다. 인생은 길다. 지금 당장의 효과에만 매달리지 말아야 한다. 탐구에 시간을 투자하는 게 내 삶 전체를 고려해볼 때 비효율적인 게 아니다. 탐구의 열매는 시간을 들여야 수확할 수 있다. 진짜 좋은 몸은 오랫동안 다듬어진 잔근육들이 형성하는 것이지 갑자기 무거운 기구를 들며 큰 근육을 키우고 영양보조제를 먹으며 만들어낸 몸이 아니다. 탐구도 이와 크게 다르지 않다.

탐구에서 직관으로

책은 기본적으로 탐구 능력을 키워준다는 점이 가장 매력적이다. 책은 하나의 주제를 깊이와 너비를 충분히 마련하면서 다룬다. 무엇보다 체계적이고 논리적이다. 전체를 하나의 흐름으로 읽어낼 수 있는 통찰력을 길러준다. 한 권의 책을 읽으면 적어도 그 문제에 대해서 전문가의 시야를 획득할 수 있다. 이런 장점을 책 말고 다른 곳에서 얻기란 그리 쉽지 않다. 전체를 파악할 수 있는 직관의 힘은 독서를 통해 기를 수 있다. 그냥 막연하게 책 읽는 게 좋다고 할 게 아니다. 책 읽는 방향성을 정확하게 설정해야 한다.

탐구의 능력은 주체적일 때 발현된다. 책을 읽을 때 속도를 내가 결정한다는 건 결코 가벼운 장점이 아니다. 심지어 중간에 읽다가 멈추고 다른 일을 하고 돌아와 다시 읽어도 된다. 어떤 대목은 천천히 음미하고 어떤 부분은 대충 읽어도 된다. 영상미디어는 제공자가 속도뿐 아니라 내용도 이미 가공한 것이다. 잘 익히고 요리해서 양념까지 덧붙였으니 맛을 직감하기 편리하고 달콤할 수 있지만 내 미각을 거기에 맞출 뿐 나의 해석이 전혀 개입할 수 없다. 그러나 책은 철저하게 내가 상상하고 해석해야 한다. 이해한다는 건 그 문장의 내용을 내 방식에 따라 머릿속에 그림으로 펼칠 수 있다는 뜻이다. 책을 읽는 행위는 능동적이고 주체적이다. 그리고 모든 지식과 감정을 동원하여 그 내용을 시각화하고 해석하는 점에서 창조적이다.

여기에 덧붙일 수 있는 또 하나의 장점은 콘텐츠의 농밀함을 더할 수 있는 힘이 바로 책 읽기에서 나온다는 점이다. 책 읽기를 통해 섬세한 사유, 다양한 감각, 풍부한 감정을 배양할 수 있기 때문이다. 똑같은 콘텐츠라 하더라도 사유의 섬세함이 빛어낸 인식은 그렇지 않은 것과 크게 다르다. 이것은 바로 탐구에서 직관과 통찰의 영역으로 확장되는 매우 중요한 지점이다. 비슷한 서사여도 그것을 서술한 언어와 사유의 차이에 따라 전개되거나 담아내는 값은 달라진다. 그런 사유의 언어가 책에 가득하기 때문에 자연스럽게 사유의 섬세한 차이와 의미를 분별할 수 있고 그 힘은 결국 콘텐츠의 경쟁력을 키운다. 감각의 다양함과 감정의 풍부함도 무시할 수 없다.

영국의 시인 엘리자베스 B. 브라우닝Elizabeth Barrett Browning의 《오로라 리Aurora Leigh》에 나오는 "예술이란 말이야, 우리가 살고 고통 받고 투쟁하는 곳이야"나 "그는 세상을 오해했지만 나는 나 자신의 마음을 오해했다"는 문장을 보자. 건조한 문장이다. 그러나 글이 아니고는 도저히 서술해낼 수 없는 어떤 심연을 넘치도록 담고 있다. 문장을 읽으면서 내 안에 담기는 것은 단순히 낱말의 나열로 형용할 수 없다. 환경문제에 대한 기념비적 각성을 불러일으킨 위대한 책《침묵의 봄Silent Spring》을 쓴 레이첼 카슨Rachel Carson이 도로시 프리먼에게 보낸 편지의 일부를 보자.

사랑하는 당신, 나는 이 사랑이 영원히 지속되는 기쁨, 몇 년 동안 커져만 가는 사랑스러움이 될 것이라고 확신해요.

글이 아니고서는 이 내용에 담긴 섬세한 사유, 풍부하고 다양한 감각과 감정을 어떻게 담아낼 수 있고 읽어낼 수 있을까? 도저히 어떤 영상으로도 담아낼 수 없는 표현과 내용이다. 언어로 표현되는 감정과 감각은 그 각각의 언어에 내포된 다양함과 풍부함의 텃밭에서 제 각각 터를 잡고 자라난다. 감정과 감각이 언어와 부딪히면서 혹은 언어를 통과하면서 그려내는 스펙트럼은 거의 무궁무진하다. 이 또한 콘텐츠의 힘을 경이롭게 길러낸다. 독서는 이러한 일련의 절차와 과정을 통해 체계적이고 농밀하게 모든 사유와 감각 그리고 감정을 빚어 만들어낸다. 말은 콘텐츠의 시대라고 강조하면서 정작 그 가장 비옥한 땅인 책을 멀리하는 건 어리석은 일이다. 더 나아가 '마땅히' 책 읽은 사람이라면 그렇지 않은 사람과 달라야 한다. 그저 지식과 정보의 습득 목적으로만 책을 읽으면 거기에 다다르지 못한다. 뜻은 높고, 생각은 깊으며, 영혼은 맑고, 가슴은 뜨겁게, 세상을 넓고 다양하게 읽어낼 수 있으며 이 모든 것을 하나의 통찰로 엮어낼 수 있는 힘을 길러야 한다. 직관 능력은 이런 힘을 키우면서 자연스럽게 배양된다. 이 지점이 바로 '지식/정보-탐구-직관'으로 이어주는 연결점이고 더 나아가 영감과 통찰로 숙성되는 못자리다.

4장

직관 Intuition,
전체를 조망하는 관점

그림 5_알파고의 승리를 어떻게 예측할 수 있었을까?

경험적 직관과 본질적 직관

앞서 스티브 잡스의 20세기 성공의 핵심은 그의 직관이라고 했다. 물론 오로지 직관능력 때문만은 아니다. 특유의 디자인 감각과 마케팅 능력도 한몫을 했다. 직관은 쉽게 남의 눈에 띄지 않기 때문에 처음에는 잘 모르고 넘어가는 경우가 많다. 심지어 본인 자신도 그걸 모르고 사용할 때가 있을 정도다. 그러나 갈수록 직관의 중요성이 강조된다.

그런데 막상 직관이 어떻게 길러지고 어떻게 작동하는지에 대해서는 막연한 경우가 많다. 직관의 의미는 각 학문마다 조금씩 다르다. 사전적 정의에 따르면, 직관은 "감관의 작용으로 직접 외계의 사물에 관한 구체적인 지식을 얻음"으로 서술된다.

여기서 말하는 감관을 단순히 감각기관으로 좁히면 본질을 놓쳐버린다. 직관은 대상에 직접적으로 관계하는 표상이다. 핵심은 '직접'에 있다. 조금 더 확장해보자. 대개 철학에서 말하는 직관은 "감각, 경험, 연상, 판단, 추리 따위의 사유 작용을 거치지 아니하고 대상을 직접적으로 파악하는 작용"을 뜻한다. 즉 사유 혹은 추리와 대립되는 인식능력이나 작용이다. 하지만 철학 영역에서도 각 분야에 따라 직관의 범위와 정의가 조금씩 다르다. 핵심은 '사유 작용을 거치지 않고'에 있다. 사유 작용은 이성의 기능이며, 사실 fact과 정보 information를 논리적으로 추론 inference 하는 것이다. 사실과 정보를 기초로 추론하는 것은 '정보처리능력'이다. 이것은 인간이 다른 생명체에 비해 월등했고 이 능력의 증진이 인간 문명 진화의 본질이었다. 그러나 이제 정보처리능력은 인간보다 컴퓨터와 AI가 더 월등하다.

직관은 부분을 분석하고 조합하여 전체를 파악하는 것이 아니라 중간 과정 없이 전체를 파악하는 능력이다. 사유는 반성과 분석을 통해 사태의 부분 혹은 일면을 파악하는 데 반해 직관은 사태를 전체적으로 파악한다. 그러나 분석처럼 명확하지 못할 뿐 아니라 그 내용을 타인에게 전달하기 어렵다. 타인에게 전달하는 건 설명과 설득의 과정인데 이 과정을 거치지 않은 직관의 내용을 전달하는 건 불가능하다. 그래서 불교의 선가禪家에서는 돈오頓悟라 하여 '문득 깨달음'을 강조하거나 불립문자不立文

字라며 논리적 이성적 한계를 지적한다. 이게 직관의 가장 치명적인 문제이다. 소통 불능의 직관은 자칫 독선과 아집의 근거가 되기도 한다. 그 직관이 운 좋게 혹은 어설프게 성공을 이끌어 낸 경험이 있으면 더더욱 그렇다.

이 글에서 강조하는 직관은 경험적 직관이 아니다. 경험적 직관은 어떤 것을 순간적으로 직감하는 것이다. 예를 들어 상대의 표정에서 그의 심리 상태를 짐작하거나 그의 직업이나 성품 따위를 헤아리는 것이다. 이것은 경험을 통해 축적된 일종의 확률(틀리는 경우가 더 많은데 바넘 효과Barnum effect[1] 때문에 정확도가 꽤 높다고 착각하는 경우가 대부분이다)이고 비합리적이다. 여기에서 강조하는 건 본질적 직관에 가깝다. 그것은 경험에 의존하지 않고 사실을 파악하는 능력이다. 기하학적 공리에 대한 인식이 이런 직관의 대표적 사례다. 이 직관은 사유로는 더 이상 캘 수 없는 본질 또는 전체를 파악하는 고도의 정신 능력이다. 이런 직관은 통찰력과 매우 깊은 관계를 맺는다. 그러나 직관이라고 어느 순간 갑자기 벼락처럼 오는 건 결코 아니다.

---

[1]   보편적으로 적용되는 성격 특성을 자신의 성격과 일치한다고 믿으려는 현상. 혈액형으로 성격을 구분하는 것도 그 대표적 사례다.

관찰로서 직관:
전조를 읽어내는 능력

철학적 논의가 아니라면 직관을 구체적으로 설명하기는 쉽지 않다(철학에서도 직관은 매우 어려운 주제다). 그렇다면 사례를 통해 이 문제에 접근해보는 것도 도움이 될 것이다. 2016년 3월 9일에 대한민국에서 역사적인 바둑 대결이 벌어졌다. 대한민국의 이세돌 9단과 구글 딥마인드가 개발한 AI 바둑프로그램 알파고가 서울에서 대국한 것이다. 엄청난 관심이 쏟아졌다. 바둑을 전혀 모르는 사람조차 대국을 시청했다. 그야말로 열풍이었다. 알파고와 이세돌의 대국 결과는 우리를 충격에 빠뜨렸고 초등학교에서 코딩 수업을 다투어 개설하게 만들었다(엄밀히 말해 기존의 프로그래밍 수업을 명칭만 바꾼 것에 불과했다). 그 세기적 대결이 우리나라의 프로기사와, 그것도 우리나라에서 열린 건 행운이었다. 알파고로 상징되는 AI 딥러닝의 수준이 어디까지 왔는지 생생하게 실감했기 때문이다.

지금에야 대국의 결과를 알고 있지만 대국 이전까지 대다수의 사람은 이세돌의 압승으로 끝날 것이라고 여겼다. 겸손한 성품의 이세돌 9단조차 자신이 한 판이라도 지면 실질적으로 패배한 것과 같다고 말했다. 완승할 것이라는 자신감이었다. 그러나 결과는 1대 4 패배였다. 이 대국에서 거둔 한 판의 승리가 인간이 알파고에 거둔 마지막 승리였다. 완패에 모두가 경악했다.

우리가 이 대국에서 바라봐야 할 점은 크게 두 가지다. 첫째, 경기 전의 예측과 경기 결과가 매우 달라진 이유가 무엇인가의 문제다. 이세돌 9단은 승리를 자신했는데 무슨 일이 있었기에 그렇게 맥없이 졌을까? 경기 몇 달 전에 알파고는 유럽 바둑 챔피언과의 대국에서 5대 0으로 완승했지만 유럽 챔피언의 실력은 한국 프로 바둑으로 치면 고작 2, 3단에 불과했다. 우리나라 프로 바둑 9단은 '입신入神'이라는 별칭처럼 '넘을 수 없는 벽'에 가깝다. 그러니 아무리 날고 기어도 최고의 직관 능력을 요구하는 바둑에서 '아직' AI는 적수가 될 수 없다고 여겼다. 그러나 결과는 알파고의 승리였다. 그것도 일방적인 승리였다. 도대체 그 몇 달 사이에 알파고에 무슨 일이 있었던 것인가! 알파고는 인간이 상상하는 기술의 발전과 진화 속도를 '간단하게' 뛰어넘어 버린 것이다.[2] 그걸 읽어냈어야 한다.

둘째, 이 대국의 성사 전후에 일어난 변화의 조짐을 주목해야 한다. 알파고와의 대국에서 승자가 100만 달러(11억 원)

---

[2]   그러나 우리는 이세돌 9단의 패배와 알파고의 완승에 놀라기만 했을 뿐 그 가공할 속도의 발전과 진화에 대해 세밀하게 들여다보지 않았다. 마침 스위스 다보스 포럼에서 날아온 제4차 산업혁명이라는 폭탄에 전전긍긍하던 차에 그 위세를 확인하는 사건쯤으로 받아들이며 호들갑을 떨었고 그 향방은 익히 아는 것처럼 인력 노동의 혁명적 축소 혹은 위축의 당위를 확보하는 데로 쏠렸다.

를 받기로 했다. 특이한 건 먼저 3승을 하면 승부가 끝나는데도 5판을 모두 두기로 했다는 점이다. 이 대국에서는 구글 측이 데이터를 많이 확보하길 원해 5국까지 모두 두는 방식으로 진행됐기 때문이다. 100만 달러가 적은 상금은 아니지만 100억, 아니 1,000억 원을 걸고 해도 되는 대국이었다. 이 대국으로 알파고 개발 기업인 구글의 기업 가치는 무려 60조 원가량 급상승했다. 인간과 AI의 승부라는 전 세계적인 이벤트를 벌임으로써 구글의 AI 딥러닝 수준이 어디까지 성장했는지 광고비를 들이지 않고 전 세계에 마음껏 광고했다. 당연히 기업 가치는 급상승한다. 구글이 자신들의 승리를 확신했으리라는 예측은 구글 관계자 중 1등석을 타고 온 사람이 많았다는 점에서 어느 정도 가능했다. 아무리 직원 복지가 좋은 기업도 아무나 1등석을 타고 출장가지 않는다. 대개 중요 임원급만 이용하는데, 그런 사람들이 대거 입국했다는 건 이미 고도로 계산된 이벤트이고 예상된 결과였다는 걸 읽어낼 수 있는 대목이었다. 창조하지 못하면 낌새라도 채면서 빠르게 사고를 전환해야 한다.

눈에 보이지 않는 것이 중요한 건 이제 누구나 다 안다. 그러나 몸과 머리에 밴 습성 때문에 보이지 않는 기회를 번번이 놓친다. 국내 어떤 기업이 앤디 루빈Andrew Rubin의 안드로이드 인수 제안을 걸어차서 결국 구글로 넘어가게 했던 것도 이런 대표적 사례 중 하나다. 삼성이 한동안 중국에서 최고의 위치를 차지했지만 한순간에 6위로 추락하고 금세 10위권 밖으로 떨어진 건 하드웨어(그에 수반한 몇몇 소프트웨어를 포함해서)는 언제나 추월당할 수 있다는 걸 상징적으로 보여준 사례다. 만약 운영체제인 안드로이드를 사들였더라면 엄청난 이익을 창출했을 것이다.

그러나 그 기업은 루빈의 회사가 소프트웨어만 있고 고작 예닐곱 명의 직원밖에 없다는 이유로 무시해버린 것이다. 프레드 보겔스타인Fred Vogenstein의 《도그파이트Dogfight》를 보면 당시 협상 상황이 잘 나와 있는데, 회장의 시큰둥한 반응에 고위직 임원은 알아서 기었다. 그들이 안드로이드의 매력과 장점을 모르지 않았을 것이다. 그러나 회장이 이미 불쾌한 반응을 보였을 때 설득하다 괜히 미운털 박힐까 봐 입을 다물었을지 모른다. 평소 회장의 표정에서 심중을 읽는 게 중요하다는 걸 체득했기에 가만히 있었던 것이다. 보스든 수하든 무엇보다 콘텐츠의 자산 가치를 읽어낼 직관 능력이 부족했던 셈이다.

스스로 창조할 수 있는 능력이 부족하면 적어도 그 조짐은 읽을 수 있어야 한다. 그 조짐을 미리 읽지 못했다면 사후에라도 제대로 평가하고 분석하며 낡은 사고의 틀을 버리고 새로운 변화, 더 나아가 혁명을 주도할 수 있는 방식을 찾아야 한다. 안드로이드도 알파고도 앞뒤 조짐만 조금 더 세밀하게 읽어내면 훨씬 더 많은 것을 얻을 수 있었고, 그랬다면 우리는 지금 더 좋

은 조건을 마련한 상태로 미래에 대응할 수 있을 것이다. 직관
이 거창하고 대단한 것만은 아니다. 작은 실마리 하나로 전체를
파악하고 읽어낼 수 있는 능력인 직관은 높은 사람, 배운 사람
만의 전유물이 아니다. 누구나 읽어낼 수 있고 직관으로 파악할
수 있다. 알파고 대국에서 이 점만 제대로 읽어냈어도 더 많은
직관의 결과물을 획득했을 것이고 지금쯤 그 결과들이 빚어낸
뛰어난 콘텐츠가 생산됐을 것이다.

이제 알파고는 더 이상 인간과의 바둑 대결이 무의미하다며
은퇴를 선언했다. 새로운 알파고의 대체물이 출현했다. 바로 알
파스타이다. 알파스타는 바둑뿐 아니라 다양한 게임에 적용할
수 있는 인공지능 알고리즘으로 규칙만 가르쳐주면 스스로 모
든 것을 학습한다. 알파스타는 스타크래프트에 도전했다. 결과
는 어떻게 될까? 알파스타의 백전백패였다. 알파고가 바둑 대
결에서 중요한 이점을 가졌던 걸 놓쳐서는 안 된다. 그건 바로
바둑에 있는 제한시간이라는 제도다. 제한시간은 2시간, 1분
초읽기는 3회였다. 이는 2015년 10월 알파고와 판후이樊麾 2단
의 대국과 비교해 두 배 늘어난 것이다. 제한시간이 길어지면
알파고가 시뮬레이션할 시간이 늘어나기 때문에 알파고에 유
리한 건 자명하다. 이세돌 9단이 수를 두면 구글 딥마인드 개발
팀의 연구원 아자황黃士傑(대만계로 아마추어 6단의 실력)이 컴퓨
터에 입력하여 구글 클라우드에서 알파고 프로그램을 돌려 수

많은 컴퓨터를 통해 대국 중에 수백만 번의 시뮬레이션을 할 수 있었다.[3]

그런 바둑의 독특한 룰이 알파고의 승리에 한몫을 했다. 그러나 컴퓨터 게임은 다르다. 제한시간도 없고 상대의 전략도 예측할 수 없다. 즉각적으로 반응하고 맞서 싸워야 한다. 그러니 처음에는 거의 모든 대결에서 졌다. 그러나 이 대결의 결과가 수없이 많이 쌓이면 달라진다. 만 번의 패배는 단순한 패배가 아니라 데이터 집약과 대응전략 시뮬레이션 기회의 축적인 셈이다. 그야말로 빅데이터의 축적 과정이다. 언젠가 알파스타가 승리하게 되면 이제까지 보던 것과는 전혀 다른 차원의 인공지능AI 수준을 맞게 될 것이다. 또한 패배하면서 계속해서 쌓인 진화와 진보가 나름대로 다양한 방식으로 전이될 것이다. 그 과정에서 축적된 데이터베이스의 위력은 엄청날 것이다. 그게 구글의 전략이다. 먼 미래의 일이 아니다. 이미 상당한 진척이 있다. 그 결과, 2019년 스타크래프트2에서 프로게이머를 이겼고 2020년에는 인류 최대의 난제 가운데 하나로 여겨지는 단백질

---

3   게다가 알파고는 중국 규칙으로 개발됐기 때문에 흑이 부담하는 7집 반도 한국 규칙보다 한 집 많았다. 그리고 바둑판 위에 지어진 집의 수만 계산하는 한국과 달리 바둑판 위에 살아 있는 돌과 집을 모두 계가해서 승부를 가리는 계가제였다. 그러나 그다음 해 중국의 커제가 완패함으로써 이런 룰의 유불리는 크게 문제될 게 아니었다.

접힘 protein folding[4] 문제까지 풀었다. 2020년 11월 알파스타는 스타크래프트2에서 인간과 동등한 상태를 가정하기 위해 분당 명령횟수를 제한한 상태에서도 프로게이머 수준에 올랐다는 평가를 받는 수준에 도달했다. 갈수록 그 진보의 속도는 가팔라져서 예측과 전망 자체를 무의미하게 만들지도 모른다.

안타깝게도 우리는 '이벤트'에만 잠깐 관심을 모았을 뿐 실컷 호들갑만 떨다 원래의 상태로 되돌아간 건 아닌가 싶다. 각자의 편의에 따라 제4차 산업혁명을 제 나름대로 해석하며 자신의 입장을 관철하는 데에만 관심을 둔다. 판을 읽는 직관을 발휘하는 경우가 거의 없었다는 건 심각한 일이다. 사태의 앞뒤와 의도, 전망 등을 통시적으로 읽어내는 통찰력이 부족하니 그럴 수밖에 없을 것이다. 하지만 우리가 원하는 미래를 주체적으로 그리고 창조적으로 맞이하려면 자세를 바꿔야 한다. 만약 알파고와 이세돌 9단의 대국을 날카로운 '직관'으로 파악했다면 많은 것이 달라졌을 것이다. 전체를 읽어내는 능력이 없으니 지엽적인 문제에 매달린다. 달을 가리키는 손가락만 들여다보는 꼴이다. 혁명의 시대에 점진적 변화는 퇴행이 된다. 생각부터 혁명적으로 바꿔야 한다. 이 점에서 지금 우리에게 요구되는 가

---

4 단백질 접힘은 선형의 아미노산 복합체인 단백질이 개별 단백질에 고유한 접힘 구조를 만들어내는 과정으로 수십 년간 난제로 여겨져 왔다.

장 기본적인 직관의 힘은 시대정신을 예리하게 통찰하는 데에서 출발한다. 통찰로 키운 사고의 힘을 어느 한순간 대상에 집중하면서 전체를 파악하는 힘으로 발현시키는 것이 직관이다. 그저 멍하니 있다가 벼락을 맞은 듯 갑자기 섬광처럼 '꽉!' 하고 생기는 게 아니다.

확장으로서 직관: 사건의 더 큰 맥락을 이해하기

흔히 직관은 일상생활과는 무관한 것, 수준 높은 학자들이나 주고받을 수 있는 것 등으로 이해하는 경우가 많다. 직관이 전체를 파악하는 능력이라는 점에서 흐름을 읽어낼 능력이 없으면 직관의 시도조차 스스로 포기한다. 그런 식이면 평생 끌려 다니게 된다. 쪼가리가 아니라 전체를 쥐어야 21세기의 위너winner가 된다는 점에서 더더욱 그렇다. 지금이라도 생각을 바꿔야 한다. 먼 미래의 일이 아니라 당장 해결해야 할 문제다. 사례를 살펴보면서 우리가 왜 직관 능력을 키워야 하는지, 그리고 어떻게 직관을 발휘할 수 있는지 등에 대해 고민해보자. 예상치 못했던 이면을 보게 될 것이다.

알파고가 이세돌 9단과의 대국에서 승리한 건 전적으로 빅데이터 덕분이다. 그런데 빅데이터와 AI에서 환경문제가 발생한다는 것을 우리는 얼마나 알고 있을까? 2019년 6월 미국 매사추세츠대 애머스트 캠퍼스의 엠마 스트러벨 Emma Strubell 등은 매우 의미심장한 결과를 발표했다. AI에 자연어 처리 모델을 학습시키는 과정에서 배출되는 탄소가 약 284톤에 달한다는 것이다. AI 기술은 빠르게 진화하여 언어의 장벽을 허물고 자율주행을 가능하게 한다. 우리는 이 과정이 아주 깨끗할 것이라고 생각한다. 자동차 배기가스나 공장의 굴뚝에서 뿜어내는 매연이 보이지 않으니 그렇게 여길 수 있다. 하지만 과연 그럴까? 스트러벨의 연구 결과에 나온 탄소 284톤이 어느 정도 규모인지 구체적인 사례와 비교해보자. 비행기로 인천에서 뉴욕까지 왕복할 때 이코노미석 기준으로 1인당 배출하는 탄소량이 약 979킬로그램(비즈니스석의 경우는 1957킬로그램)이라고 한다. 일상에서 한 사람이 1년에 배출하는 탄소는 약 5톤쯤 되는데 신경망 구조 탐색 NAS: Neural Architecture Search 방식의 자연어 처리 모델 학습에만 약 57년 치 탄소가 나오는 셈이다.[5] 미국의 자동차가 출고 후 폐차 때까지 배출하는 탄소량보다 다섯 배나 많은 양이다. 이 밖에도 스트러벨의 연구는 여러 사례를 통해 AI와 빅데

---

5 "AI가 기후변화·불평등 악화시킨다", 〈주간경향〉 1359호(2020.1.6.).

이터가 얼마나 많은 탄소를 배출하는지 고발하고 있다. 안타깝게도 우리는 AI나 빅데이터 등을 포함한 IT 분야가 가져올 혁신과 성과에만 정신이 팔려 정작 그 분야에서 쏟아내는 탄소 배출량에는 제대로 주목하지 않는다.

사람들은 스웨덴의 그레타 툰베리Greta Thunberg가 환경문제로 미국 대통령 도널드 트럼프를 비판하고 탄소 배출을 줄이기 위해 비행기가 아닌 배를 타고 뉴욕 유엔 본부에 가서 세계 지도자들을 다그친 뉴스에는 주목하지만 정작 엄청난 양의 탄소를 빅데이터와 AI가 쏟아내고 있다는 건 상상조차 하지 못한다. 탄소 배출이 눈에 보이지 않기 때문이다.

"지금 우리는 집단 멸종의 기로에 서 있습니다. 그런데 여러분은 오로지 돈과 영구적인 경제성장에 대한 동화 같은 이야기만 늘어놓고 있습니다. 어떻게 그럴 수 있습니까?"라고 통박한 툰베리의 연설은 그대로 빅데이터와 AI 업자에게도 돌아가야 한다. 우리는 TV 화면을 통해 알파고의 착수着手만 볼 뿐이지만 그 수를 위해 빅데이터를 검색하고 결정하는 데에 슈퍼컴퓨터 등이 소비하는 엄청난 전기와 그로 인한 탄소 배출은 무시한다.

실제로 이세돌 9단과 대국한 알파고는 1920개의 중앙처리장치CPU와 280개의 그래픽카드GPU: Graphics Processing Unit를 사용했다. 이들이 배출하는 소비 전력은 약 1메가와트 수준이다. 그에 비해 인간 이세돌의 두뇌가 소비하는 에너지는 고작 20와트에 불과하다. 50만 분의 1 수준인 셈이다. 게다가 알파고가 학습하는 데 걸린 시간과 에너지를 따지면 에너지 소비 격차는 훨씬 더 커진다. AI와 빅데이터는 '전기 먹는 하마'를 넘어 '엄청난 탄소를 쏟아내는 괴물'이다.[6]

그래서 일찌감치 이 문제에 주목한 학자들은 일반적인 환경에서는 슈퍼컴퓨터를 돌려야 답이 나오는 알고리즘이 쓸모없다는 점을 강조한다. 게다가 AI와 빅데이터를 구축하고 가동하며 그 상품을 판매해서 막대한 수익을 얻은 기업이나, 펀딩을 많이 받은 연구 그룹이 더 많은 지원을 받아 더 부유해지는 '구조의 악순환'은 새로운 방식의 부익부 빈익빈을 가속화할 뿐이다. 정작 그들은 탄소 배출과 환경오염에 대해서는 아무런 대가를 지불하지 않고 마치 자신들은 배기가스나 탄소를 배출하지 않는 '깨끗한' 기업인 양 행세한다.

AI 알고리즘의 성능과 데이터에 크게 의존할 수밖에 없는 구조에서 IT와 데이터 기업은 성능이 더 좋아진 AI를 갖고 더 많은 탄소를 배출할 것이다. 데이터가 돈이 되는 세상에서 이들은 온갖 데이터와 알고리즘으로 돈을 벌 뿐 아니라 빅데이터에

---

6 언론에서는 AI가 인간의 직관을 대체하고 있다고 떠들지만 정작 소비하는 에너지의 극단적인 차이는 무시한다. 오히려 인간인 이세돌 9단은 겨우 20와트를 쓰고도 메가와트 단위를 쓴 알파고와 대등하게 분전했다는 점에 주목해야 한다.

대한 의존도를 높임으로써 모든 것을 장악하려 할 것이다. 그러면서 자신들이 쏟아내는 탄소에 대해서는 입을 싹 씻는다. 그래서 깨어 있는 학자들은 기본적으로 정확도가 높은 스몰 데이터 모델을 개발해야 한다고 주장한다. 10억 단위의 빅데이터에만 매달릴 게 아니라 천만 단위의 스몰 데이터로 충분히 커버할 수 있는 영역까지 10억 단위의 빅데이터와 같은 통 속으로 쓸어버리는 건 여러 가지 면에서 불필요하고 유해한 일이다. 우리가 빅데이터와 AI의 흐름에서 결코 놓치면 안 되는 문제다. 그러나 지금까지 우리는 이런 문제에 별로 주목하지 않았다. 이전에 경험하지 못해 판단의 틀이 없기 때문이다. 그걸 읽어내는 게 바로 지금 우리가 직관의 힘을 길러야 하는 이유이기도 하다.

이세돌 9단과 알파고의 대국에서 과연 우리는 무엇을 얼마나 그리고 어디까지 인식하고 직관했는가? 그 이벤트 하나만 제대로 그리고 다양하게 직관했더라도 엄청난 것들을 파악하고 인식할 수 있었으며 수많은 대안을 모색할 수 있었을 것이다. 하나의 사건이나 사태에서 수많은 것을 읽어야 한다. 이것이 통찰력이고 직관이며 고부가가치의 콘텐츠를 만들어내는 힘의 원천이다.

개념의 파괴:
직관의 힘은 어떻게 길러지는가?

앞서 말한 것처럼 직관은 학습되거나 전달될 수 있는 게 아니다. 선가禪家에서 선문답을 주고받을 수 있는 건 서로가 전체를 파악하고 자신이 습득한 직관을 그것을 해석할 수 있는 능력을 가진 상대가 있기 때문이다. 우리는 그저 선문답을 모은 책을 읽으면서 그들의 진면목의 일부를 느끼고 이해하려 애쓸 뿐이다. 전달 불가능하고 교환할 수 없는 직관은 교육이 불가능하다. 직관의 치명적 약점이다. 그렇다고 포기할 수 있는 것도 아니다. 21세기는 직관의 힘을 가진 사람이 원하는 것을 얻을 수 있는 시대다. 그렇다면 어떻게 직관의 능력을 키울 수 있을까?

얼핏 직관은 분석과 완전히 정반대라고 할 수 있다. 그러나 직관의 힘이 그냥 하늘에서 떨어지는 게 아니라 나에게 축적된 에너지가 응축되었을 때 나타날 수 있다는 점을 기억해야 한다. 분석의 능력이 축적되었을 때 직관의 힘이 발현되는 순간이 올 때도 있다. 일단 분석은 정보의 축적과 탐색을 통해 얻을 수 있다. 어느 한 부분을 선택하여 예리하게 파고 따지며 논리적 정합성을 짚어보고 인과因果를 읽어냄으로써 세밀하고 철저하게 분석한다. 분석은 그냥 파헤치고 논리적 정밀성을 파악하는 것만 뜻하지 않는다. 분석의 본질은 대상(아직은 부분인)의 가장 중요한 지점을 파악함으로써 핵심을 이해하는 것이다. 분석을 미분으로 이해해볼 수 있다.

미분은 아주 잘게 나누는 것이다. 공간을 아주 잘게 나누어서 그냥 하나의 면이 되도록 만드는 것이고, 또 면을 아주 잘게 나누어서 선으로 만드는 것이다. 즉 3차원이 2차원이 되고 또 1차원이 되는 것이다. 또 다른 의미로 말하자면 미분이란 어떤 운동이나 함수의 순간적인 움직임을 서술하는 방식이다. 그래서 어떤 함수의 미분이란 그것의 도함수를 도출해내는 과정을 뜻한다. 고등학교 시절 수학 시간에 미분을 풀 때 '기울기'를 구하는 건 바로 도함수였다. 함수 f가 입력값에 따라 변할 때 각 입력값의 순간변화율을 구할 수 있는데, 입력값마다 순간변화율이 대응되는 관계를 하나의 함수로 나타내는 것이다. 함수의 순간변화율은 함수 그래프의 각 점에서의 접선 기울기를 의미하는 것이다. 그러므로 도함수는 입력값마다 그 점에서 함수 그래프의 접선 기울기를 대응시켜 주는 함수가 된다. '잘게 나누어서' 핵심을 찾아내는 게 미분이라는 점에서 분석의 핵심과 맞닿는다. 계산 훈련과 정보 축적은 분석에서 중요한 능력이다.

다른 개념으로 이 문제를 접근해보자. 뉴턴Sir Isaac Newton이 만들어낸 미적분은 '변화(움직임)를 다루는 언어'였다. 2000년 이상 유럽의 사유 체계의 핵심이었던 유클리드기하학의 정적 체계는 움직이지 않는 점과 선을 다루었지만, 뉴턴은 변화하면서 새로운 것이 출현한다는 발상을 표현하는 새로운 수학적·물리학적 언어를 만들어냈다.[7] 뉴턴이 직관한 것은 바로 그것이었다. 뉴턴의 미적분이 만들어낸 동적 세계관은 19세기 중반 가장 매력적인 물리학자이며 수학자인 제임스 맥스웰James Clerk Maxwell의 완벽한 방정식을 가능하게 했고 그 방정식은 산업혁명을 완성시켰다. 자기장이 변하면 전기장이 발생한다는 방정식에서 발전기가 발명됐고 전기장이 변하면 자기장이 생긴다는 방정식에서 모터가 발명될 수 있었던 건 결국 미적분이 만들어낸 동적 세계관의 개벽이 있었기에 가능했다.

그러나 불행히도 대한민국의 수학 교육에서 미적분이 일궈낸 세계관의 변화는 일언반구도 언급하지 않고 지금도 기울기와 면적을 계산하는 반복 연습에만 매달려 있다. 우리가 학교에서 배운 미적분에서 어떤 직관을 얻었는가? 미적분은 분석과 종합의 틀이다. 그게 직관과 직접 관련을 맺는 게 아니다. 오히려 정반대로 여겨진다. 그러나 직관은 하늘에서 떨어지는 것도 아니고 극소수의 천재의 영역만도 아니다. 그 사유의 맥을 짚는 통찰력을 통해 길러진다. 직관은 분석과 정반대이기는 하지만 무턱대고 전체를 파악하는 것이 아니라 축적된 미적분의 사유

---

7   수학적 미적분은 라이프니츠 Gottfried Wilhelm Leibniz의 것이지만 기본 개념을 탄생시킨 건 분명 뉴턴이었다.

체계가 응축되어 순간적으로 핵심을 꿰뚫어 볼 수 있는 힘을 발휘하는 것이 맥을 짚는 것이다.

수학 능력은 명증한 분석의 힘을 통해 길러진다. 분석은 정보를 제대로 이해할 때 가능하다. 이해의 과정 없이 분석은 불가능하다. 유클리드기하학에 대한 전체적 이해가 없는 상태에서 몇 가지 공리나 공준의 이해는 무의미하며, 동시에 공리와 공준에 대한 확실한 이해의 토대 없이 유클리드기하학 전체를 이해한다는 것은 불가능하다. 직관과 분석은 서로 배척하는 관계라고 할 수 있다. 그러나 "개념 없는 직관은 맹목이고 직관 없는 개념은 공허하다"는 칸트Immanuel Kant의 유명한 명제를 패러디해보면 '분석 능력이 없는 직관은 무모하고 직관 없는 분석 능력은 시키는 일에 충실할 뿐'이다. 천재가 아닌 다음에야 우리는 끊임없는 분석과 종합의 훈련을 통해 전체를 통찰할 수 있는 힘을 마련할 수 있다. 그 경지에 다다랐을 때 비로소 약간의 직관의 힘을 갖출 수 있다.

뉴턴이 만유인력의 법칙을 발견하게 된 유명한 에피소드(훗날 각색된 것이라는 비평도 있지만)가 사과의 낙하다. 누구나 그 현상을 목격했지만 아무도 왜 하나의 예외도 없이 꼭 나무에서 땅으로 떨어지는지 생각하지 않았다. 뉴턴을 그 현상을 보고 의문을 품었다. 그 의문에 대한 해결을 찾아나서는 뉴턴의 태도와 결심이 바로 직관의 힘이다. 법칙을 마련하지 못했지만 그 법칙의 일관성을 확신하면 반드시 거기에 불변의 법칙성이 있을 것이라고 확신할 수 있는 담대한 판단력이 바로 뉴턴의 직관이었다.

직관의 힘을 기르려면 먼저 전체를 보는 훈련을 학습해야 한다. 그러나 미분과 적분의 경우에서 보듯이 우리는 수학 시간에 미적분의 출현의 배경과 의미, 그리고 어떻게 전개되고 발전했는지 등의 큰 그림은 전혀 보지 않고 오직 기울기와 면적을 구하는 반복 훈련에만 매달렸다. 물리학 시간에는 미적분에 대한 물리학적 계산과 도구적·기능적 요소만 학습했을 뿐 미적분이 수학에서 '정지에서 운동으로' 확장되는 벽을 깨뜨렸기 때문에 그것들이 가능했다는 기초적 지식과 탐구마저 완벽하게 외면했다. 오로지 부분의 분석적 습득, 더 냉정하게 말하자면 기능적 수행을 위한 도구적 훈련에만 매달렸다. 그러니 제대로 된 분석 능력도 배양될 수 없었고 하물며 전체를 하나의 통찰로 꿰뚫는 직관의 힘은 아예 없었다. 더 큰 문제는 지금도 그런 학습이 여전히 지속되고 있다는 사실이다. 수학이 단순한 계산의 학문이 아니라 직관과 통찰력의 배양과 증강에도 유익하다는 점만 주목해도 그렇게 하지는 않을 것이다.

직관의 힘을 기르기 위해서는 먼저 전체를 조망하는 시야를 확보하도록 해주고 통찰의 눈으로 전체를 해석하는 힘을 길러 줘야 한다. 그러나 기업을 비롯한 모든 조직이 각 부서에 부과된 역할에만 충실하고 그 수행 능력에 따라 평가하는 고과 제도의 뿌리가 워낙 깊다. 그것은 평가 주체가 직관의 힘과 가치에 대해 사고하고 인식하며 해석할 수 있는 역량이 부족하기 때문이다. 평가 시스템을 바꿀 수 있는 힘은 있는가? 아니, 그럴 의지는 있는가? 직관이 얼마나 중요한지, 콘텐츠의 힘을 장기적이며 더 많은 부가적 가치로 이어줄 수 있는 바탕이 직관인지 깨닫고는 있는가? 그것부터 물어야 한다. 그래야 직관이 왜 필요한지 깨닫게 되기 때문이다.

핵심으로의 집중: 본질을 파악하는 힘

몇 해 전부터 고속도로와 외곽순환도로 등 중요한 도로에 특이한 색깔의 선이 등장했다. 초록색, 연한 녹색, 분홍색 등의 색깔이다. 눈에 확 띄는 이 선들은 도로분기점에서 매우 큰 도움이 된다. 복잡한 교차로나 자칫 헷갈리기 쉬운 출구에서 엉뚱한 길로 빠져 고생해본 사람이라면 이 선들이 구세주 같다고 생각할 것이다. 내비게이션을 봐도 잘 읽지 못하는 사람은 자칫 길을 놓치기 쉽다. 그런데 시선을 확 끄는 이 독특한 색깔의 선은 도로 정보를 놓치고 싶어도 놓칠 수 없게 만들어준다. 운전하는 사람들이 출구나 갈림길을 놓쳐서 당황하거나 끼어들거나 후진하는 등의 일로 뜻밖의 교통사고도 제법 많았는데 이 선들 덕분에 크게 줄었다고 한다.

지금은 고속도로 400여 곳에 설치되어 자연스럽게 받아들여지지만 이 '노면색깔유도선'은 그리 오래되지 않았다. 2011년 서해안고속도로의 안산분기점에 생긴 게 처음이었다. 계기는 사망자가 발생한 교통사고였다. 한국도로공사 윤석덕 차장은 자신도 고속도로에서 운전하다 잘못 들어 엉뚱한 방향으로 빠져 낭패를 당한 경험이 있는데 다른 사람도 아니고 도로에 관한 한 전문가인 자신조차 길을 놓친다면 다른 사람은 말할 것도 없다는 생각이 들었다고 한다. 그러던 차에 바로 서해안고속도로와 영동고속도로가 만나는 안산분기점에서 사망사고가 났다. 초등학생도 알 수 있는 사고대책을 마련하라는 지사장의 요구에 고민하던 그가 귀가해서 아이들이 그림 그리는 걸 보고 영감을 얻었단다. 그래서 생각한 게 도로에 색칠을 해서 유도하면 혼돈으로 인한 사고를 예방할 수 있지 않을까 하는 아이디어였다. 문제는 법 조항이었다. 도로교통법상 도로에는 노란색, 흰색, 빨간색, 하이패스 전용선을 표시하는 파란색 이외에는 다른 색을 쓸 수 없다는 조항이 있다. 만약 분기점 등에 다른 색깔의 유도선을 만들면 도로교통법을 위반하게 되는 것이다.

보통은 '법 때문에 어쩔 수 없어' 하며 체념할 텐데 그의 생각은 달랐다. 교통사고를 줄이고 인명 피해를 줄일 수 있다면 편법을 써서라도 꼭 만들어야겠다고 생각했다. 그는 평소에 알고 지내던 인천경찰청 고속도로순찰대 11지구대에 자기의 아이디어를 말했고, 다행히 경찰에서 교통제한을 위한 시설로 승인을 해줘 문제가 해결됐다. 물론 임시 승인이었다. 노면색깔유도선 도입 후 사고가 30퍼센트 정도 줄었다는 효과가 입증되면서 2017년 2월부터 본격적으로 확대될 수 있었다. 이후 혼란을 초래하는 도로를 처음 지나는 운전자나 초보운전자도 쉽게 주행할 수 있는 도로 환경이 조성되어 교통사고 예방에 크게 기여했다.

문제의 인식과 해결책의 모색 그리고 이에 대한 호응은 부분을 보지 않고 전체를 인식한 사유의 결과물이다. 그게 바로 직관의 힘이다. 걸핏하면 법규 때문에 불가능하다는 장벽에 속수무책 당할 게 아니라 조례를 바꾸거나 새로 만들어 해결할 대안을 모색하는 직관은 우리의 생활과 직접적이고 밀접한 관계를 맺는 직관이다. 전체를 파악하는 직관은 결국 문제의 본질을 파악하는 능력과 직결된다. 문제를 처음 인식한 당시 도로교통법의 금지조항에 간히지 않고 직관의 역할을 충실하게 수행한 셈이다.

예술적 직관:
형상을 넘어 핵심으로의 도약

속도와 효율의 시대인 20세기의 직관의 힘은 '속도'의 우월성에 있었다. 다시 스티브 잡스를 소환해보자. 그가 리드대학에서 1년 만에 자퇴한 건 등록금에 대한 부담도 있었지만 무엇보다 흥미도 없는 필수과목을 이수해야 하는 지겨움 때문이었다고 한다. 그는 캘리포니아로 돌아가 취업과 퇴사, 재입사를 반복한 전자게임회사 아타리에서 컴퓨터 게임을 만들었고, 이때 다시 워즈니악과 친분을 쌓으며 전자 분야 지식이 해박한 그의 도움을 받았다. 잡스는 친구가 취미로 만든 인쇄 회로기판을 보고 사업 아이템을 삼기로 했다. 그렇게 해서 부모님 집 차고에서 사업을 시작했다. 그는 사업적 수완과 마케팅 감각이 뛰어났다. "기술이 아무리 뛰어나도 사용하기 어려우면 아무 소용이 없다"는 걸 직감한 그는 복잡하고 거추장스러운 것을 덜어내고 단순함을 추구했다. 그게 바로 스티브 잡스가 발휘한 직관의 힘이었다. 핵심은 바로 그것이었다. 그는 기술에서는 외부자였고 그래서 기술 자체에 대한 시선보다 소비자의 관점에서 본질을 파악했다.

그의 직관은 계속해서 발휘됐다. 회로기판만 있는 PC '애플 I'이 당시 컴퓨터 시장의 주목을 받자 곧바로 새로운 PC인 '애플 II'를 만들어냈다. 기업용 컴퓨터 시장을 장악하던 IBM이 PC에 시선을 두지 않았던 건 컴퓨터의 성능과 기술 자체, 그리고 당시 시장을 지배하던 자기 위상에만 머물렀기 때문이었다. 그러나 스티브 잡스의 직관은 오히려 단순함의 힘을 읽어냄으로써 새로운 PC 시장을 일궈냈다. 그래서 그는 점차 확장 슬롯으로 기능을 향상시키는 데에 집중했고 획기적인 운영체제를 적용함으로써 컴퓨터에 대한 지식이 없는 사람도 쉽게 사용할 수 있도록 만들었다. 우여곡절 끝에 마침내 그들이 만든 PC는 시장에서 큰 반응을 보이며 판매에 성공했다. 1980년 주식을 공개함으로써 그는 억만장자가 됐다. 그러나 그는 자신의 직관을 과신했고 새로운 변화인 '창조·혁신·융합'으로 눈을 돌리지 못했다. 다행히 애플에서 추방된 이후 다시 성공하여 복귀한 뒤에 새로운 애플의 신화를 만들어냈던 것은 20세기의 직관, 즉 속도와 효율을 강조하는 패러다임의 직관을 벗어났기 때문에 가능했다.

여전히 스티브 잡스의 직관을 꿈꾸는 이들이 있다. 그건 그나마 다행이다. 대부분의 사람들은 직관 능력은 없으면서 자신의 알량한 지식과 경험을 토대로 한 '직감'에 의존하는 경우가 더 많다. 이런 사람들은 흔히 직관이나 영감을 예술가의 몫이나 영역으로 치부해버리는 경향이 강하다. 여전히 지식과 정보 위주의 사회에 갇혀 있기 때문이다. 거듭 말하거니와 그런 시대는 이미 끝났다! 오히려 정작 필요한 건 직관과 영감이다. 다만 20세기의 잡스처럼 자신의 직관에만 함몰되는 것은 문제다. 지식과 정보는 모두에게 공개되어 있을 뿐 아니라 그것을 사용하는 방법까지 얻을 수 있으며 다운로드해서 내 것으로 소유할 수도 있다. 결국 차이는 그것을 토대로 어떤 직관과 영감으로 가공하는 콘텐츠를 생산하느냐에 달렸다.

다시 마크 로스코를 소환해보자. 마크 로스코는 러시아 출신의 미국 화가다. 초현실주의의 영향을 받은 추상표현주의 작품으로 유명하다. 네모꼴에 가까운 색면을 구름같이 윤곽이 모호한 방식으로 배열한 화면을 보면 저절로 그의 이름을 떠올릴 만큼 대표성을 획득했다. 그의 그림은 색채의 미묘한 변화와 조화를 나타내며 정밀의 확산을 느끼게 함으로써 많은 이에게 영감을 주었다. 그래서 그의 그림을 '색면화 Color Field Painting'라고 부르기도 한다. 그의 그림은 '색채와 텍스처의 대담한 덩어리'라는 평가를 얻었다.

러시아(지금의 라트비아)에서 태어나 열 살 때 가족을 따라 미국으로 이민 간 그는 공부를 잘했다고 한다. 예일대학교에 진학한 로스코는 정식으로 미술 수업을 거의 받지 않았다. 뉴욕에 가서 전설적인 예술학생연맹 The Art Students League of New York에서 수학한 것이 거의 전부였다. 그는 드라마에 관심이 많았는데 그것을 발전시켜 신화와 심리분석서들을 닥치는 대로 탐독했다.

그는 신화 이야기에서 영감을 얻어 다양한 '감정'을 불러일으키는 초현실주의 양식을 끊임없이 실험했다. 신화 이야기와 상징은 그에게 영감을 불어넣었고, 유기적인 형태를 다양하게 결합한 초현실주의 양식을 실험하도록 만들었다. 그는 동시에 글쓰기를 시작했다. 그리고 렘브란트의 그림, 모차르트의 음악, 니체의 철학에 흠뻑 빠졌다. 이런 자양분이 마크 로스코의 사상에 핵심적인 자리를 차지했다. 그에게 영향을 끼친 두 사람의 화가가 있는데, 하나는 뉴욕 예술학생연맹의 맥스 웨버Max Weber였고 또 다른 화가는 밀턴 에이버리Milton Avery였다. 에이버리는 절제된 형상, 미묘한 색감에서 로스코에게 큰 영향을 끼쳤다.

로스코는 1928년 처음으로 전시회를 열었지만 성공을 거두지 못했고 교직으로 생업을 유지했다. 에이버리의 대담한 색채 사용에 영향을 받은 그는 현대 회화는 완전히 끝났다고 생각했다. 그게 바로 로스코의 예술적 직관이었다. 그리고 자신의 시대에 대한 통찰력 있는 직관이었다. 그것은 회화에서 가장 오래된 기준이던 정확한 재현이나 아름다움의 표현에 대한 관념과 완전히 작별한 것이다. 이제 현대 회화는 완전히 끝났다고 생각한 그는 형태, 공간, 색채 등의 형식적인 면을 탐구하기 시작했다. 1940년대 말에 로스코는 재현적인 요소를 모두 제거함으로써 완전한 추상을 추구하기 시작했다. 추상화가 클리퍼드 스틸Clyfford Still과의 우정이 큰 영향을 미쳤다. 그는 거대한 캔버스를 기하학적으로 분할한 후, 반짝이는 단일색으로 화면을 가득 칠했다. 아이러니컬하게도 그는 자신이 추상화가라는 점을 부인했다. "나는 추상주의 화가가 아니다. 나는 그저 인간의 기본적인 감정을 표현하고 싶을 뿐이다"라고 자주 말했다. 그러나 그는 추상회화의 본질과 형식에 혁명을 일으켰다.

로스코의 미술이 처음부터 그랬던 건 아니다. 그의 활동 시기를 구분해보면 명확해진다. 그가 작품 활동을 한 45년은 크게 네 시기로 구분된다. 1940년까지 그의 그림은 리얼리즘에 충실했다. 그리고 1946년까지 짧은 기간 동안 초현실주의에 몰입했다. 이 시기에 그는 전원풍경화, 실내와 도시풍경화, 정물화, 뉴욕 지하철 등을 그렸다. 그의 뉴욕 지하철은 인간 소외를 상징하는 공간으로, 평면적이고 무표정하면서 지극히 연약한 인물들이 그물망 같은 답답한 지하세계에서 건축적 배경과 뒤섞여 있다. 제2차 세계대전과 전쟁 직후의 그림에서는 변화가 나타난다. 이 시기의 그림에는 그가 오랫동안 매달리고 파고들었던, 상징적이며 그리스 신화나 기독교적 모티프에 기반을 둔 것들이 주를 이루었다. 그 후 3년의 짧은 순수 추상회화로 옮겨가던 과도기에는 안개가 낀 것처럼 몽롱한, 직사각형의 색면화인 이른바 '다층현상'에 집중했다. 1949년부터 1970년 스스로 죽음을 선택했던 시기까지 놀랍게도 '고전주의 시기'라고 불리던 것은 순수 추상회화의 고전주의라는 의미였다. 마크 로스코는 추상 이미지가 '인간 드라마'의 근원적 속성을 직접 반영할 수 있다고 믿었다. 동시에 회화가 비극, 환희, 숭고함과 같은 영원한 주제와도 때로는 맥을 같이할 수 있다고 믿었다. 여러 화가가 그랬듯이 그는 끊임없이 스스로 진화하는 예술정신에 충실했다. 이러한 진화는 말로는 쉽지만 본인에게는 위험한 선택이기도 하다. 이미 구축하고 평가받은 자신의 세계를 버린다는 것은 모험이다.[8] 예술적 직관이 없었다면 그 진화를 기꺼이 선택하지 못했을 것이다.

로스코의 진화, 즉 그가 형상과 작별한 것은 형상을 훼손하지 않고는 사용할 수 없는 때가 왔으며 자신의 예술이 인간 조건의 비극성을 표현하기를 원했기 때문이다. 그의 추상색면화는 면이 분할된 영역 속에서 반복되는 형태와 심하게 분절된 인간 형상을 특징으로 하는 그의 회화세계가 진화한 것이다. '단순한 표현 속의 복잡한 심정'이라는 그의 이상이 독특한 화풍으

---

8 철학에도 이런 사례가 있다. 비트겐슈타인Ludwig Wittgenstein은 '세계는 사실의 총체'라는 《논리철학논고Logico-Tractatus》를 세상에 내놓았다. 철학의 일대 혁명과도 같은 책이었다. 그러나 여러 해 은둔한 뒤 돌아와 《철학적 탐구Philosophical Investigation》에서는 그 '전설적인 책'의 내용을 버리고 언어의 일상적 사용과 실천에 의해 언어를 파악할 수 있다는 새로운 '활용론'을 제시했다. 같은 사례를 사상사에서 찾기 어렵다는 점에서 비트겐슈타인의 위대함이 더욱 도드라진다.

로 구축된 것이다. 그 형태 안에서 로스코는 폭넓은 색채와 색조, 여러 가지 양식적 관계를 활용해 극적이고 소박하면서도 시적인 다양한 분위기와 효과를 만들어냈다. 예술가는 자아를 자발적으로 표현할 수 있는 개인이다. 그리고 그 핵심을 이루는 예술가의 직관은 바로 그의 예술세계의 중추를 형성한다.

이 경우 '예술가의 직관'에 대한 평가는 양가적이다. 긍정적인 평가는 분석과 논리를 단숨에 뛰어넘어 현상 너머에 있는 핵심을 파악하고 끄집어내는 것이다. 그것을 통해 잠든 나의 뇌를 깨우고 영감을 얻을 수 있다. 부정적인 평가는 절차와 과정을 통해 사유하고 종합하는 것을 생략함으로써 자칫 비약과 자의적 해석을 정당화할 수 있다는 맹점도 있다. 물론 이것은 예술가의 탓이 아니라 전적으로 감상자의 몫이다. 그러나 부정적인 면보다 긍정적인 면이 훨씬 더 크다는 점에서 우리는 지속적으로 예술의 세례를 받는 게 좋다.

직관 그 이후:
반성적 성찰Reflection

직관은 분명 타깃을 향해 가장 빠르고 짧은 경로로 날아가는 화살과도 같다. 목표를 획득하는 게 때로는 행운으로 비춰지기도 한다. 그게 어쩌다 한 번 운 좋게 이룬 결과물이 아니기 위해서, 즉 더 나은 직관으로 진화하기 위해서는 경로를 되밟아봄으로써 자신의 직관이 어떻게 그리고 왜 성공할 수 있었는지를 점검할 필요가 있다. 그래야 직관이 진화한다. 무조건 직관으로 내지르는 게 아니다. 그 나름의 짐작과 통찰이 필요하다. 그 역할을 담당하는 것 가운데 하나가 바로 가설이다. 엄격한 의미에서 보자면 가설은 직관에서 배제되는 것이지만 반성적 성찰을 위해서는 그런 가설의 설정이 불가피한 경우가 많다.

가설假說, hypothesis은 아직까지 알려지지 않은 상태에 대한, 과학적 근거를 가진 명제 형태의 추측이다. 철학에서는 어떤 사실을 설명하거나 어떤 이론 체계를 연역하기 위하여 설정한 가정을 지칭한다. 가설에서 도출된 결과가 관찰이나 실험에 의해 검증되면 가설의 위치를 벗어나 일정한 한계 안에서 타당한 진리가 된다. 사회 일반에서는 조사나 연구에서 주어진 연구 문제에 대한 예측적 해답으로 두 개 혹은 그 이상의 변인變因 사이의 관계에 대한 추정적 또는 가정적 서술문의 형식으로 이루어진다. 과학자는 가설을 세우는 경우가 많다. 가정은 대개 가설보다 일반적이고 덜 엄밀한 의미로 사용되는 데 보통 과학이론에서 사용되는 가정을 가설이라고 하는 경우가 대부분이다.

가설은 어떤 상태에 대한 명제의 논리적 분석이나 실험적 과정이 따르지 않은 상태에서 추론하는 경우가 대부분이다. 때로는 이미 알려진 상태를 설명하기 위해 세우기도 한다. 논리적으로 볼 때, 가설은 추론의 전제에 해당되며 이 추론의 결론은 설명하고자 하는 상태에 대한 진술이 된다. 하지만 가설은 예측prognose과는 다르다. 예측은 논리적 추론의 전제가 아니라 결론으로 곧장 비약하면서 어떠한 설명적 기능을 하지 않는다. 그에 비해 과학자의 가설은 자신의 연구에서 가능성 있는 결론을 예상하고 예측할 수 있는데, 그에 대한 이론적 실증이 기존에 없을 때 상태에 대한 모든 관찰 자료를 토대로 이 상태가 다른 상태와 맺는 관계를 탐구함으로써 자기 결론에 대한 '예비적 타당성'을 확보한다. 그다음에 그 결론을 뒷받침할 수 있는 이론 체계의 보충을 마련하는 절차를 따른다.[9] 따라서 가설에는 논리가 없는 게 아니라 그 논리적 귀결이 객관적 현실과 일치한다는 걸 검증하는 절차를 거친다. 순서가 잠시 바뀐 것뿐이다. 현대과학의 많은 분야에서 가설이 없다면 과연 진보가 있었을까? 특히 양자역학 등에서는 더더욱 그렇다.

---

9   예전 과학에서는 가설이 담당하는 역할을 원칙적으로 부정하기도 했지만 점차 긍정적인 평가를 받았다. 가설이 객관적인 것을 반영하지 못하고 단순히 협약에 의거할 뿐이라는 단계는 이미 지났다. 다만 그 가설이 객관적 내용을 지니고 과학적 인식의 발전 과정에서 일정하게 기여한다고 인정받는 경우에만 유효하다. 설명할 상태에 대한 가능한 가정적인 원인이 명제 형태로 제시될 때 비로소 '생산적 가설'이 가능하다.

직관은 가설과 직접적 관련은 없다. 심지어 직관은 가설조차 무시하고 곧바로 답으로 직진한다. 물론 그것이 옳을 것이라는 건 보장하지 않는다. 다만 중간 과정을 건너뛰고 본질을 파악하는 경우에만 유의미하다. 자의적 해석을 절대 직관으로 합리화하는 건 사이비일 뿐이다. 직관으로 결론이나 본질을 파악했다고 모든 것을 해결하는 것은 아니다. 일단 결론이 유의미하다면, 그래서 나의 직관이 유효하다면 이번에는 반대로 그 결론에서 처음을 바라보며 생략된 분석과 추론을 논리적으로 혹은 사실적으로 채워 넣을 수 있어야 한다. 그래야 그 직관을 정당화할 수 있을 뿐 아니라 의사소통이 가능해진다. 그리고 그런 '빈칸 채우기'를 통해 다음 직관이 맞을 확률이 더 높아질 수 있게 만든다. 그래야 이 과정을 가볍게 여기거나 나의 직관은 항상 옳을 것이라는 착각에 빠지는 것을 방지할 수 있다. 즉 직관 이후에 반드시 수반되어야 하는 건 '반성적 성찰reflection'이다. 가설도 유의미한 결론을 정당화할 수 있는 중간의 추론 과정과 논리 혹은 사실을 입증해 보여야 동의를 얻을 수 있는 것처럼 직관도 크게 다르지 않다. 그래서 일단 소소한 직관을 시도해보고 그것을 다시 역逆추론해서 정당화하는 훈련을 거듭하며 직관의 힘과 확률을 높여야 한다. 그 과정이 생략된 직관은 이후의 유효성을 담보하지 못하거나 더 큰 실패를 초래하기 쉽다.

코페르니쿠스의 직관:
복잡함에서 단순함으로

실험과 관찰이라는 실증적 과정의 입증을 통해 검증되고 강화되며 타당성을 인정받는 과학의 영역에서 직관은 때로는 무시되고 때로는 의도적으로 배제하는 경우가 많다. 그러나 그 과학에서조차 어떤 결정적인 직관이 막힌 곳을 뚫고 이후의 과학에 큰 길을 내는 경우가 종종 있다. 그런 대표적 사례가 코페르니쿠스의 태양중심설이다.

지금 지구중심설(천동설)을 믿는 사람은 거의 없지만 500여 년 전만 해도 지구중심설을 믿지 않는 사람은 드물었다. 중세에는《성경》의 〈창세기〉를 근거로 지구가 모든 우주의 중심이며 태양과 달은 밤낮 교대로 세상을 비추는 조명기구라고 믿었다. 중세 이전 옛날 사람 중에도 그것을 믿지 않는 소수의 사람들이 있기는 했다. 고대 그리스의 사모아에 살던 아리스타르코스Aristarchos는 놀랍게도 태양이 우주의 중심이라고 주장했다. 그는 해와 달의 반지름과 지구까지의 거리를 계산하기도 했고 당시 알려진 모든 행성을 태양 주위에 정확한 거리 순서로 배치했다고 한다. 그의 주장을 담은 원문이 남아 있지 않은 까닭에 정확하게 알 수는 없지만 그는 태양이 지구보다 훨씬 더 크며 당연히 태양이 중심에 있어야 한다고 짐작했을 것이라 추정된

Schema huius præmiſſæ diuiſionis Sphærarum .

그림 6_ 프톨레마이오스의 천체관

다. 아리스타르코스는 초승달이나 그믐달이 되는 순간 태양과 지구, 달이 직각삼각형을 이루게 될 것이라고 추론했다. 피타고라스의 삼각형을 이용해서 지구에서 태양까지의 거리가 지구에서 달까지의 거리보다 18~20배 정도 더 멀다고 추측할 만큼 정확했다. 월식을 이용해 달은 지구의 3분의 1 정도의 크기로 추정했다. 월식이 태양-지구-달의 위치로 배열되어 나타난다는 걸 명확하게 인식했고 그 시기를 계산한 것이다. 이 밖에도 피타고라스학파의 필로라오스Philolaos는 지구가 우주의 중심에 있는 '중심 불'의 주변을 돈다고 생각했고 에크판토스와 히케타스는 지구의 자전을 주장했다. 앞서 말한 아리스타르코스는 지구의 공전설까지 덧붙였다.

그러나 이들의 주장에 귀 기울이는 사람이 별로 없었을 뿐 아니라 그 주장을 뒷받침할 실증적·논리적 설명이 제대로 수반되지 않았다. 게다가 그들을 압도하는 탁월한 천문학자인 프톨레마이오스Klaudios Ptolemaios가 있었다. 그의 저서《천문학 대집성 Almagest》은 르네상스 시대까지 1400여 년 동안 서양의 우주관을 지배했다. 그가 정립한 천문학이 16세기까지 정설로 받아들여진 건 단순히 성서적 우주관을 신봉했기 때문만은 아니다. 무엇보다 그의 우주관이 매우 정교하게 잘 만든 가설이기 때문이었다. 프톨레마이오스에 따르면 지구가 중심에 있고 그 바깥에 달, 수성, 금성, 태양, 목성, 토성이 돌고 있다. 맨 바깥쪽 원이 우주의 끝이며 그 바깥에는 신이 살고 있다.

그런데 이 지구중심설에는 난제가 있었으니 바로 행성의 움직임 문제였다. 규칙적 원 운동을 한다고 전제한 당시 천문학으로는 화성의 움직임을 해석하는 게 골치 아팠다. 프톨레마이오스는《천문학 대집성》에서 행성은 또 하나의 작은 원 주위를 돌고 그 원이 지구를 돈다는 가설을 제시했다. 그 가설을 통해 행성의 '일시 정지'나 '역행'도 설명될 수 있었으니 그의 이론이 얼마나 '세련'됐는지 알 수 있다.

하지만 천문 관측 기술이 발전하면서 주전원설周轉圓說 하나만으로는 행성의 움직임을 정확하게 나타낼 수 없다는 난제에 부딪혔다. 그는 이 문제를 해결하기 위해 또다시 다른 주전원을 만들어서 보충했고 이런 식으로 70개나 되는 주전원을 만들었다. 그것으로도 해결되지 않자 지구의 위치를 옮기고 이심점이라는 걸 만들고 온갖 가정을 덧붙였다. 너무 복잡해졌을 뿐 아니라 정확하지도 않았지만 당시 사람들은 우주가 이만큼이나 복잡한 건 신의 놀라운 솜씨고 그걸 설명한 프톨레마이오스 천문학은 어느 누구도 의심할 수 없는 최고의 경지라고 여겼다. 그렇게 그의 이론이 1400년 이상 영향력을 미쳤다.[10]

이런 지구중심설에 대해 회의를 품은 대표적 인물이 코페르니쿠스Nicolaus Copernicus였다. 그는 사제였다. 흥미롭지 않은가? 교회에서는 '성서적 해석'을 고수하며 천동설을 옹호하는데 어떻게 교회의 사제가 회의를 품는다는 말인가? 그러나 그는 정확히 '사제의 눈'으로 읽었다. 즉 '그토록 전능한 신이 이런 방식으로 복잡하고 구차하게 창조했을까?' 하는 의심에서 출발했다. "신이 보기 흉한 우주를 창조할 리가 없다. 분명히 더 보기 좋게 창조했을 것이다." 같은 문제라도 어떤 눈으로 보았는가의 차이다. 게다가 후기 스콜라철학의 대가이며 유명론의 형식을 창시한, 근대철학의 아버지로 평가받는 오컴William of Ockham의 실재론, 특히 "불필요한 것은 잘라내라"는 '오컴의 면도날Ockham's

---

10 프톨레마이오스의 《천문학 대집성》이 오랫동안 힘을 발휘할 수 있었던 또 다른 요인 가운데 하나는 그 책이 바로 점성술의 텍스트였기 때문이다. 마치 《주역》이 그랬던 것처럼.

razor'에 따르면 진실은 논리적으로 가장 단순한 것에 있을 확률이 훨씬 더 크다는 신학과 철학도 그에게 큰 영향을 미쳤다. 코페르니쿠스의 눈에 프톨레마이오스의 우주는 너무 복잡했다. 당대에 뛰어난 프톨레마이오스 천문학자로 평가받던 그는 회의를 품었다. 복잡함을 단순함으로 대체할 수 있는가? 그렇다면 과연 어떤 방식으로 설명할 수 있을까? 그의 물음은 직관을 잉태했다. 그는 모든 것이 변함없는 속도로 하나의 중심을 따라 돌고 있는 우주 모형을 원했다. 그것이 직관의 핵심이었다.

코페르니쿠스의 태양중심설(지동설)은 단순하고 '우아'했다. 그것을 가능하게 한 그의 직관은 '판'을 바꿔보는 것이었다. 어떻게 판을 바꿀까? 그는 프톨레마이오스 천문학의 궤도는 너무 복잡하기 때문에 최대한 단순할 수 있는 체계를 생각했다. 여러 시도 끝에 일단 태양을 가운데 두었더니 일거에 문제가 해결됐다. 그것은 프톨레마이오스의 것보다 단순하면서도 한층 우아했다. 수성과 금성을 지구의 안쪽 궤도에 두고, 지구 바깥에 화성, 목성, 토성을 차례로 배치했다. 그것으로 각 행성의 공전 주기 문제를 해결했다. 태양에서 가까운 행성일수록 공전주기가 짧고 멀어질수록 공전주기가 긴 문제도 이 새로운 체계로 해결할 수 있었다. 물론 그 궤도가 완전한 원이 아니라 타원형이라는 것은 훗날 케플러 Johannes Kepler가 밝혀냈다. 코페르니쿠스는 천체의 외관상 운동을 34개의 원으로 설명했지만 케플러는 불과 7개의 타원으로 설명해냈다.

흥미로운 점은 코페르니쿠스가 프톨레마이오스 천문학을 의심한 중요한 이유 가운데 하나가 관측이 아니라 심미적인 이유 때문이었다는 사실이다. '단순함과 우아함'은 태양중심설의 배경이나 그것을 이론적으로 지탱해준 것이 역학이나 운동이론이 아니라 고대 그리스 사상의 부흥을 원했던 코페르니쿠스 자신의 미의식이었음을 역설하는 것이다. 즉 미적 직관이었던 것이다. 그래서 원 궤도를 가정한 그의 체계는 우아했지만 실용성의 개선은 미미했다는 비판을 받기도 했다. 그러나 코페르니쿠스에 의해 근본적으로 태양중심설의 합리성을 마련할 수 있었던 것은 분명하다. 흥미롭게도 코페르니쿠스는 근대과학에 필수적인 실험을 하지 않았다. 그의 태양중심설은 복잡한 프톨레마이오스 체계 대신 새롭고 단순한 방식을 제공한 사상, 또는 '사고실험'이라고 할 수 있다. 복잡한 것을 단순한 것으로 대치할 수 있다면 그것이 옳다는 코페르니쿠스의 직관이 근대 세계를 연 셈이다.

비즈니스에서 직관:
찰나의 동물적 감각

직관은 비즈니스에서도 매우 중요하다. 그러나 대개 기존의 경영학에서는 직관의 중요성이 간과된다. 유진 새들러 스미스Eugene Sadler-Smith는 직관은 기업의 의사결정, 생산성, 팀워크, 기업 윤리, 리더십 등에서 매우 중요하며 당연히 경영자는 탁월한 경영 능력과 함께 직관의 힘을 지녀야 하고 직관을 활용할 수 있는 예지력이 필요하다고 강조한다.[11] 그는 비즈니스에서 직관의 중요성을 여러 사례를 통해 서술하는데 스타벅스의 하워드 슐츠Howard Schultz와 버진그룹의 리처드 브랜슨Richard Branson이 30초 안에 주요 사안을 결정지은 것은 우발적인 것이 아니라 직관이었음을 강조한다.

스타벅스는 다른 카페와 차별화된다. 오늘날 스타벅스는 맥도날드처럼 전 세계에 퍼진 거대 기업으로 성장했는데, 이런 스타벅스를 만든 하워드 슐츠의 이력은 아주 독특하다. 그는 1982년 스타벅스에 입사한 지 5년 만에 퇴사했다가 그 회사를 인수하면서 급성장시킨, 아주 독특한 이력의 기업가다. 하워

---

11   《직관: 비즈니스를 지배하는 리더의 유전자》, 유진 새들러 스미스, 이경아 옮김, 한문화, 2012.

드 슐츠는 오랫동안 스타벅스 회장 겸 CEO를 역임하고 후임자에게 물려줬다.[12] 1975년 노던미시건대학교를 졸업한 슐츠는 사무용품과 가정용품을 집집마다 방문해서 판매하는 영업사원이 되었다. 하워드 슐츠는 3년 뒤 스웨덴 커피메이커 제조회사인 함마르플라스트Hammarplast로 이직했고 뛰어난 역량을 발휘해 미국 내 판매 총책임자가 되었다. 당시 주요 고객 중 하나가 시애틀 커피하우스 스타벅스[13]였다. 스타벅스에서 주문을 받아 설립자 세 사람을 만나러 간 슐츠는 그들의 커피에 대한 지식과 열정에 깊은 인상을 받았고 마침내 1982년 스타벅스의 마케팅 책임자로 영입됐다.

스타벅스는 1971년 커피를 좋아하던, 졸업 후 각자 다른 일을 하던 대학 동창 세 명(고든 보커, 제럴드 볼드윈, 지브 시글)이 종종 좋은 커피를 공유하는 모임에서 시작했다. 당시 대부분의 미국인은 쓴맛이 강하고 향기가 약한[14] 로부스타 커피를 마셨던데 반해 이들은 부드럽고 향기가 좋은 커피인 아라비카 원두를

---

12 2000년에 회장직에서 물러났다가 2008년 다시 ceo로 복귀했고, 2017년에 다시 그 자리를 물려주었다.

13 정확한 명칭은 '스타벅스 커피 티 앤드 스파이스Starbucks Coffee, Tea & Spice'였다.

14 그래서 주로 인스턴트 커피나 블렌딩에 사용된다. 카페인 함량도 아라비카에 비해 두 배가량 높다.

좋아했다. 그런데 당시 미국에서 아라비카 원두를 판매하는 곳이 별로 없었고 이들이 살던 시애틀에는 아예 없었기 때문에 우편으로 주문하거나 캐나다 등지까지 직접 가서 구매하기도 했다. 그러다가 아예 자신들이 아라비카 원두 판매점을 하면 어떨까 상의했고 각자 1만 달러를 투자해 작은 커피 전문점을 내서 커피 원두와 차뿐 아니라 향신료 등을 판매했다. 허먼 멜빌의 소설 《모비딕》에 나오는 일등항해사 스타벅을 상호로 짓기로 하고 스타벅 세 사람이라는(커피, 티, 스파이스 등 세 가지 물품의 뜻도 있다) 뜻으로 스타벅스로 명명했다. 공급받은 아라비카 원두를 로스팅해서 팩에 담아 팔았는데 반응이 매우 좋았다.[15] 그게 스타벅스의 모태였고 점점 규모가 커지면서 지역 커피 재배업자에게 직접 아라비카 원두를 사들이기 시작했다. 이 회사에 하워드 슐츠가 입사한 것이다.

하워드 슐츠는 밀라노에서 열린 레스토랑 설치기기 박람회에 참석했다가 길가의 수많은 에스프레소 카페에서 많은 이탈리아 사람들이 스팀밀크와 에스프레소 등이 어우러진 커피를 마시며 편안하게 휴식을 즐기는 모습을 보고 미국에서도 그런 '카페 문화'를 도입하면 좋을 것 같다고 생각했다. 순간의 직관

---

15 〈시애틀타임스〉에 기사가 실렸던 것도 결정적 요인이었다.

이었다. 바쁜 일상의 현대인이 잠깐이라도 느긋하게 앉아 커피를 마시며 휴식을 누리고 가벼운 담소도 나누며 커피를 들고 망중한을 즐기는 것이 필요하다고 직관적으로 느낀 것이다. 그러나 설립자인 볼드윈과 보커는 슐츠의 제안을 거절했다. 자신들이 추구하는 커피의 맛과 맞지 않는다는 이유였다. 겉으로는 그렇게 말했지만 속내는 슐츠의 직관을 못미더워했기 때문이었을 것이다. 게다가 자기들보다 경험이 적은 직원의 직관이 아닌가. 볼드윈과 보커는 슐츠의 끈질긴 설득으로 시범 운영을 허락했고 성공적인 결과를 얻었지만 끝내 내켜 하지 않았다. 결국 하워드 슐츠는 스타벅스 커피, 티 앤드 스파이스를 떠나 시애틀에 커피 프랜차이즈 '일 지오날레 Il Giornale'를 설립했다. 볼드윈과 보커가 함께 30만 달러를 투자해서 주식회사로 운영됐다. 볼드윈과 보커가 스타벅스에서 슐츠의 직관을 수용하는 건 부담스러웠지만 슐츠의 비즈니스에 대한 비전을 읽어내는 직관은 있었기 때문에 그랬을 것이다.

하워드 슐츠에게 밀라노에서의 경험과 직관은 사업 방향의 가늠자가 됐다. 원료는 스타벅스 커피 티 앤드 스파이스에서 공급받고 이탈리아 에스프레소 카페의 모습과 분위기를 매장에 적용했다. 그리고 시애틀의 커피 전문가인 데이브 올슨을 영입해서 직원의 커피 교육을 맡겼다. 매장이 확장되면서 이탈리어로 된 메뉴판을 영어로 바꾸고 직원의 복장도 편안한 차림으로 바꿨다. 이탈리아에서 얻은 느낌을 살리되 미국식으로 절충한 것이다. 이러한 것들은 형식이 아니라 본질이 무엇인지 정확하게 판단하는 그의 예리한 직관에 의해 이루어졌다. 매장 확장에 따라 '균일한 커피 맛'을 위해 직영점으로 운영한다는 원칙도 세웠다. 1987년 그는 스타벅스 커피, 티 앤드 스파이스를 인수해서 스타벅스로 이름을 변경했다. 그리고 1992년에 나스닥에 상장했다.

오늘날의 스타벅스와 하워드 슐츠를 만들었던 건 밀라노의 카페에서 얻은 직관과 영감이었다. 소비자는 왜 스타벅스에 충성할까? 스타벅스를 통해 '세련된 여유 한 잔'을 살 수 있다고 느끼기 때문이다. 슐츠의 직관은 바로 거기에 찍혔던 것이고 소비자도 그 직관에 반응한 것이다. 찰나를 낚아채 남이 보지 못하는 것을 예견하는 감각, 아무도 생각하지 않고 가지 않은 길을 자신 있게 내딛는 힘이 바로 직관이다. 새들러 스미스에 따르면 직관은 '인간의 몸에 새겨진 일종의 유전자로 분석적 사고가 개입하기 전 순간적인 인식의 기반에서 튀어나오는 무엇'이다. 직관은 짧은 시간에 육체적·정신적 반응을 동반하는데 그것을 어떻게 파악하느냐의 여부에 따라 성패가 갈린다.

직관의 힘은 경시되기 쉽지만 인류의 역사에서 오랜 세월 진화를 거듭하면서 인간이 자연과 사회의 여러 위험에서 살아남을 수 있도록 만들었다는 점에서 결코 무시해서는 안 될 요소다. 이전에는 직관이 언뜻 비과학적으로 보이기 때문에 무시되거나 경시됐지만 최근에는 비즈니스 등에서 핵심 능력으로 주목받고 있다. 시대가 복잡하고 다양해질수록 오히려 전체를 꿰뚫어볼 수 있는 능력이 힘을 발휘하기 때문이다. 그래서 새들러스미스는 직관이 기업의 의사결정, 생산성, 팀워크, 기업 윤리 등을 결정짓는 키워드이자, '비즈니스를 완성하는 마지막 퍼즐 조각'이 됐다고 평가한다.

하워드 슐츠는 이탈리아 스타일의 카페를 미국에 도입하겠다는 생각을 하자 몸이 마구 떨렸다고 한다. 자신이 대단한 아이디어를 떠올렸다는 사실을 동물적인 감각으로 알아차린 것이다. 하지만 자신의 아이디어에 매료되는 것을 경계해야 한다. 애착이나 희망사항이 품은 긍정적 느낌이 분석적 사고를 쉽게 압도할 뿐 아니라 직관인 양 행세한다는 것을 잊지 말아야 한다. 이 경우 열의와 낙천주의, 열정이 뒤범벅되고 결국 감정적 느낌의 피해자가 되기 쉽다. 한 번의 직관이 운 좋게 성공했다고 기뻐할 일이 아니다. 그야말로 운이 좋았을 뿐이다. 제대로 된 '실력으로서의 직관'은 같은 시도가 꾸준히 일어나고 반복되며 그 능력이 축적되어야 한다. 무엇보다 실제로 여러 차례 좋은 결과를 얻을 때까지 자만하지 말아야 한다. 특히 리더는 더더욱 그렇다. 직관은 평범한 일을 비범하게 수행하는 능력이기도 하다. 흔히 리더는 마치 자신이 아니었다면 사업을 성공적으로 이끌지 못했을 것이라고 여기거나 부하 직원에게 과정의 설명 없이 자신이 내린 결정을 강요하기 쉽다. 그게 망하는 지름길이다.

하워드 슐츠가 밀라노에서 순간적으로 포착한 직관은 그저 하나의 사례에 불과할 뿐이다. 그런 사례만 모아도 책 서너 권은 족히 될 것이다. 여기에만 현혹되지 않아야 한다. 사례를 많이 안다고 해서 내게 직관의 능력이 생기지는 않는다. 그건 착각에 불과하다. 모든 직관의 힘은 내면에 있다. 그것을 어떻게 끄집어내는지에 대해 고민하고 성찰하며 마지막에는 내가 결정해야 한다. 그런 점에서 직관은 주체적이고 내가 전적으로 책임을 져야 하는 것이다.

'경영학의 구루Guru'로 불린 피터 드러커Peter Ferdinand Drucker는 시대의 변화에 맞춰 혜안과 방향성을 제시했고 주도적으로 변화를 이끌었다. 그의 탁월한 식견은 예리한 직관에 기인했다. 직관은 불쑥 튀어나온 게 아니다. 사실 그의 학벌은 보잘것없었다. 그러나 학력을 능가하는 직관의 능력이 뛰어났다. 그는 끊임없이 문제를 찾고 그 해법을 모색했다.

"저는 2~3년의 기간을 두고 관심이 가는 주제를 택해 학교를 다시 다닌다는 기분으로 공부를 합니다. … 그렇게 수십 년째 저는 '스스로 학교를 짓고, 스스로 학생이 되어' 그 학교에서 공부를 해왔습니다. 그렇게 딴 전공 학위가 여러 개이지요."

그런 것들이 축적되어 어느 한 순간 어둠 속으로 파고드는 빛처럼 그를 관통했을 때 그의 직관이 폭발한 것이다.

아마도 직관에 대해서 아인슈타인의 다음 말은 오래 기억해도 좋을 것이다.

"가장 유일하게 가치 있는 것은 직관이다. 신이 인간에게 내린 최고의 선물은 상상력과 직관이다."

직관은 어디에서 오는가?

직관이 화로를 찾고 영감이 성냥을 꺼내며 탐구가 땔감을 찾아 오랫동안 불이 활활 타오르게 할 수 있다. 그 대표적 케이스가 바로 드라마 〈대장금〉이다. 2003~2004년 대한민국을 흠뻑 빠지게 했던 드라마 〈대장금〉이 2003년에만 일궈낸 경제 효과가 3000여 억 원에 이른다는 당시의 보도가 있었다. 이후 세계에 팔린 판권뿐 아니라 부수적 광고효과까지 따지면 상상을 초월할 수익을 얻었다. 돈으로 계산되지 않는 가치도 만들었다. 전 세계에 한국 드라마 열풍을 일으키고 더 나아가 한국의 문화, 한국어, 한국 상품 등에 대한 호감과 관심이 급상승했다. 자동차 수십 만 대를 판 것보다 훨씬 높은 수익과 가치를 창출했다. '고작 그깟 드라마 하나'가 만들어낸 산물이다. 그게 바로 콘텐츠 비즈니스의 힘이다. 그리고 그 힘은 바로 직관, 영감과 더 붙어 탐구가 빚어낸 것이라고 할 수 있다.

　다양한 장르의 사극이 붐을 이뤘을 때였다. 드라마 〈허준〉을 연출했던 이병훈 피디가 그 드라마를 통해 의녀에 대한 관심을 갖고 있다가 김영현 작가에게 소재를 줬다고 한다. 작가는 CD로《조선왕조실록》을 읽으면서 의녀의 존재를 찾았다. 〈중종실록〉에 의녀 장금長今에 대한 기록이 무려 열 번이나 등장한다. 실록은 철저히 남성만 등장하고 여성이 나오는 경우는 거의 없다. 물론 궁중 여인에 대한 기록은 심심치 않게 등장한다. 희대의 스캔들 주인공이나 왕비나 대비, 세자빈, 후궁 정도에 불과하다. 그런데 의녀 장금에 대한 기록이 열 번이나 등장한다는 게 함축한 의미는 가볍지 않았다. 작가는 김용숙 교수의《조선조 궁중풍속연구》등의 책과 논문도 찾아 읽으며 참고했다. 연산군 때는 의녀도 기녀처럼 연회에 참석하기도 했지만 중종은 이를 금지했다는 기록도 찾았다. 의녀의 활동이 본격화된 것을 짐작할 수 있는 기록도 찾았다. 〈연산군일기〉에는 의녀에 관한 기사가 34건이었지만 〈중종실록〉에서는 94건으로, 거의 세 배나 늘었다. 그 가운데 의녀 장금이 열 번이나 등장한다. 그렇다고 '장금'의 활약이 자세하게 기록된 건 아니었다. 아주 간단한 한두 줄 문장에 불과했는데 간단한 것이 오히려 중요한 실마리가 됐다.

　"의녀인 장금은 호산護産하여 공이 있었으니 당연히 큰 상을 받아야 할 것인데, 마침내는 대고大故가 있음으로 해서 아직 드러나게 상을 받지 못했다."

중종 10년(1515) 3월 21일 실록의 기록이다. 장금이 출산을 돕는 데에 큰 공이 있었는데 장경왕후가 아이(훗날 인종)를 낳고 열흘도 되지 않아 사망했다. 그게 바로 '대고大故'의 내용이다. 당연히 왕후의 치료에 참여했던 사람에게 죄가 있으니 장금에게 벌을 줘야 한다는 주청이 있었던 모양이다. 그러나 중종은 거듭된 치죄 주청에도 허락하지 않았다. 중종 17년에는 장금이 대비를 치료한 공으로 쌀과 콩 각 열 석을 하사받았다는 기록이 있고 2년 뒤에는 '대장금'으로 기록됐다. 고위 관료도 아닌 '한갓 의녀'가 이렇게 실록을 누빈다는 건 결코 예사로운 게 아니다. 짧은 문장들이지만 분명 실제 대단한 일이 있었을 것이라는 건 충분히 유추할 수 있다. 도대체 하찮은 의녀가 실록에 기록된 이면에는 무엇이 있었을까, 게다가 그냥 '장금'도 아니고 '대장금'이라 불렀을까 등의 호기심이 〈대장금〉을 만들어냈다.

장금에 대한 기록은 이어진다. 중종 28년에는 '왕의 병'을 치유한 상으로 쌀과 콩 각 열다섯 석을 받았으며 중종 39년에는 왕이 기침을 하자 '대장금'에게 약을 의논하라고 내의원 제조에게 이른다. 그야말로 '대'장금인 것이다. 클라이맥스는 같은 해 10월의 기록이다. 중종이 대변이 통하지 않는 병을 앓았다. 왕은 대의원 제조에게 "내 병은 여의가 안다"고 이른다. 여기에서 여의는 물론 장금이다. 거의 왕의 주치의 수준이다. 작가는 이 대목에 주목하여 드라마에서 장금을 왕의 주치의로 격상시켰다. 이 정도 됐으니 실록에 열 번이나 등장하지 않겠는가? 학자들은 장금이 왕의 주치의가 아니라 요즘 같으면 간호사에 불과했다고 반박했지만 작가는 "장금을 성공한 여의사로 만들어 커리어 우먼의 이미지를 부여하려고 했다"고 말했다. 고전적인 내용에 '현대적인 발상'을 첨가한 셈이다.

사극이 유행하던 시기에 뛰어난 작품을 선보인 연출가가 전작 〈허준〉에서 의녀의 존재에 직관을 느꼈고, 작가는 실록을 통해 영감을 얻었으며 탐구를 통해 다양한 자료를 조사하고 상상력을 가미해서 만들어진 작품이 바로 〈대장금〉이다. 연출가의 직관이 화로의 존재를 제시했고 작가의 영감이 단순한 허구적 상상력으로 곧바로 치달은 게 아니라 충실한 고증과 탐구 과정을 통해 탄탄한 자료적 풍부함을 토대로 빚어낸 결과물이었다. 우연히 소 뒷발에 쥐 잡은 게 아니다.

실록의 몇 줄로 엄청난 파워를 가진 콘텐츠를 만들어낼 것이라 예상한 사람이 얼마나 됐을까? 〈대장금〉이 우리에게 그것을 일깨워줬다는 점은 매우 의미심장하다. 그러나 만약 실록이 한글로 번역되지 않았다면, 그리고 학자의 연구 결과를 일반인도 쉽게 찾아볼 수 있는 환경이 마련되어 있지 않거나 채널 자체가 차단되어 있다면 헛일이다. 연구물 공유가 제대로 이루어지지 않는다는 사실뿐 아니라 기존의 우리 역사 연구가 주로 거시사 중심이었다는 점도 간과할 수 없다. 사실 콘텐츠로 만들어질 수 있는 실마리는 미시사에서 더 많이 나올 수 있다.

실록뿐 아니라 《승정원일기》 등의 번역에는 많은 시간과 인력이 필요하다. 그러나 현실은 예산 지원도 인력 배양도 충분하지 않다. 전문학자도 고서를 전문으로 해독하는 학자 외에는 초서는 아예 읽지 못하는 경우가 허다하다. 사람들은 〈대장금〉이라는 상품에만 현혹될 뿐 제2, 제3의 〈대장금〉을 만들 수 있는 기초 토양인 번역 작업은 여전히 외면한다. 수많은 시간과 공력을 들여서 전문가의 반열에 오른다 해도 오랫동안 사회적 외면과 경제적 곤궁을 감당해야 한다면 누가 그 일에 자신의 삶을 걸겠는가. 전문가를 키우려면 그에 걸맞은 국가적 투자를 아끼지 말아야 한다. 힘만 들고 신분은 불안정하며 처우는 형편없는 현실부터 고쳐야 한다. 적어도 그 의제부터 접근해야 한다. 그래야 미래에 더 좋은 콘텐츠가 생산될 수 있다. 가볍게 여길 일이 아니다. 짧게는 10년, 길면 30년 걸리는 고문서 해독 전문가는 갈수록 줄고 형편없는 처우는 개선되지 않고 있다. 이런 악순환의 고리를 깨뜨리지 않으면 역사 한 줄로 엄청난 콘텐츠를 만들어낼 수 있다는 희망은 금세 절망으로 바뀔 뿐이다. 콘텐츠가 만들어낼 경제적·문화적 파급효과를 인식했다면 지금이라도 과감한 연구 투자와 인력 배양에 힘써야 한다. 〈대장금〉을 비롯한 히트작을 통해 성찰해야 할 중요한 대목이다.

한국 드라마의 놀라운 성장과 세계적 반응을 이끌어내는 힘은 어디에서 왔는가? 기존의 방식을 과감하게 벗어 던지고 장르의 틀에 갇히지 않았다는 점을 주목해야 한다. 〈별에서 온 그대〉와 〈도깨비〉 등은 시간과 공간이라는 제약을 깨뜨리며 오히려 더 많은 상상의 힘을 이끌어냈고 〈킹덤〉과 〈사랑의 불시착〉 등은 기존의 고정관념을 역으로 이용하는 전복과 그럼에도 존재하는 보편적 가치를 도드라지게 만드는 공감을 끌어냈다. 〈기생충〉은 불편한 진실을 핀셋으로 예리하게 꺼내 양극화라는 보편성으로 서술해냈다. 이들 작품은 기존의 고정관념과 스스로 두려워하고 불편해했던 장벽을 무너뜨리고 새로운 상상력의 문법으로 발전했기 때문에 가능한 것이었다. 유사품이나 베끼기의 유혹이 없어지지는 않겠지만 창조와 발전에 딴죽을 걸 수는 없을 것이다. 다만 스스로 안주하는 순간 종말이라는 경계는 늦추지 말아야 할 것이다.

직관, 영감, 탐구의 결합이라는 관점에서 본 〈대장금〉과 다양한 사극과 판타지 사극을 보면서 이제는 다양한 콘텐츠의 생산을 위해서는 한 사람의 작가나 연출에 의존하는 방식이 변하고 있으며 더 변해야 한다는 걸 생각하게 된다. 불가피하게 '팀' 방식이 강화되어야 더 좋은 콘텐츠를 생산하고 소비할 수 있는 시대가 됐다는 뜻이다. 미국 드라마(미드)의 경우 한 시리즈를 만드는 데 스무 명 이상의 작가가 참여한다. 예를 들어 어떤 작가는 폭발물, 어떤 작가는 독약, 어떤 작가는 섬유 등의 전문가적 탐구와 지식을 축적하고 있어서 한 드라마에서 사용되는 여러 장면마다 각자의 역할을 맡아 세밀한 내용을 제공하면, 전체를 대표하는 작가가 그것을 조합하며 대본을 완성한다. 당연히 구성도 내용도 치밀하다. 팀으로서 완벽한 파트너십이 없으면 오히려 균형이 깨진다. 소통 communication과 협업 collaboration의 능력을 키워야 새로운 창의력 creativity이 생겨난다. 이제는 우리나라도 조금씩 협력 작업을 통한 극작이 이루어지고 있지만 훨씬 더 진화해야 한다. 당연히 전문가로 대접하고 대우도 거기에 걸맞아야 한다. 한두 사람의 직관, 영감, 탐구의 결과물보다 여러 사람이 모여 만든 결과물이 훨씬 더 창조적이고 내용도 충실하다.

드라마 한 편만 충실하게 분석해도 많은 것을 읽을 수 있고 흐름을 잡을 수 있으며 방향성을 잡을 수 있다. 일상에서 만나는 수많은 것에 세밀한 눈길을 주면 그 소재와 방식은 무궁무진하다.

5장

영감 Inspiration,
창조적 파괴

그림 7_ 반짝이는 힘, 영감은 어디에서 오는가?

창조적 착상:
왜 영감이 필요한가?

20세기는 지식과 정보의 양과 질로 승부할 수 있었던 시기였다. 그러나 21세기는 그것만으로 별 힘이 되지 못한다. 지식과 정보, 심지어 탐구의 영역까지 넘어서는 매듭을 짤 수 있어야 한다. 이를 가능하게 하는 것들은 무엇일까? 바로 직관, 탐구, 통찰, 상상력 등이다. 이전에는 이 영역들이 주로 예술가나 발명가 등에게 특별하고 배타적으로 구현되는 것쯤으로 여겼다. 그러나 이제는 직종을 막론하고 누구나 그런 능력을 배양해야 성공할 수 있는 시대와 세상이 되었다. 원하는 지식과 정보는 누구나 쉽게 획득할 수 있다. 부지런히 공부하면 탐구의 능력도 생긴다. 그러나 창조적이고 독창적인 것을 기대하기는 어렵다. '창조와 고유성'이 가장 큰 무기가 되는 시대다. 콘텐츠의 힘과 확장은 바로 거기에서 비롯된다.

사전적 의미의 영감靈感, inspiration은 크게 두 가지 의미로 쓰인다. 하나는 신령스러운 예감이나 느낌이고 다른 하나는 창조적인 일의 계기가 되는 기발한 착상이나 자극이다. 물론 우리가 다루려는 영감은 후자의 의미다. 그러나 앞의 것도 무시하면 안 된다. '신령스럽다'는 건 신비와 영적인 것을 함축하는데 그것은 인간의 초월적 확장을 이끌어내는 중요한 동인이 된다. 《반지의 제왕》,《나니아 연대기》,《해리포터》 등은 그런 점들을 최대한 활용한 매력적인 작품이다. 최근의 SF소설에서는 초월적 확장이 도드라진다. 또한 콘텐츠에서도 이른바 '환상적인 것'의 영역이 갈수록 확장된다는 점을 고려해보면 그것을 사이비종교나 싸구려 신앙의 구차한 영역으로 단순화해서 무시할 게 아니다. 영감은 직관과 감성으로 사물을 볼 때 통찰력과 함께 얻을 수 있다.

영감은 이지적 사고 과정 등을 거치지 않는다는 점에서는 직관과 비슷하지만, 직관이 전체를 꿰뚫어 보는 것이라면 영감은 그것과 상관없이 무언가 직감적으로 인지되는 심리 상태에서 비롯된다는 점에서, 그리고 굳이 전체를 파악하지 않아도 된다는 점에서 둘은 서로 다르다. 종교적 영역을 제외하고는 예술에서 영감이 가장 많이 발현된다고 할 수 있다. 수많은 문학 작품과 음악작품 등이 영감을 받아 창작되는 경우를 어렵지 않게 찾아볼 수 있다. 'inspire'라는 말은 '(사람에게) ~를 생각하게 한다'는 뜻이다. 비발디Antonio Lucio Vivaldi는 바이올린과 첼로를 포함한 다양한 편성을 위한 12개의 협주곡을 모아 〈화성의 영감L'Estro Armonico〉이라는 제목을 붙였다. 영감이 비단 예술에서만 발휘되는 건 아니다. 과학의 발전은 충실한 연구와 실험의 반복으로 이루어지는 게 대부분이지만 한편으로 과학자의 영감이 과학사를 자주 바꿔왔다.

영감이 구체적으로 어떻게 생성되고 어떻게 나타나는지 설명하기 어려운 이유는 본인 자신의 체험으로는 설명하기 어려운 형태로 홀연히 뛰어난 착상이나 완성된 형상 또는 해결책 등으로 생성되는 경우가 많기 때문이다. 다만 설명을 초월한 형태로 생산되는 내용이 당사자에게 가치가 높을 때 영감에 의한 것으로 생각되는 경우가 대부분이다. 비슷하게 발명이나 발견 등의 지적 과정에서도 나타난다. 문제 해결이 막혀버린 상태에서 돌연히 해결책이 떠오르는 통찰의 비약적 전개가 이루어지는 경우도 있다. 당사자에게 체험적으로 지각되지 않은 심적 과정에 의거해서 생산되는 것이 영감이라는 점에서 우리는 '신비적인' 해석을 허용하기도 한다. 그러나 이 책에서 신비의 영역은 제외한다. 신비적인 경우가 아니더라도 심리학에서 일종의 상상 작용이나 환각, 이상심리에서의 도취 등으로 유추하는 것 또한 제외한다. 우리가 다루려는 것은 '창조적 영감'이 핵심이다.

왜 창조적 영감이 필요한가? 대한민국은 더 이상 추격사회 모델에 갇힌 상태에 머물 수 없다. 탈脫추격사회에서 살아남는 다는 건 패스트 무빙 fast moving의 프레임에서 벗어나 퍼스트 무빙 first moving의 프레임을 갖춰야 한다는 것을 의미한다. 베끼는 것으로는 이 상황을 타파하지 못한다. 창조가 살 길이다. 창조로 가는 길목에서 융합하고 혁신한다. 융합도 혁신도 결국은 창조의 문을 열기 위한 과정이다. 창조의 문을 가장 거세게 두드릴 수 있는 힘이 영감에서 온다. 영감은 막다른 골목에서도 막힌 곳을 뚫고 길을 낼 방책을 찾아내도록 할 수 있다. 예전 해태음료의 써니텐이 침전물 때문에 판매를 포기하려 했을 때 해결책을 낸 건 광고회사 직원의 영감이었다. 그는 명동의 무도회장에서 젊은이들이 음악에 맞춰 몸을 흔드는 것을 보고 영감을 떠올렸다고 한다. 그래서 나온 솔루션이 "흔들어 주세요!"라는 광고 카피였다.

영감은 아무 때나 튀어나오는 게 아니고 매달린다고 떨어지는 것도 아니다. 잠긴 문 앞에서 온갖 열쇠를 이것저것 꽂아보며 끙끙댄다고 해결되는 게 아니다. 그런데 그런 과정 중에 번뜩이듯 스치는 영감이 떠오를 때가 있다. 남이 보기에는 우연의 산물처럼 보일 때도 있지만, 당사자가 문제에 집중하여 매달린 것이 어느 한순간에 응축되어 나타나는 결과다. 에디슨이 말한 1퍼센트의 영감은 그냥 생기는 것이 아니라 99퍼센트의 노력(무수한 실패를 포함해서) 뒤에 핵심 해결책 key solution 으로 나타날 때 큰 힘을 발휘하는 것을 의미한다.

비일상적이거나 비정상적인 일에 직면했을 때 발휘되는 영감도 놀라운 결과를 만들어낸다. 1928년 알렉산더 플레밍 Sir Alexander Fleming 은 영양배지 nutrient broth 에서 세균을 배양하던 중, 엉뚱한 곰팡이가 샘플을 오염시킨 것을 발견했다. 포도상구균을 배양하던 접시를 배양기 밖에 둔 채로 휴가를 다녀왔는데, 아래층을 쓰는 라투슈가 실험하던 곰팡이가 올라온 것이었다. 기분이 좋을 리 없었다. 그런데 플레밍은 접시 속 곰팡이에서 뭔가 이상한 점을 발견했다. 곰팡이 주변의 포도상구균이 깨끗하게 녹은 것이었다. 그는 그 현상에서 곰팡이가 포도상구균의 성장을 막고 있다는 것을 알아차리고, 곰팡이가 만들어내는 어떤 물질이 강력한 항균 작용을 하고 있다는 걸 밝혀냈다.[1] 그렇게 발견된 항생제 페니실린은 수많은 생명을 살려냈다.

흔히 페니실린을 '우연이 가져다준 발견'이라고 하지만 그건 단편적 평가일 뿐이다. 플레밍은 미생물학자였고 특히 미생물

---

[1] 그 곰팡이는 페니실리움 Penicillium 속에 속했으므로 그 이름을 따서 곰팡이가 만든 물질을 페니실린 Penicillin 이라고 불렀다.

을 억제하는 성분에 관심을 보였다. 인류 역사의 수많은 사례가 그랬던 것처럼 플레밍의 페니실린도 행운이 따른 것은 맞다. 그러나 만약 다른 사람이 그 현상을 보았더라도 같은 행운이 가능했을까? 아마 불운을 탓하며 곰팡이에 오염된 샘플을 닦아내 쓰레기통에 버렸을 수도 있었다. 단순한 우연에 따른 행운이라는 평가는 무책임하다. 곰팡이 근처에만 균이 자라지 못했다는 '사소한' 현상을 플레밍은 결코 가볍게 넘기지 않았다.

하지만 우리가 흔히 생각하듯 일사천리로 성공한 건 아니었다. 동물시험을 통해 이 곰팡이가 포도상구균 외 다른 세균에도 항균 작용을 할 수 있다는 사실을 알아내고 이 성분이 다른 항생물질과 달리 인간의 백혈구에도 해를 끼치지 않는 성분임을 밝혀냈지만, 그의 연구 발표 이후에 많은 학자가 실험하면서 문제점을 지적했다. 토끼에게 페니실린을 주입한 결과 항균 작용이 고작 30분밖에 지속되지 못했다는 것과, 세균에 감염된 동물의 장기를 페니실린이 담긴 용기에 넣었더니 표면에 있는 세균은 박멸됐지만 장기 내부까지 항균 작용을 하지는 못한다는 문제점이 드러났다. 즉 조직 내부 세균까지 억제시키지는 못한다는 지적이었다. 게다가 곰팡이를 곧바로 인간에게 투입할 수 없기 때문에 약으로 정제해야 하는데 그 문제까지 해결하지는 못했다.

좌절한 플레밍은 연구를 포기할 생각까지 했다. 그때 플레밍이 쓴 라이소자임에 대한 논문을 읽고 생화학자 체인과 병리학자 플로리가 그에게 연락을 해왔다.[2] 두 사람은 페니실린을 정제하는 데 성공했으며, 항균 작용을 하는 페니실린에 대한 연구에도 깊은 관심을 갖고 있었다. 두 사람은 페니실린 정제를 위해 록펠러 재단의 후원을 받아 공동연구를 진행했고 반년 만에 순수한 페니실린 결정을 만들어내는 데 성공했다.[3]

우연하게 이루어지는 일은 없다. 뜻하지 않은 사건이나 기회에, 혹은 특정한 타이밍에 지속적으로 관심을 갖고 탐구해온 사람에게 찾아오거나 연결되는 것이다. 영감은 지속적으로 탐구했을 때 발현되는 경우가 많다. 그 사람이 지속적으로 연구하고 관심을 기울였기 때문이다. 그리고 그에게 문제의 핵심을 파악하는 통찰이 없었다면 불가능한 일이다. 늘 문제의식을 갖고 있는 사람에게 영감이 찾아온다. 추격사회의 틀을 벗어나 탈추격사회로 이행하기 위해서는 창조적 영감이 절대적으로 필요하다. 지금 우리에게 요구되는 창조성은 이런 영감에서 나온다.

---

2 호주 50달러 화폐 속 인물이 바로 플로리Howard Walter Florey다. 호주 출신의 플로리와 독일 출신의 체인Ernst Boris Chain이 페니실린을 정제하여 치료제로 만들었고, 이 약이 약 8200만 명의 목숨을 구했다.

3 페니실린 상용화에 기여한 공로로 플레밍과 함께 1945년 노벨 생리의학상을 공동 수상했다.

경험의 축적:
영감의 전제 조건

때로는 영감이 불쑥 튀어나와 그야말로 한 큐에 문제를 해결하는 듯 보일 수 있지만 그런 일은 거의 없다. 수많은 지식과 경험이 축적된 상태에서 스파크처럼 발화되는 특정한 지점이나 시간이 존재할 뿐이다. 그 영감이 사람들을 뜨악하게 만들기도 한다. 그러나 사람들이 뜨악해하는 건 기존의 자신의 사고 체계 내에서만 사유하고 추론하기 때문이다. 그런 닫힌 조건에서는 영감이 존재하기 어렵다. 영감이라고 아무 데서나 불쑥 튀어나오는 건 아니다. 나이키 광고의 경우가 그 대표적 사례 가운데 하나이다.

세계적인 톱 브랜드인 나이키는 가장 강력한 라이벌 리복의 물량 공세에 맞서 자신들의 브랜드 이미지를 확고하게 잡아야 했다. 창업주 필 나이트Phil Knight는 당시 무명의 광고업자 댄 위든Dan Wieden에게 새로운 광고를 맡겼다. 조건은 딱 하나, "왜 나이키를 선택해야 하는가?"를 어필할 수 있을 것. 위든은 깊은 고민에 빠졌다. 어떻게 하면 고객이 반드시 나이키를 선택하도록 만들 수 있을까? 그렇게 고민에 빠졌던 그때 그에게 미국을 발칵 뒤집어놓았던 사형수 개리 길모어의 말이 떠올랐다. 길모어는 일면식도 없는 사람을, 그것도 두 사람이나 총기로 살해했다. 그는 어렸을 때부터 아버지의 폭력에 시달렸고 법이 자신을 보호해주지 못했다며 국가에 대한 항의의 의미로 범행을 저질렀다고 변명했지만 사형을 선고받았다. 개리 길모어가 사형집행관에게 마지막 남긴 말이 "Let's do it(해봅시다)"이었다. 위든은 그 말에서 영감을 얻었다.[4]

그렇게 해서 그가 만든 슬로건이 바로 "Just Do It"이었다. 위든의 제안에 필 나이트는 경악하며 그것이 쓰레기 같다고 평했다. 그도 그럴 것이 흉악한 사형수의 말이 인구에 회자됐던 것을 누구나 기억하지 않는가. 수천 만 달러를 쏟아부을 캠페인으로 삼을 수 있을까? 그러나 위든은 굽히지 않았다. 수천 개의 광고 더미를 뚫기 위해서는 오히려 '논쟁의 여지가 있는' 문구가 더 유용하다고 설득했다. 결과는? 대성공이었다. 왜 이 슬로건과 캠페인이 성공했을까? 그건 바로 사람들의 욕망을 자극했기 때문이다. 보다 나은 삶을 위한 새로운 도전 앞에 선 사람에게 힘이 되는 한마디였던 것이다. 만약 위든에게 그런 영감이 떠오르지 않았다면? 아마 진부한 서사로 채워진 캠페인으로 전락했을 것이다. "Just Do It" 캠페인은 일방적으로 제품을 만들어 소비자에게 파는 것이 아니라 자신들이 생산한 제품에 대한

---

4   이 이야기는 신인철의 《나는 하버드에서 배워야 할 모든 것을 나이키에서 배웠다》(빈티지하우스, 2020)에 소개되어 있다.

생각, 더 나아가 운동 자체에 대한 생각을 소비자가 운동을 대하는 마음, 생각과 연결시켜 서로 공감한다는 점을 정확하게 포착해서 성공했다. 박준석은 《가짜뉴스의 심리학》에서 생각도 일종의 '돈'이며 '자원'이라고 단호하게 말한다. 이른바 '인지적 자원cognitive resource'은 비유가 아니라 말 그대로 자원이다. 생각도 자원이다. 그렇다고 무한정한 것이 아니라 유용하면서 그 양이 제한된 자원이다. 그 자원에 영감과 직관이 가미되면 돈이 된다. 생각의 힘이 결코 가볍지 않다.

위든은 갑자기 사형수의 말을 떠올렸을까? 물론 그럴 수 있다. 그러나 사람의 욕망을 자극하고 더 큰 목표에 도전하는 사람을 움직이게 함으로써 상품에 대한 지속적인 구매 의욕을 일으켜야 한다는 과제를 앞에 두고 그 말이 영감처럼 떠올랐을 것이다. 의도적으로 그 말을 기억한 게 아니라 경험이 갑자기 소환되어 그의 프로젝트에 꽂힌 것이라고 보는 게 타당할 것이다. 그게 영감의 힘이다.

영감은 특별한 사람들에게만 허용된 선물이 아니다. 누구나 가진 보편적 능력이고 평범한 지능을 가진 사람도 누릴 수 있으며 어느 정도의 훈련을 통해 강화될 수 있다. 영감의 힘을 키우기 위해서는 우선 고요한 마음의 상태가 필요하다. 치열한 일과 생각의 상태에서 잠시 멈춰 고요한 상태를 마련하면 특별히 의식하지 않더라도 어떤 영감이 떠오를 수 있다. 일부러 그

건 시간을 짧게라도 마련하지 않으면 타성의 굴레에서 그냥 넘어가고 놓치기 쉽다. 일부러라도 고독할 수 있는 고요의 시간을 마련해야 한다. 고독의 시간을 일부러 만드는 사람에게 영감이 찾아올 가능성이 크다. 또 하나의 요소는 포괄적으로 전체를 감지하는 것이 아니라 초점을 맞춘 집중력을 발휘하는 것이다. 여러 의문의 목록 가운데 가장 강한 의문에 우선순위를 두고 집중해본다. 다만 조급하게 그것을 찾아내야 한다는 강박은 장애가 된다.

벤저민 프랭클린Benjamin Franklin의 피뢰침 발명도 오랫동안 번개를 관찰하고 호기심을 놓지 않다가 그것을 잡을 수 있겠다는 영감에서 온 것이었다. 그는 번개가 일종의 '전기적 방전 현상'이라는 걸 알아냈다. 비가 많이 오는 날에는 하늘에 음전하와 땅에 양전하가 생기는데 그 차이로 전기적 이동이 발생하고 그 때문에 가시광선, 즉 빛이 번쩍하는 게 우리 눈에 들어온다. 이 '번쩍'하는 빛이 번개다.

호기심이 유난히 많았던 프랭클린은 라이덴병에 저장된 전기가 방전할 때 생기는 불꽃을 본 후 전기에 관심을 가졌고, 런던에 있는 친구 피터 콜린슨에게 부탁하여 전기 실험을 위한 자료와 도구를 입수했다. 그는 비단과 유리를 마찰시켜 실험에 사용할 마찰전기를 만들 수 있었고 이 전기를 이용해서 1746년 겨울부터 본격적인 전기현상 연구에 착수했다. 여러 전기현상을 실험하고 연구한 결과를 영국왕립협회에 전달했기에 명성은 이미 유럽에서 높아졌지만, 프랭클린은 계속해서 다양한 실험을 시도했다. 번개가 전기현상이라는 걸 증명하는 실험에서 실패할 경우 웃음거리가 될지도 모른다는 두려움 때문에 1752년 첫 실험 때는 스물한 살이던 아들 윌리엄만을 데리고 비구름 속으로 연을 날려 전기를 모으려 했다. 부자父子는 상단에 날카로운 금속 도선이 달린 연을 만들고 연줄에는 비단리본을 묶어 그 끝에 금속으로 만든 열쇠를 달았다. 구름 속에서 번개가 치자 전기가 연줄을 타고 흘러 열쇠에 전달됐고, 두 사람은 열쇠를 라이덴병에 대고 전기를 저장하는 데 성공했다.[5] 영감은 누구에게나 찾아올 수 있다. 그러나 그것을 포착해내는 것은 누구나에게 허락되지 않는다.

우리는 매일 수많은 말과 글, 현상을 만나고 겪으며 산다. 어쩌다 한번 호기심을 느끼는 경우도 있지만 대개 그냥 흘러가거나 축적되지 않는다. 대부분 사람은 영감이 섬광처럼 찾아온다고 생각한다. 영감을 지속적이고 논리적이지 않은 '벼락같은 발

---

5   비슷한 시기에 상트페테르부르크에서 비슷한 실험을 했던 러시아 물리학자 리히만 Georg Wilhelm Richmann은 감전사했다. 프랭클린은 이 실험의 성공을 바탕으로 번개를 안전하게 땅으로 흐르게 하는 금속첨탑을 세워 낙뢰를 피할 수 있는 피뢰침을 만들었다. 그는 피뢰침으로 경제적 이익을 얻으려 하지 않았기에 특허도 신청하지 않았다. 모든 이에게 유용한 발견과 발명으로 만족했다.

상'으로 여기기 때문이다. 하지만 영감은 많은 말과 글, 경험과 현상에 대한 생각이 내 안에 쌓여 있다가 어떤 사태를 통해 농축되어 내 안에서 폭발하며 발현하는 것이다. 따라서 진정 영감을 얻기 원한다면 나무 밑에서 감이 떨어지기를 기다릴 게 아니라 감을 딸 막대기를 가지러 가거나 감나무를 심어야 한다. 꾸준히 관찰하고 느끼고 사유해야 한다. 위든의 슬로건도 프랭클린의 피뢰침도 그런 축적물이 적시에 발현된 것이다. 진짜 영감은 그런 것이다.

관점 전환:
시선을 돌리면 새로운 영감이 떠오른다

달에서 지구를 볼 때 유일하게 보이는 인공구조물이 만리장성萬里長城이라는 말이 있다. 사실 이는 과장된 표현이라 실제로 달에서 만리장성을 볼 수 없지만, 내가 중국에 갔을 때 만리장성을 직접 본 소감은 경악 그 자체였다. 베이징 외곽의 만리장성은 다른 곳보다는 완만하여 그 위용을 제대로 만끽하기 어렵다지만 이미 그 자체로도 놀라기에 충분했다. 한국에서는 '만리장성'이라 부르고 영어로는 'Great Wall of China'로 부르지만 중국인은 대개 '장성長城'이라 부른다. 진의 시황제 때 처음 건

립됐다고 전해지지만 오늘날 남아 있는 석벽과 전벽塼壁은 대부분 15세기 이후 명나라 때 쌓은 것이다. 2000여 년에 걸친 대역사大役事였다. 왜 옛날 중국인은 이렇게 무모한 공사를 벌였을까?

중국은 오랫동안 북방 유목민족의 침공을 두려워했다. 역사상 중국을 지배한 비非한족 왕조도 모두 북방 유목민족의 몫이었다. 유목민족을 막기 위해 선택한 방법이 거대한 성벽을 쌓는 것이었다. 이 공사는 춘추전국시대부터 시작해서 명나라 때까지 이어졌다. 초기에는 흙으로 쌓았지만 후기에는 벽돌과 돌로 쌓았다. 오늘날 관광지로 오르는 성벽은 대부분 15세기 이후 명나라 때 축조된 것이다. 서쪽의 간쑤성 자위관嘉峪關에서 동쪽의 허베이성 산하이관山海關까지 2700킬로미터에 이르지만 지형의 높낮이 등을 반영하면 실제 성벽의 길이는 6352킬로미터에 이르는 것으로 알려져 있다. 규모, 투입된 인력, 기간 등을 모두 고려해도 '인류 최대의 토목공사'라 할 수 있다.

만리장성은 당나라 이후 오랫동안 방치됐는데, 몽골족이 세운 원나라를 몰아낸 명나라는 북방 수비를 위해 장성을 다시 굳건하게 세워야 한다고 판단했다. 제3대 황제인 영락제永樂帝, 재위 1402~1424는 아예 수도를 남경에서 북경으로 옮기는 대담한 선택을 감행했다. 특히 1449년 제6대 황제인 정통제正統帝, 재위 1435~1449, 복위 1457~1464가 오이라트족 정벌에 나섰다가 붙잡혀 포로가 되는 일이 벌어진 뒤로는 장성의 개축과 연장이 꾸준히 그리고 더 거세게 추진됐다.[6] 명나라 때 세워진 장성은 북위와 북제 시대에 만들어진 장성을 기초로, 특히 수도인 북경 부근은 이중으로 더욱 견고하게 성벽을 쌓았으며 요충지마다 벽돌로 성벽을 새로 쌓았다. 이때 세워진 장성의 평균 높이는 7.8미터, 바닥 두께는 6.5미터에 이를 정도로 엄청난 규모였다. 중국 역사상 남쪽에서 오는 위협은 거의 없었고, 설령 그런 시도가 있다 하더라도 그 지역의 군사력으로 충분히 격퇴할 수 있다는 자신감이 있었기에 가능한 일이었다. 북방 민족의 침략만 막아내면 나라를 지켜낼 수 있다는 확신은 수도를 아예 국토의 북쪽으로 옮기는 승부수를 던질 수 있게 했다. 결국 북경 천도는 만리장성을 중심으로 한 북방 경계의 효율성을 위한 선택이었다. 물론 영락제가 친조카인 건문제에게 반란을 일으켰으며 자신의 정적들을 무참하게 학살했기 때문에 정통성과 도덕성의 문제로 불안정했고 반대 세력 때문에 불안해서 자신의 본거지인 북평(이후 북경으로 부르게 되었다)으로 수도를 옮겼던 것 또한 크게 작용했을 것이다. 하지만 크게 본다면 북경으로의 천도가

---

6 정통제가 오이라트 부장 에센也先과 하북성 토목土木에서 싸우다가 포로가 된 사건으로 '토목보土木堡의 변'이라고도 한다. 중국 역사상 가장 치욕적인 굴욕의 하나로 꼽힌다.

북방 민족의 침략을 방어하기에 훨씬 더 효과적인 것은 부인하기 어렵다. 사실 장성은 그 자체로 방어의 기능뿐 아니라 다른 역할도 수행했다. 설령 만리장성을 돌파하더라도 그다음에는 보급선을 걱정할 수밖에 없다. 보급선이 끊어지면 작전은 실패하기 쉽다. 실제로 명청 교체기에 청나라는 이미 만리장성을 돌파할 수 있었으나, 실질적 침공은 산해관을 통과한 다음에나 이루어질 수 있었다.[7]

만리장성은 오랫동안 한족을 중심으로 한 중국의 역사에서 분명 중요한 역할과 기능을 수행했다. 집 둘레를 든든한 담장으로 둘러치면 도둑이나 강도가 들 염려가 줄어드니 마음이 편해진다. 무모할 만큼 엄청난 장성을 쌓았으니 얼마나 든든했을까. 중국인의 입장에서는 분명 그렇다. 그런데 만리장성에서 나는 다른 생각이 들었다. 나는 중국인이 아닌데 왜 중국인의 시선에서 바라보고 있을까? 그래서 나는 반대편 시선에서 바라보기로 했다. 내가 만일 흉노족이나 몽골족 같은 북방 유목민족이라면 어떤 생각과 느낌이 들까? 이 거대한 난공불락의 성벽은 넘어설 엄두가 나지 않는다. 성은 기본적으로 방어를 위한 구조물이다. 저들이 성벽을 높이 세운 건 북방 민족의 침공을 두려

---

7 산해관을 지키던 오삼계가 북경을 함락하고 자신의 가족을 몰살한 이자성에 반발하여 그를 무찌르기 위해 청나라 군대에게 자발적으로 문을 열어주었다.

그림 8_만리장성

위하기 때문이다. 그러니 우리를 공격할 가능성이 그만큼 적다. 그렇다면 남쪽과 동쪽을 포기하고 서쪽으로는 마음껏 확장해도 된다. 만약 중국이 공격하면 두 개의 힘겨운 전선에 대응해야 하지만 그렇지 않다면 모든 군사력을 서쪽으로 집중할 수 있다. 이런 관점에서 만리장성은 중국의 입장에서는 철벽의 방어선일지 모르지만 북방 민족에게는 중국의 공격 가능성을 낮추는 상징일 수 있다.

　누구의 시선, 어떤 시선으로 바라보느냐에 따라 대상의 의미는 달라질 수 있다. 경제학적 시선으로 보면 만리장성은 유목과 농경을 나누는 경계선이기도 하다. 시선은 결코 고정될 수 없다. 누구의, 어떤 관점이냐에 따라 달라진다. 중국인이 바라보는 만리장성과 북방의 유목민족이 바라보는 만리장성이 결코 동일할 수는 없는 노릇이다. 한쪽에서 바라보면 문제의 일면만 볼 뿐이다. 이처럼 영감은 반대편에서 바라보는 것만으로도 떠오를 수도 있다.

호기심과 질문: 영감은 답이 아니라 물음에서 온다

중국의 사례를 하나 더 들어보자. 몇 해 전 학회에서 중국 산둥성의 취푸曲埠에 다녀왔다. 공자孔子의 고향인 취푸의 공자문화원도 방문하고 공자의 묘소도 참배했다. 마지막 날 만찬 때 물었다. "공자묘의 수많은 비석이 파괴되었다가 복원된 흔적을 보고 마음이 아팠다. 만약 문화혁명이 없었다면 어찌 됐을까?" 솔직히 나의 물음은 매우 진부한 것이었다. 달리 할 말이 없어서 던진, 그야말로 의례적인 물음이었다. 내가 기대한 답은 이랬다. "그랬다면 공자사당과 무덤이 지금보다 훨씬 잘 보존됐을 뿐 아니라 공자의 사상도 더 잘 정립되고 발전했을 것이다. 아울러 중국의 문화 수준도 지금보다 훨씬 더 성숙하고 세련됐을 것이다."

그러나 내 질문을 받은 이는 정색하고 말했다. "그랬다면 한국의 경제 발전은 불가능했거나 매우 어려웠을 것이고 지금의 강력한 경제력은 없었을 것입니다."

나는 그 대답에 놀랐다. 처음에는 불쾌했다. 우리가 열심히 노력해서 이만큼 성장했는데 그게 중국의 문화혁명과 무슨 관계가 있단 말인가? 그런데 갑자기 망치로 뒤통수를 크게 맞는 느낌이 들었다. 왜 나는 그때까지 단 한 번도 그런 생각을 하지 못했을까?

문화혁명은 공식적으로는 1966년에 시작되어 10년 만에 종식됐지만, 그 싹은 1950년대 말에 트기 시작했다. 공산당 정부와 마오쩌둥毛澤東은 야심차게 대약진운동을 전개했다. 그 핵심은 중공업 산업의 육성과 식량의 자급자족이었다. 중공업 산업은 주로 무기 개발에 집중되어 있었다. 중국이라는 거대한 국가가 스스로 무기를 개발하지 못한다는 건 치명적이다. 그러나 무기 개발·생산은 무기를 수출하지 않는 한 밑 빠진 독에 물 붓기와 다르지 않으며 무엇보다 인민의 삶과는 무관하다. 과학의 발달과 국가의 안보에는 도움이 될지 모르지만 엄청난 비용을 소진함으로써 인민의 삶을 피폐하게 만들 수 있었다.

또 하나의 핵심인 농업의 식량 자급자족도 가볍게 여길 수 없었다. 중국의 인구는 엄청 많다. 국민의 수는 자산이지만 동시에 엄청난 부채이기도 하다. 그 많은 사람이 먹어야 할 식량의 확보는 무엇과도 바꿀 수 없는 중요한 일이다. 그런데 불행히도 몇 해 동안 악천후가 계속되면서 수천만 명이 굶어 죽게 되자 마오는 어쩔 수 없이 권력을 내놓을 수밖에 없었다. 그 자리를 차지한 류샤오치劉少奇는 덩샤오핑鄧小平과 함께 상업과 경공업 위주의 경제정책으로 전환했다. 그들은 전문가를 대거 등용하여 분야별로 전문화시켰고 민생 경제를 우선으로 삼았다. 그 과정에서 부분적으로 자본주의 요소를 정책으로 받아들였다. 물론 이 과정이 순탄하지 않았다. 공산당 내부에서 치열한 노선 투쟁이 벌어졌다.

만약 마오쩌둥의 입장에서 이들의 정책이 성공한다면 어떻게 될 것인가? 그의 실정은 도드라지고 두 사람의 입지가 강화되면 마오쩌둥 자신의 권력 복귀는 요원해진다. 마오는 권력 의지가 매우 강한 사람이었다. 그래서 류와 덩을 쫓아낼 방법을 모색했다. 그들의 실용주의 노선이 자본주의를 추종한다고 몰아세웠다. 이른바 주자파走資派 프레임 씌우기였다. 마오는 홍위병을 동원해서 정적을 제거하는 데에 몰두했다. 일종의 친위 쿠데타였다. 1962년 중앙위원회 전체회의에서 마오는 류와 덩을 주자파와 수정주의자로 규정하고 그 투쟁에 홍위병을 동원했다. 어린 홍위병들이 날뛰면서 중국의 지식인과 실용주의자는 반동분자로 몰려 숙청과 하방下放(중앙 또는 상급기관의 권한 또는 인원을 지방 또는 하급기관에 내려 보내는 것으로 문화혁명기에는 일종의 '귀양살이' 같은 처벌의 방식이었다)을 겪었다. 그렇게 중국의 문화혁명은 반문화적인 정치투쟁으로 막을 내렸고 중국은 그

10년의 공백의 대가를 치렀다.

만약 마오의 야만적인 문화혁명이 없었다면, 그래서 류와 덩의 실용주의 정책이 성공했다면 어찌 됐을까? 상공업 중심의 정책은 잉여생산물을 배급이 아니라 판매(수출을 포함해서)하는 방식으로 해결했을 것이다. 그 당시 대한민국은 막 산업화의 걸음마를 떼던 시기였다. 겨우 가발이나 수출하고 대부분 보세가공무역이 차지했다. 저임금과 수준 높은 노동력으로 만든 경공업 제품 수출이 위주였다. 만약 당시 중국이 더 싼 제품을 세계에 수출했다면 우리의 경쟁력은 크게 위축됐을 것이다. 그가 지적했던 건 바로 그 문제였다.

나는 그의 지적에 처음에는 황당하고 불쾌했지만 곰곰이 생각하니 내가 갇힌 시선으로 세상을 바라보고 있었다는 것을 깨달았다. 영감이란 동일한 사물이나 사태를 보면서도 지금까지의 익숙한 틀에서 벗어날 수 있는 중요한 숨통이다. 영감은 때론 벼락처럼 때론 도둑처럼 찾아온다. 그러기 위해서는 영감을 포착할 수 있는 이성과 감성의 바탕이 있어야 하지만 핵심은 열린 시각이다. 언제나 내가 틀릴 수 있다는 자기 점검과 성찰이 영감의 못자리다. 영감은 체계적이지 않기 때문에 그것을 포착하더라도 담아두지 못하면 금세 잊을 뿐 아니라 설령 기억하더라도 구성하여 담아내지 못하면 무용지물이기 쉽다. 생각이 굳어지거나 감성의 근육이 무딘 사람은 그 울타리에서 한 발짝도

나오려 하지 않기 때문에 아무리 벼락같은 영감의 동기가 쏟아져도 별무소용이다. 그러니 최대한 이성과 감성의 문을 열어놓아야 한다.

핵심은 '묻는 것'이다. 묻고 또 묻다 보면 영감이 답한다. 영감은 거창하거나 대단한 게 아니다. 영감의 발단은 호기심이고 과정은 질문이다. 끊임없이 묻고 또 묻다 보면 더 이상 물을 게 없어진다. 거기에서 영감이 떠오른다. 영감은 천재의 전유물이 아니며 순간과 찰나의 산물이 아니다. 물론 천재는 순간적으로 영감을 떠올리고 포착하기도 하지만 자세히 들여다보면 그들에게는 끊임없이 호기심이 발동되고 의문을 제기하는 습관이 내재됐기에 짧은 순간에 발화되는 것이다. 불문부득不問不得. 묻는 게 없으면 얻는 것도 없다.

언어의 재구성: 수사학의 가치

영감이 대단한 데서 오는 것만은 아니다. 언어를 통해서도 우리는 '사소한 영감'을 키울 수 있다. 예를 들어 직유와 은유를 살펴보자. 나는 강의할 때 수강자에게 스스로를 비유적으로 설명해보라고 해본다. 자신을 무엇에 비유할 수 있는가. 사람들은 대답한다. "나는 코스모스 같다." "나는 곰처럼 우직하다." 다양한 설명이 따른다. 답하는 데에 시간이 그리 오래 걸리지 않는다. 그럼 나는 다시 이번에는 "나는 ~(이)다"의 문장으로 서술해보라고 말한다. 사람들은 쉽게 입을 못 열고 한참을 고민하다 대답한다. "나는 사슴이다." "나는 볼펜이다." 이 같은 답이 나온다. 얼핏 보면 별것이 아니다. 물음도 답도 그저 아이들 장난 같다.

그런데 왜 첫 물음에는 쉽게 대답하고 다음의 물음에는 그러지 못했을까? 앞의 방식은 이른바 '직유법'이다. 직유는 어떤 사물이나 사태에 빗대어 설명하는 비유법이다. 내가 코스모스 같다는 건 나의 전체가 아니라 어떤 부분적 특성이 코스모스의 어떤 부분적 특성과 일치하는 것이다. 코스모스의 한들거리는 모습일 수도 있고 코스모스라는 말 뜻 그대로 질서정연한 모습이나 성품에 빗대는 것일 수 있다. 어떤 것이건 부분적 특성의 일치다. 사물의 부분적 특성과 나의 부분적 특성을 골라내 연결하면 된다. 그러니 크게 어렵거나 부담스럽지 않다. 그러나 뒤의 방식인 '은유법'은 좀 다르다. 은유는 사물의 특성 전체와 나의 특성 전체를 일치시키는 것이다. 그러니 쉽지 않다. 곰곰 생각하게 된다. 내가 볼펜이라고 비유하는 건 나와 사물의 어떤 부분적 특성을 잇는 게 아니라 나의 전체적 특성을 볼펜이 갖는 전체적 특성과 결부하는 것이다. 따라서 나의 전체와 볼펜의 전체를 깊이 '통찰'해야 할 뿐 아니라 비유의 적절성과 함의까지 고려해야 한다. 그래서 시간이 걸릴 수밖에 없다. 그런데 우리는 학교에서 국어 시간에 '시험'이라는 목적성에 맞게 학습했을 뿐이다. 비유법의 의미나 역할 따위는 가볍게 무시하고 '~ 같은, ~처럼'은 직유법, '~(이)다'는 은유법이라고 판단하는 요령만 숙지시켰다. 지식의 요령이 시험 점수와 직결되어 거기에만 머물렀기 때문이다.

직유와 은유라는 비유법을 단순한 구별 요령으로만 보지 않으면 생각보다 많은 것을 얻을 수 있다. 우선 비유법이라는 것은 나의 감정이나 기분을 상대에게 전달하기 위해 다른 사물이나 표현에 빗댐으로써 상대가 잘 알지 못하는 것을 보다 쉽게 이해하게 하거나 풍부한 함의를 교환할 수 있게 해준다. 직유나 은유 외에도 의인법, 활유법, 대유법, 풍유법 등의 다양한 비유법은 단순히 수사학적 역할에 그치는 게 아니다. 동일한 콘텐츠를 훨씬 더 풍부하게 가공하고 교감할 수 있는 커뮤니케이션의 통로다. 같은 비유도 상투적이고 진부한 방식이 아니라 참신하고 기발하며 핵심을 정확하게 파악하고 담아낸다면 정보뿐 아니라 의미와 의도까지 함축할 수 있다. 때로는 부분의 특징을, 때로는 전체를 직관으로 꿰뚫어 볼 수 있는 힘이 언어에서 배양될 수 있다.

이런 비유법은 현상의 배후에 감춰진 본질을 꿰뚫는 지혜와 맞닿는다. 그게 바로 영감이다. 영감을 '현상 너머의 것'으로만 이해하면 그런 지점이 보이지 않는다. 낱말 하나로도 영감이 표출된다. '곰과 같다'든 '곰이다'든 그 낱말 자체가 하나의 부분적 현상에 제한되는 것이 아니라 그것의 속성과 특징을 이끌어낸다는 점에서 압축적이다. 언어의 구성을 통한 다양한 비유를 시도하고 그 과정을 복기해보는 것이 의외로 영감의 강화에 도움이 된다. 언어에는 단순히 의미만 있는 게 아니라 그 안에 담긴 관계와 구성의 방식 그리고 다른 언어와 조합하면서 평면적 결합을 벗어나 입체적 관계로 재구성된 힘이 담겨 있기 때문이다. 그게 언어가 지니고 있는 영감의 힘이다.

그런데 이런 걸 사소하다고 무시하거나 놓친다. 심지어 언어에 그런 영감이 존재한다는 것 자체를 모르기도 한다. 그러면서 남들이 해놓은 거창한 영감의 결과물만 떠받들고 산다. 그런 사람에게 자신만의 영감은 언감생심일 뿐이다.

탐구와 영감은 어떻게 결합하는가?

건축가 정기용鄭奇鎔은 무주의 공공건축 프로젝트를 진행하면서 반드시 설계할 장소를 찾아가는 데에 그치지 않고 거기에 사는 사람들을 만나 많은 대화를 나눴다. 매력적인 책《감응의

그림 9_안성면 자치센터의 목욕탕

건축》에는 그 과정이 자세하게 기록되어 있다. 그는 안성면의 자치센터(예전의 면사무소)를 건축하기 전에 이렇게 말했다.

"의외로 문제는 간단하고 해법은 명료하다. 문제도 안성면에 있고 해법도 안성면에 있는 것이다."

그래서 그는 안성면에 직접 찾아가 사람을 만나서 물었다. 그는 주민이 통치의 대상이 아니라 보살핌을 받아야 하는 대상이며 개별적으로 접근하기 어려운 시설과 공간의 주인으로 인식되어야 한다는 점을 깊이 새겼다. 우리는 이 건축물이 지어진 시대에 주목해야 한다. 당시 김대중 정부는 작은 정부를 구성하는 것과 비대한 행정을 가볍게 하고 나아가서 주민이 자치적으로 운영해 나갈 여지를 만드는 것이 새로운 민주주의의 시작이라고 여겼다. 자연스럽게 정기용은 주민을 만나 주민의 자치적인 삶이 생성되는 사랑방, 독서실, 강당, 휴게실, 청년회의실 등 주민이 무엇을 원하는지 물었다. 그런데 주민들의 대답은 놀랍게도 하나같이 똑같았다. "면사무소는 뭐하러 짓는가?

목욕탕이나 지어 주지." 그렇게 해서 안성면자치센터 1층에는 희한하게도 목욕탕이 자리 잡았다. 하루걸러 남탕과 여탕이 교체된다. '목욕탕이 있는 면사무소'라는 새로운 스토리는 이렇게 만들어졌다.

건축가는 기본적으로 건물에 대해 탐구하고 최적의 집을 짓는 모든 노력을 기울이는 사람이다. 공학적, 기술적 측면뿐 아니라 외관과 용도 등에 대해서도 다양하게 연구하고 모색한다. 그러나 여기에 영감이 깃들면 상상하지 못하던 일이 벌어질 수도 있다는 점에서 마법사와 같다. 영감이 없는 건축가가 마법사가 될 수는 없다. 정기용의 영감은 그곳에 사는 사람과의 만남과 대화를 통해, 그가 찾아간 시간과 자연을 통해 발화됐다. 그러나 그가 건축적 탐구의 영역을 구축한 건축가가 아니었다면 이들은 그저 사소한 '감상'에 그쳤거나 다른 '느낌'으로 접속됐을 것이다. 건축적 탐구가 쌓인 건축가에게 이 만남들은 사소한 감정이나 감상이 아니라 창조적 영감의 중요한 실마리가 됐다. 정기용이 건축의 완성은 시간, 자연, 사람이 서로 감응하면서 지속적으로 이루어지는 것이라고 규정했던 말에서 '건축'을 '콘텐츠'로 바꿔 넣어도 그대로 들어맞을 것이다.

직관과 영감은 어떻게 결합하는가?

하워드 슐츠는 이탈리아의 레스토랑 설치기기 박람회에 오가면서 본 에스프레소 기계를 미국으로 들여왔다. 그리고 스타벅스 커피숍의 개념을 완전히 바꿨다. 그것은 그의 전략적 직관에서 기인한 것이다. 헨리 포드Henry Ford의 컨베이어 시스템은 도축장에서 직관을 이끌어낸 결과였다. 직관은 '순간적'인 것처럼 보인다. 그래서 현실에서는 그 순간의 직관을 용인하는 경우는 그리 많지 않다. 직관에 이르기까지는 많은 시간이 걸리지만 다른 사람이 보기에는 제 눈앞에서 짧은 시간에 이루어지는 것처럼 보이기 때문이다. 스티브 잡스의 전기《스티브 잡스》를 쓴 월터 아이작슨Walter Isaacson은《레오나르도 다빈치》에서 '순간적' 직관의 사례를 흥미롭게 보여준다. 레오나르도는 미루는 습관이 몸에 밴 사람이었다. 작품을 완성하지 않고 질질 끄는 일이 허다했다. 한번은 수도원장이 불만을 품고 밀라노의 권력자 루도비코 스포르차Ludovico Maria Sforza에게 이렇게 말했다. "정원에서 호미질하는 일꾼처럼 레오나르도가 절대 붓을 내려놓지 않고 계속 일하기를 바랍니다." 수도원장은 창조력이 천천히 뜸들이는 경우가 많다는 걸 몰랐던 셈이다. 레오나르도는 심지어 아주 꾸물거리기도 했다. 레오나르도는 그렇게 해야 생각이 잘 무르익는다고 믿었다. 여기서 주목해야 할 대목이 있다. 창조를 낳는 직관은 때로 보살핌을 필요로 한다는 점이다. 그 핵심은 파악하지 못하고 몰아쳐봤자 직관의 성과를 얻어낼 수 없다. 레오나르도는 스포르차 공작에게 이렇게 말했다.

"대단한 천재성을 지닌 사람은 때로는 가장 적게 일할 때 가장 많은 것을 성취합니다. 아이디어와 구상을 완벽하게 실행하는 방식에 관해 골똘히 고민한 다음에야 거기에 형태를 부여할 수 있기 때문입니다."

과연 '가장 적게 일할 때 가장 많은 것을 성취'할 수 있다는 것을 믿고 밀어줄 수 있는 리더가 얼마나 있을까? 직관은 이런 믿음과 보살핌이 보장됐을 때 최대로 빛을 발할 수 있다. 직관은 순간적으로 찾아온다. 그러나 오랫동안 열리지 않던 문을 여는 열쇠가 된다. 그런 점에서 직관과 영감은 불가분의 관계를 맺는다.

미래는 직관과 영감이 논리와 수리보다 높이 평가되는 시대가 될 것이다. 논리와 수리가 위력을 발휘하던 시대에는 인지와 이해 능력에 따라 성패가 갈렸다. 그래서 최대한 논리와 수리 능력을 키우는 데에 매진했다. 교육 과정도 당연히 그랬다. 그러나 논리와 수리 능력이 중요한 분야는 일찌감치 컴퓨터가 대체했고 이제는 AI가 담당하고 있다. 게다가 인간보다 훨씬 더 뛰어나다. 이 점에서 앞으로 AI가 따라할 수 없는 인간의 능력이 강조될 것인데, 그 핵심 능력으로는 직관과 영감이 손꼽힌다. 심지어 직관 능력조차 알파고 사례에서 본 것처럼 특정한 분야에서는 AI가 인간을 뛰어넘는다. 물론 AI는 엄청난 속도로 데이터를 분석해서 결과를 내놓기 때문에 짧은 순간에 전체를 파악하는 것처럼 보일 뿐이기는 하지만.

다만 기억해야 할 것은 AI가 직관을 발휘하기 위해서는 최소한 3000와트 이상의 전기에너지가 필요하지만 사람은 대략 20~30와트 정도면 충분하다는 점이다. AI는 만능도 능사도 아니다. 엄청난 에너지를 소비하면서 AI에만 의존하는 것은 잘못된 판단이다. AI와 빅데이터 분석을 비롯한 미래의 기계적 지능이 큰 역할을 수행하겠지만 인간의 직관과 영감을 능가할 수는 없을 것이다. 그러므로 직관과 영감의 능력을 어떻게 극대화시킬 것인지에 대한 고민이 지금 우리에게 던져진 과제이자 해결책의 실마리가 될 것이다. 우리가 예술에 관심을 더 많이 갖고 더 많이 향유해야 하는 건 직관과 영감이 위력을 발휘해온 분야가 바로 예술이고 거기에서 더 많은 직관과 영감을 얻어야 하기 때문이기도 하다.

직관과 마찬가지로 영감은 논리적이고 체계적으로 획득되거나 이성적 사유의 능력에 좌우되는 것이 아니다. 그래서 감성을 강조하지만 영감을 단순히 감성적인 것으로 치부하는 것은 파편적 이해에 불과하다. 일본의 유명 뇌과학자 모기 겐이치로茂木健一郎는 영감은 무의식과 대화가 필요하기 때문에 자신의

무의식 세계에 항상 귀를 기울이라고 말한다. 그렇지 않으면 영
감의 기회는 적어진다. 그러므로 자기가 무엇을 느끼고 있는가
를 항상 의식하고 모니터하는 것이 중요하다고 강조한다. 무의
식까지 확장할 수 있다는 점에서 영감은 이성적 사유를 벗어나
자유롭고 창조적인 중요한 실마리를 풀어낼 수 있는 영역이다.

재조합의 힘:
탐구, 직관, 영감의 레고 놀이

레고Lego에 대해 다양한 기억을 갖고 있을 것이다. 레고는
매력적인 장난감이다. 완성된 게 아니라 내가 만들어야 하는,
일종의 DIY 제품이다. 레고는 수많은 부품units으로 구성돼 있
는데 부품을 하나씩 조립하다 보면 어느새 멋진 비행기, 자동
차, 성채가 만들어진다. 점점 난이도가 높아지면서 완성했을 때
의 성취감도 커진다. 그런데 레고를 통해 뜻밖의 성과를 얻을
수 있다. 바로 응용이다. 원래 레고는 특정한 형태로 만드는 것
을 목적으로 하는 상품이다. 상품을 뜯어보면 부품과 조립설명
서가 들어 있고, 소비자는 그 조립설명서에 따라 각각의 부품을
정확한 자리에 조합하여 목적하는 사물을 조립해낸다. 이렇게
전 세계에 동일한 물건이 만들어진다. 아이는 처음에는 자신의

손으로 만들어낸 레고를 뿌듯해하며 애지중지한다. 그러나 하나둘 완성된 레고가 쌓이면 오래전에 만들었던 레고 장난감을 완전히 분해하여 바구니 등에 몰아넣는다.

그러다 어느 날 심심해서 바닥에 레고 블록을 쏟아놓고 마음 내키는 대로 조립하기 시작한다. 아무렇게나 하는 것 같지만 그렇지 않다. 여러 레고 '쪼가리'들을 조립하면서 각 부분이 어디에 쓰일지 감으로 터득한 상태이기 때문이다. 예를 들어 '1×6' '2×8' 등의 부품은 어떤 경우에 주로 쓰였는지를 떠올린다. 그리고 머릿속에 사물을 그려놓고 하나씩 조립해간다. 물론 상품에 포함된 조립설명서에 따라 만든 레고에 비하면 수준이 훨씬 떨어진다. 하지만 이건 세상에 단 하나뿐인, 아이만의 작품이다! 그렇게 하나하나 만들어가면서 수준이 높아진다. 이게 바로 창조의 과정이고, 자기 나름대로 유기적 구조성을 염두에 두면서 만든 작품이다.

탐구의 과정도 이와 다르지 않다. 기본적으로 정보와 지식의 축적이 있어야 한다. 이를 바탕으로 하지 않으면 사상누각과 다름없다. 어쩌다 우연히 맞아떨어질 수는 있어도 지속적 생산은 불가능하다. 우리가 공부하는 이유는 정보와 지식을 축적하고 체계화하며 내면화하는 과정을 거쳐 궁극적으로는 자신의 판단 근거로 삼기 위해서다. 그러므로 정보와 지식의 양이 많은 편이 유리하다. 물론 양을 많이 채웠다고 문제가 해결되는 건 아니다. 정보와 지식은 이미 타인이 제조 혹은 가공한 것이다. 내가 만든, 나 자신의 것은 아니다.

흔히 접하는 정보와 지식은 레고 부품과 같다. 그러나 아무리 많은 부품을 가지고 있다 해도 자신만의 구상이 없다면, 또한 다양한 방식과 패턴에 대한 연마가 없다면 그저 망가진 채 쓸모도 없는 레고 쪼가리의 집합에 불과할 뿐이다. 전 세계 공통의 조립설명서를 따라 만들면서 각각의 부품이 어떤 방식으로 결합되고 어떤 패턴을 만드는지 등에 대한 관심과 노력 그리고 영감이 없으면 '나만의 레고'는 불가능하다. 내가 공부하면서 어떤 정보와 지식이 어떤 체계와 방식에서 거론됐고 어떻게 전개됐는지를 저절로 숙지하고 터득하며 내 것으로 만들어가는 과정이 축적되어야 비로소 가능한 것이 이것과 비슷하다. 영감은 마른하늘의 벼락같은 게 아니다. 영감은 지식이 논리적으로 재구성되고 체계화되는 과정인 탐구로 진화한 상태에서 나타난다.[8]

얼핏 보면 탐구와 영감은 별로 관계가 없는 것처럼 여겨질지 모른다. 탐구 성과 그 자체로 이미 뛰어난 경우도 많다. 논리

---

8   레고의 사람 머리에는 구멍이 뚫려 있다. 아이는 무엇이든 입에 가져가는 습관이 있다는 점에 주목한 레고 디자이너가 혹시 아이가 레고를 삼켰을 때 기도를 완전히 막지 않도록 설계했기 때문이다. 예리한 관찰력과 영감의 결과물이다.

적으로 구성하고 체계화함으로써 결론으로 접근하는 것은 분명히 인간 이성의 보물이다. 꾸준한 탐구는 지식과 정보의 체계를 단순히 저장하고 축적하는 것에 그치지 않는다. 잘 정제된 탐구는 결론뿐 아니라 각 과정에서 수많은 영감을 일으킬 소재를 담고 있기 때문에 더 소중하다. 그러나 단순히 논리와 체계에만 매달리다 정작 중요한 '스파크'를 일으키지 못한다면 수많은 성냥개비를 담은 상자에 불과하다. 부싯돌 역할을 하는 마찰면이 없으면 불을 일으킬 수 없다. 그냥 많은 성냥을 '보유'할 뿐이다. 그렇다면 어떻게 탐구와 영감을 연결할 수 있을까?

앞서 언급한 레고처럼 각각의 부품을 다룰 때는 떠오르지 않을 수 있다. 그러나 여러 목적물을 만들면서 그 부품이 어떤 구성물을 만들 때 쓰였는지가 자연스럽게 축적되고 자신의 대상을 상정했을 때 자연스럽게 그것들이 연결될 수 있는 것처럼 내 지식이 쌓이고 구성되는 탐구의 과정에서 묻고 또 물어야 한다. 물음이 답이다! 그 물음의 원천은 '어떻게?'가 아니라 '왜?'부터 시작해야 한다. 당연한 것으로 받아들이는 순간 모든 지식은 박제가 되고 탐구는 지식의 박제 더미가 된다. 공자의 답을 이해하려 덤비는 것에 앞서 누가 왜 어떤 질문을 했기에 공자가 그런 답을 했는지 내가 따져 봐야 하는 것처럼. 답은 하나지만 물음은 끝이 없다. 그리고 모든 물음에는 답이 있으며 그 과정은 천차만별이다. 따라서 거기에서 얻을 영감의 소재는 무궁무진하다. 묻고 또 물으면서 더 이상 묻지 못하는 지점에서 영감이 떠오른다.

레고의 조립도는 조형적으로나 구성적인 면에서 완벽하다. 더할 것도 뺄 것도 없다. 그러나 그 조립도가 만들어내는 것에 비해 완성도는 크게 떨어지지만 자신의 상상에 따라 만들어내는 레고의 조립은 창조다. 오늘날 일본이 뜻밖에 ICT 분야나 운용체계 등에서 낙오된 것은 그들이 추구하고 자랑해온 완벽주의 때문이기도 하다. 그들이 추구해온 시스템과 운용체계는 빈틈없이 완벽하다는 감탄을 일으킬지 모르지만 사용자가 그 부족함을 채우고 기여하면서 느끼는 충족감을 전혀 주지 못한다. 다시 말해 '재미'가 사라진다. 인터넷 환경은 어느 정도의 빈틈과 엉성함 그리고 적당주의가 필요하다. 사용자가 함께 할 수 있는 여지는 단순하게 부족함이나 엉성함을 의미하는 것에만 그치는 게 아니라 탐구·직관·영감을 불러일으키는 중요한 요소가 될 수 있다. 그게 오늘날 일본이 겪고 있는 정체停滯의 핵심 원인이다. 일본은 그걸 간과했고 빠른 시간에 몰락했다. 소프트웨어 개발자뿐 아니라 사용자들이 하드웨어의 부족함을 소프트웨어로 보충하는 쾌감으로 해결한다는 점을 놓친 것이다. 나만의 자유로운 레고 조립은 창조력의 무한한 가능성을 보여준다.

탐구와 영감은 매우 친밀한 관계다. 그래야 한다. 탐구 없는 영감은 공허하고 영감 없는 탐구는 맹목이다. 그러나 처음 단계부터 이 둘의 사이가 밀접하고 친숙한 건 아니다. 어느 정도의 시간과 내공이 필요하다. 탐구는 무엇보다 체계적이고 구성적이어야 한다. 이런 점에서 탐구는 단순한 지식과 정보의 수준과는 다르다. 다양한 지식과 정보를 축적하다 보면 각각 어떤 점에서 도드라지는지, 어떻게 연결될 수 있는지, 그리고 어떤 방식으로 변용될 수 있는지 등을 발견하게 된다. 이런 발견과 자각이 쌓이다 보면 서로를 연결하고 재구성하는 방식을 모색하거나 발견하게 된다. 그 단계에서 체계적이고 논리적이며 구성적인 탐구가 시작된다.

6장

통찰 Insight,
하나로 꿰뚫는 능력

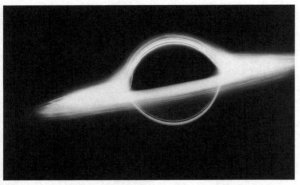

그림 10_ 〈인터스텔라〉가 2014년에 개봉한 역사적 맥락은 무엇일까?

관계와 맥락: 무엇이 본질인가?

2014년 말에 한 편의 영화가 대한민국 극장가를 강타했다. 바로 〈인터스텔라〉라는 SF영화다. 흔히 SF라고 부르는 분야의 영화에는 대략 세 가지 전략이 있다고 한다. 첫째, 영화의 전개가 스피디해야 한다. 영화가 늘어지면 지루해하거나 이런저런 분석 등으로 따지고 들기 때문이다. 둘째, 플롯이 너무 복잡하지 않아야 한다. 지금 경험하는 현실과 다른 미래의 문제라서 너무 복잡하면 이해하기 어렵고 감정이입이 힘들기 때문이다. 셋째, 볼거리가 많아야 한다. 어쩌면 세 번째 요소가 가장 큰 매력인지 모른다. 그런데 〈인터스텔라〉는 이 세 가지 요소에서 조금씩 벗어나 있다. 전혀 없다는 의미가 아니라 다만 SF영화 장르에서 볼 때 상대적으로 그렇다는 의미다. 그런데 세 조건을 충분하게 만족시키지 못한다면, 그래서 관객이 외면한다면 어떻게 될 것인가? 영화사는 교육기관이 아니라 기업이다. 당연히 이익을 추구하는 집단이다.

영화사에서 기획회의를 한다면 가장 먼저 어떤 영화를 제작할지 토론할 것이다. 관객의 관심을 끌 수 있는 작품이어야 한다. 그리고 제작비와 감독, 배우 등 여러 가지를 따져야 한다. 그러나 가장 최우선적으로 고려할 것은 과연 흥행에 성공할 수 있느냐다. 아무리 좋은 영화라 해도 관객이 외면하면 허사다. 적자를 감수할 수는 없는 일이다. 〈인터스텔라〉의 중요한 모티프는 시간과 공간에 대한 인식의 변화고 그 핵심은 상대성이론이다. 상대성이론에 대해 제대로 알고 있는 사람이 얼마나 될까? 물론 영화는 상대성이론을 설명하는 교육적 내용이 아니다. 그건 하나의 소재일 뿐이다. 하지만 상대성이론에 대한 관심이 높을수록 영화의 매력에 더 깊이 흡인될 수 있다는 건 당연하다. 이런 면을 따진다면 이 영화의 제작은 위험 부담risk이 따른다. 훌륭한 극본과 그것을 구현할 수 있는 영화산업의 능력이 있으니까 가능하겠지만 나는 다른 요인이 있다고 확신한다.

이 영화가 개봉된 시점이 바로 2014년 하반기라는 점에 주목할 필요가 있다. 2015년은 아인슈타인Albert Einstein의 상대성이론 완성 100주년이 되는 해다. 특수상대성이론이 나온 게

1905년이고 일반상대성이론이 발표된 게 1915년이다. 상대성 이론 100주년의 해를 과연 조용하게 넘어갈까? 신문에서 특집 기사를 게재할 것이고 TV에서는 다양한 다큐멘터리를 제작할 것이다. 여러 곳에서 수많은 학회, 포럼, 심포지엄 등이 개최되고 그에 대한 언론의 보도가 뒤따를 것이다. 기념우표도 발행된다. 가만히 있어도 상대성이론에 대한 광고와 선전이 덮을 것이다. 그 상대성이론에 이론적 기반을 둔 영화가 딱 그 시점에 맞춰 본격적으로 개봉된다면? 요즘은 영화제작비의 3분의 1가량을 마케팅 비용으로 쓴다. 그런데 마케팅 비용의 상당 부분을 다양한 곳에서 여러 방식으로 채워준다면, 그 비용을 절감하면서 효과는 극대화할 수 있다. 만약 그 시점을 놓치면 150주년이나 200주년을 기약할 수밖에 없다.

물리학의 새로운 지평을 이끌어 낸 사람이 뉴턴이라면 현대 물리학의 전환을 이끌어낸 주인공은 아인슈타인이다. 기존 과학에서 시간과 공간은 변할 수 없는 일종의 절대상수였다. 그런데 아인슈타인은 그 시간과 공간도 상대적인 것이라고 수정한다. 그러면서도 물리법칙은 언제 어디서나 동일하다고 했다. 상대성이론은 자연법칙이 관성계에 대해 불변하고, 시간과 공간이 관측자에 따라 상대적이라는 이론이다. 1905년 발표한 특수상대성이론은 좌표계의 변환을 등속운동이라는 특수한 상황에 한정하고 있으며, 1915년의 일반상대성이론은 좌표계의 변환을 가속도운동을 포함한 일반운동까지 일반화하여 설명한다. 이 두 사건을 계기로 현대물리학이 대전환의 과정을 겪었고 그것은 지금까지 새로운 방식으로 진보하고 있다. 그러나 과학 전공자가 아닌 내겐 여전히 난해하다.

우리도 상대성이론에 대해 배웠다. 미국도 마찬가지일 것이다. 모든 미국의 교육이 다 그렇지는 않겠지만 적어도 그들의 교육 방식에 따르면 법칙에 대한 기술적 이해보다 그 법칙의 의미와 관계성 등을 적절하게 가르치도록 한다. 미국에서 대학교수로 있는 친구의 말에 따르면 미국은 한국과 달리 상대성이론의 법칙보다 과학사적 의미와 맥락을 강조한다는 것이다. 뉴턴의 물리학이 기존의 아리스토텔레스의 자연철학과 데카르트의 기계철학에서 벗어나 새로운 물리학의 혁명을 지핀 것처럼 아인슈타인은 뉴턴 물리학의 한계를 벗어난 현대물리학의 지평을 열었다는 점, 그 핵심이 시간에 대한 새로운 해석이었다는 점 등을 가르치며 1915년이 현대물리학의 중요한 분기점임을 강조한다. 그래서 자연스럽게 2015년이라는 연도가 아인슈타인의 상대성이론 100주년이라는 걸 떠올렸을지 모른다. 작은 차이 같지만 엄청난 결과의 차이를 만들어낸다.

우리나라에서도 이 영화의 개봉과 더불어 〈인터스텔라〉에 대한 수많은 책이 출간됐다. 우리나라 과학 저자들이 이 영화가 나올 걸 알고, 혹은 이 영화의 흥행에 자극을 받아서 짧은 시간에 책을 썼을까? 나는 그렇지 않다고 생각한다. 책을 쓴다는 게 간단한 과정이 아니다. 충분한 자료를 수집하고 논리적 일관성을 갖고 책으로 펴내는 건 상상하는 것보다 훨씬 많은 시간과 공력을 필요로 한다. 하물며 과학책은 더욱 그렇다. 아마도 아인슈타인의 상대성이론 100주년에 맞춰 미리 기획하고 준비했던 것을 영화에 대한 관심이 높아지자 그에 맞춰 약간의 내용을 첨삭해서 영화 관객을 겨냥하는 방식으로 변용했을 것이다. 놀랍게도 2015년을 계산한 〈인터스텔라〉는 워낙 영화가 뛰어나고 매력적이었는지 한국에서는 영화가 상영된 지 채 두 달도 되지 않아 1000만 관객을 동원했다. 우리는 1000만 관객을 넘긴 히트작으로만 기억하지 왜 이 영화가 하필 2013년에 제작되고 2014년에 개봉됐는지, 2015년에 맞춰서 본격적으로 상영됐는지 다룬 분석을 거의 본 적이 없다. 통찰력은 직관과 영감이 역사의식과 맞물려서 섬광처럼 번쩍이는 경우가 있다. 그걸 제대로 깨달았어야 하는 영화가 아닌가 싶다.

물론 영화가 많은 관객을 모은 건 영화 자체의 완성도와 밀도 덕분이었을 것이다. 그건 가시적인 요소다. 비가시적 요소를 읽어낼 수 있어야 한다. 미국인이라고 상대성이론을 충분히 이해하도록 배우진 않았을 것이다. 그러나 그들은 적어도 1915년에 상대성이론이 완결된 것이 물리학을 넘어 과학사 전체에서 어떤 의미를 갖는지를 떠올리고 자연스럽게 100년이 되는

2015년을 떠올렸을 것이다. 같은 공부를 하더라도 어떤 방식으로 하느냐에 따라 다르다. 주입식 교육은 가시적인 것에 집중한다. 역사적 맥락 등 관계성에 대해서는 거의 다루지 않는다.

역사적 맥락 읽기: 1960년대를 다시 주목하라

통찰력에 대한 강조가 빈번해지고 있다. 통찰력 있는 리더의 필요성을 강조한다. 교육에서도 통찰력이라는 주제가 많이 다뤄지고 있다. 그렇다면 그 통찰력이라는 건 과연 무엇인가?

통찰洞察은 꿰뚫어 본다는 뜻이지만 흐름을 두루 읽는다는 의미의 통찰通察이며 전체를 하나의 묶음으로 읽어내는 의미의 통찰統察이기도 하다. 흐름을 읽어내는 것은 쉬운 일은 아니지만 시선을 넓히면 충분히 가능한 일이다. 현재는 21세기다. 그것도 벌써 20여 년이 지났으니 5분의 1을 소비했다. 우리는 여전히 앞으로 나아가야 할 길을 바라본다. 당연한 일이다. 그러나 지금의 움직임이 어떤 큰 흐름 속에서 관찰되느냐에 따라 방향성을 가늠할 수 있다. 그런 점에서 나는 시간을 되돌려 1960년대의 세계를 바라보는 것이 크게 도움이 된다고 확신한다.

인류 역사에서 가장 뜨겁던 시절은 언제였을까? 나는 그 시절이 1960년대라고 생각한다. 20세기 전반부를 관통하던 두 차례의 세계대전이라는 특수한 상황 때문이겠지만 1960년대에 전 세계에서 마치 화산이 연쇄 폭발하듯 그동안 억눌려왔던 온갖 문제가 다 터져 나왔다. 18~20세기를 주도한 제국주의는 적어도 형식적으로나 겉으로는 종말을 고했고 수많은 식민지가 이 앞다퉈 독립했다.

미국에서는 광란의 매카시즘이 사위고 젊은 대통령 케네디의 등장으로 새로운 역동성을 보였다. 여성해방, 인종차별 철폐 운동이 일어났고 베트남전쟁(1960~1975)으로 인해 반전운동이 거세게 일었다. 히피 문화와 비트제너레이션이 뜨겁게 달아오르기도 했다. 모든 문제가 거의 동시다발적으로 터졌다.

중국에서는 문화혁명(1966~1976)이라는 반문화적 혁명이 휩쓸었고 소련에서는 스탈린Joseph Stalin의 죽음으로 그의 공포주의 독재가 막을 내렸으며 그 뒤를 이은 흐루쇼프Nikita Khrushchyov는 미국과의 대결에서 쿠바 미사일 위기를 일으켜 제3차 세계대전 혹은 핵전쟁의 발발 위협에 숨죽이게 했다. 또한 미국과 소련의 우주 경쟁이 본격화되더니 급기야 고작 10년도 채 되지 않는 짧은 시간에 인간을 달에 착륙시키는 데에 성공하기에 이르렀다(시작은 소련이 우세했으나 1969년 아폴로11호가 달 착륙에 성공함으로써 미국의 우세로 넘어갔다).

유럽도 조용하지 않았다. 소련의 동유럽 위성국가에서 연이어 터진 자유화운동과 그 좌절은 체제 경쟁을 넘어 인간의 가치를 묻게 만들었고 흔히 68혁명으로 불리는 1968년 프랑스 학생혁명은 기존의 질서를 송두리째 뒤흔들었다. 일본에서는 경제부흥과 도쿄올림픽의 자부심이 보수주의의 싹을 틔웠고, 한편으로는 전일본학생자치회연합이 안보투쟁을 벌인 뒤 분열되어 적군파의 등장을 초래했다.[1]

종교에서도 혁명은 빠지지 않았다. 1965년 보수적인 가톨릭교회는 제2차 바티칸공의회를 통해 이전에는 상상도 하지 못하던 대변혁의 문을 열었다. 남미에서는 해방신학이 대두했다. 그리고 제국주의 시대의 유산인 마지막 식민지들이 대거 독립했고 이른바 제3세계가 등장했다. 호주에서는 시대착오적인 백호주의가 기승을 부렸다. 영국의 록 밴드 비틀즈The Beatles는 전 세계 청년의 가슴을 끓어오르게 만들며 전 세계가 공유하는 음악의 영토를 확보했다. 어느 하나 가볍게 넘길 게 없다. 10년을 전후해서 거의 동시다발적으로 전 지구적으로 이렇게 뜨겁게 달아오르고 들끓었던 시대가 과연 있었을까?

단순히 격변의 1960년대를 돌아보는 복고의 눈을 말하려는 게 아니다. 지금 우리가 겪고 있는 문제가 한꺼번에 그리고 본

---

1   결국 적군파는 1970년대 수많은 테러 등으로 몰락을 자초했고 좌파에 대한 실망과 분노는 일본 정치가 우경화되는 분기점을 마련했다.

격적으로 용출했던 시대였음을 기억하자는 뜻이다. 불행히도 대한민국의 1960년대는 산업화와 근대화를 기치로 내건 군사 정권이 자유로운 개인을 억압하고 철저하게 가부장적이며 수직적인 명령 체계로 사회를 장악했기에 당대 세계 시민이 느끼고 행동했던 현상과 의미에 대해서는 무지했다. 성평등, 차별 반대, 기성세대와 권위에 대한 저항, 낡은 이념과 가치와의 결별 등은 엄두도 내지 못하며 살았다. 그 상태에서 점진적으로 물질적 풍요를 누리게 되면서 배금주의와 물질만능주의에 탐닉했으며 그 여파는 지금도 지속 중이다. 1960년대는 '자유로운 개인'이라는 시대정신에 가장 투철하게 헌신하며 투쟁한 시대였다. 낡은 가치의 타파라는 시대정신은 여러 분야에서 다양한 방식으로 터져 나왔고 그때마다 세계는 흔들렸지만 더 큰 진보의 흐름을 마련했다. 물론 어느 시대나 반동주의가 출현한다. 그것이 2보 전진을 위한 1보 후퇴일 때는 부작용을 줄이는 방식이지만 1보 후퇴한 상태에서 고착되면 퇴행이 된다.[2]

---

2   제2차 바티칸공의회에서 개혁주의적 사제였으며 협력 관계였던 한스 퀑Hans Küng과 요제프 라칭거Joseph Aloisius Ratzinger(훗날 베네딕토 16세)는 프랑스의 68혁명과 독일 대학가의 신마르크스주의를 목도하면서 전자는 그것이 필연적 과정이라 여겼고 후자는 급진적 변화가 체제를 뒤엎을 것이라고 여겼다. 결국 같은 문제를 바라보면서 받아들이는 태도가 다른 것이 이후 두 사람의 삶을 결정했으며 그것은 그대로 교회 내의 대립으로 이어졌다.

지금 세계가 겪고 있는 수많은 문제의 발단은 분명 1960년
대에 한꺼번에 쏟아졌다. 그것들이 시간을 두고 점진적으로 변
화하고 발전해온(때로는 퇴행도 겪으면서) 것이다. 이제라도 그 시
대를 반성적으로 고찰하는 것이 문제의 본질을 인류사적으로
이해하고 해결과 진화의 방식을 발견할 수 있는 매우 중요한 과
제다. 서구 사회의 근대와 현대를 관통하는 가장 중요한 키워
드는 '자유로운 개인'이었고 그 사회를 진화시킨 힘의 바탕이었
다. 인류가 거기까지 도달하는 데에 수십만 년이 걸렸고 그 이
후에도 수백 년이 흘렀다. 그 진화의 속도는 점차 가속도로 치
솟다가 때론 반동의 퇴보를 겪기도 하지만 전체적으로는 빠른
속도다. 우리는 그 과정이 생략됐다. 근대화와 산업화가 동일시
되는 사회를 살면서 현대화와 뭉뚱그려 인식하는 혼동을 겪고
있다. 그 엉킨 실타래를 푸는 지점이 바로 1960년대의 세계사
이다.

불행히도 우리에게 1960년대 세계사는 '여전히' 괄호에 갇
혀 있다. 우리가 바라보는 1960년대는 가난의 질곡에 신음하던
시대, 잘살겠다는 염원이 지배하던 시대다. 기껏해야 복고적 감
상으로 바라보거나 정치 에피소드로 소비하는 식이다. 그것은
세계사의 흐름을 외면하고 그저 개인의 영달과 사회적 부의 추
구에만 그침으로써 인류 보편적 가치의 흐름을 외면하는 결과
를 초래한다. 서구문화에서도 여전히 유리천장glass ceiling의 찌

꺼기가 남은 것은 사실이지만 우리는 이제야 겨우 그 아이스 브레이킹 ice breaking의 문턱을 넘었다. 페미니즘의 논쟁도 생산적인 방식으로 진화해도 모자랄 판에 엉뚱하게 안티페미와 꼴페미 논쟁으로 소모적으로 대립하는 건 어쩌면 1960년대에 세계를 흔들었던 여성해방운동, 더 나아가 인간평등의 큰 물결을 외면하고 살다가 그게 '갑툭튀(갑자기 툭 뛰어나온)'나 '되바라진 암컷들의 반란'쯤으로 여기는 한심한 행태로 드러나는 것이라 해도 과언은 아니다. 게다가 우리는 1960년대에 팽배했던 냉전의 유산도 말끔하게 청산하지 못한 채 박제화된 이념 논쟁에서 벗어나지 못하고 있으며 차별과 착취의 사회적 모순에 대해 비판하고 저항하며 투쟁하는 힘을 축적하지 못한 채 21세기로 넘어왔다.

다행히 민주화운동이라는 시대적 소명을 수행하며 역동적으로 낡은 사회체제에 맞서 싸웠고 승리하는 저력을 경험했지만 '자유로운 개인'이라는 시대정신에 철저하고 근원적으로 대응하지는 못했다. 이러한 반성적 성찰은 비단 기성세대에만 해당되는 것이 아니라 젊은 세대에게도 필수적이다. 왜냐하면 1960년대의 시대정신은 사라진 것이 아니라 여전히 작동하고 있으며 다양한 방식으로 진화 혹은 퇴행하고 있기 때문이다.

1960년대의 세계사를 새삼 읽어보기를 권하는 또 다른 이유는 나의 통찰로 본질을 직시할 수 있음에도 불구하고 아직 아무도 나서지 않아서 자칫 유탄을 맞거나 '독박'을 쓰게 될지도 모른다는 두려움에 싸여 있을 때 용기를 얻을 수 있기 때문이기도 하다. 예를 들어 아직도 대한민국 사회에서 여전히 쉬쉬하며 공론을 기피하는 성소수자의 경우를 보자. 1960년대 흑인들에 대한 차별과 억압이 당연하게 여겨졌을 때, 버스에서도 흑백 인종이 다른 자리에 앉아야 하고 화장실도 따로 써야 하는 등 대놓고 그런 반인권적인 일이 벌어졌을 때 모든 사람은 평등하고 존엄하기 때문에 흑인들의 모든 시민권리를 보장해야 한다고 외쳤던 백인들이 있었다. 그들이 자신의 공동체에서 칭찬을 받았을까? 온갖 비난과 협박에 시달렸다. 여성을 차별했을 때 임신과 출산을 여성 스스로 결정할 수 있어야 한다는 주장에 대해 이른바 '보수'를 자처하던 사람들의 반응이 어땠는가? 흑인을 차별한 백인이건 여성을 차별한 남성이건 마치 세상이 무너질 듯 펄펄 뛰었다. 그러나 평등과 인권을 외친 사람들의 주장은 용기와 정의 그리고 진리의 편에 서 있었음을 역사가 증언한다.

우리는 어떤가? 여전히 수많은 차별과 억압이 행사된다. 명시적으로나 선언적으로는 인정하면서도 현실은 그렇지 않은 경우가 많다. 우리는 아직도 성소수자들의 인권에 대해 무관심하다. 그걸 감당할 용기가 없기 때문이거나 그들이 계속해서 억압받고 고통 받는 것이 내 일이 아닌 한 굳이 내가 그걸 감당해야 할 이유가 없다고 느끼기 때문이다. 그 억압과 차별이 당연한 것이라면 모를까, 그리고 전 세계가 다 그렇다면 모를까 이미 같은 시대를 살고 있는 수많은 나라에서는 당연한 권리로 인정받고 최대한 보호된다. 그런데도 우리는 아직도 성소수자 축제를 거부하거나 하더라도 시내가 아니라 외곽에서 하는 것쯤은 용납하겠다는 따위의 말을 정책으로 내세우는 정치인들이 있는 실정이다.

아무리 통찰했어도 그걸 실천할 용기가 없다면 그건 지적·정서적 자위에 불과하다. 1960년대의 세계 역사를 되돌아보는 건 그때의 투쟁과 용기가 어떤 것이었는지, 과거의 가치에 얽매어 소수의 약자를 괴롭히는 것이 얼마나 부끄럽고 치욕스러운 일이었는지를 확인함으로써 용기를 얻는 일이기도 하다. 흑인들에게 린치를 가하고 심지어 나무에 목매달아 죽이고 불태웠던 사람들이 감당해야 했던 죄의식과 부끄러움이 지금 우리에게 재현되지 않을 것이라고 확신할 수 있는가?

그래서 우리는 지금 1960년의 세계를 되돌아보고 깊이 성찰해야 한다. 그 시대를 꿰뚫던 거대한 흐름(지금도 작동하는)을 읽어야 한다. '다 지난 지금?'이 아니라 '지금이라도' 그래야 한다.

엄청난 변화와 갈등 그리고 투쟁과 발전을 응축적으로 담았던 1960년대 세계사에 대한 통찰通察은 단순한 세계사 지식의 문제가 아니다. 우리가 지금 뜬금없이 1960년대의 세계 역사와 흐름을 일별해야 하는 건 그 분출의 시대가 태동한 가치가 다양하게 변화하고 때로는 변질되기도 하지만 여전히 인간의 역사에서 도도하게 작동하고 있기 때문이다. 더 늦기 전에 지금이라도 우리가 건너온 시대와 사회를 반추해야 하는 건 그 방향성과 역동성을 언제나 촘촘하게 읽어내야 하기 때문이다.

어떤 시대든 그 안에 담긴 의미와 그 과정에서 보였던 역동성을 읽어내면서 인류 역사가 어떠한 방향으로 나아가는지를 거시적으로 바라볼 수 있어야 한다. 이 점에서 1960년대 세계사는 매우 좋은, 그리고 반드시 재해석해야 하는 자산이고 텍스트다. 콘텐츠라는 건 단순히 기발한 아이디어 하나가 계기가 되고 그것이 현실화되면서 획득되는 상품賞品이 아니라 큰 흐름 속에서 축적되고 진화된 가치와 이념 그리고 욕망과 능력이 골고루 농축된 상품商品이다. 그 상품이 상품上品이 되는 콘텐츠가 되기 위해서는 무엇을 해야 할 것인가? 그것을 끊임없이 묻고 또 물어야 한다. '축의 시대'[3]에 버금가는 그 시대의 세계를 지금이라도 읽어내지 못하고 끝내 그 시대를 괄호로 남겨두는 어리석음을 유지해서는 안 된다. 통찰은 끊임없는 관찰과 응시凝

---

3   '축의 시대Achsenzeit, the axial age'는 독일철학자 카를 야스퍼스Karl T. Jaspers
가 고안한 말로 기원전 8세기부터 기원전 3세기까지를 일컫는다. 카렌 암스트롱
Karen Armstrong의 《축의 시대The Great Transformation》도 인간의 창조성이
가장 뜨겁게 폭발했던 경이로운 시대로서 '축의 시대'를 정의한다.

視를 통해 도달된다. 내가 살고 있는 시대정신을 통찰할 수 있는 힘이 미래 의제를 잉태할 수 있는 가장 본질적인 힘이다. 또한 과거는 현재를 비춰보는 거울이며 역사는 과거와 현재의 끝없는 대화라는 E. H. 카Edward Hallett Carr의 역사관은 여전히 유효하다. 그게 가장 큰 통찰력의 하나다.

역지사지의 통찰: 통념을 뒤집는 역멘토링

인사이트insight를 여러 말로 번역할 수 있겠지만 가장 적절한 번역어는 '통찰洞察'이다. 통찰은 예리한 관찰력으로 사물을 꿰뚫어 보는 것이다. 또는 새로운 사태에 직면하여 장면의 의미를 재조직화함으로써 갑작스럽게 문제를 해결하는 것이기도 하다. 그러나 앞서 말한 것처럼, 통찰의 의미를 확대하면 두루 살펴보는 '통찰通察'과 전체 또는 묶음으로 볼 수 있는 '통찰統察'로 지평을 넓힐 수 있다. 나는 이 세 가지 의미를 두루 발현할 수 있는 통찰의 능력이 지금 우리에게 필요하다고 본다.

사람마다 생각과 느낌이 다르다. 당연히 판단도 다르다. 간 길과 오는 길의 느낌도 다른데 윗사람과 아랫사람의 판단이 같을 수 없다. 아무래도 윗사람이 유리하다. 이미 경험한 것이고 지

식과 정보도 충분하다. 겪어본 시행착오도 자산이다. 이에 비해
아랫사람은 상대적으로 불리하다. 지위와 의사결정권의 입장에
서 보면 거의 일방적이다. 대부분의 조직이 그렇게 운용된다. 이
럴 때 입장을 바꿔 바라보면 통찰이 만들어지기도 한다.

　이런 대표적 사례가 최근 몇몇 기업에서 실험적으로 도입하
고 있는 역멘토링이다. 사실은 필요에 의해 생겼다. 핀테크, 가
상현실, 1인 미디어나 SNS 포스팅 등 첨단 기술에 아무래도 낯
선 경영진에게 신입을 비롯한 젊은 사원이 가르쳐주는 방식이
다. 디지털 언어와 신기술을 습득하기 위한 방편으로 후배가 멘
토가 되고 상급자가 멘티가 되어 후배의 감각과 아이디어를 배
운다. 기존의 멘토링이 뒤집힌 것이다. 이런 역멘토링은 젊은
세대의 지식과 가치관을 공유하기 위한 것이지만 단순히 지식
과 정보의 교환에만 그치지 않는다. 사고방식과 가치관을 교환
하면서 전혀 새로운 방식으로 세상을 바라보게 한다. 역멘토링
을 처음 도입한 기업가는 GE의 잭 웰치 Jack Welch였다. 1999년
영국 출장길에 어느 말단 엔지니어로부터 인터넷의 중요성에
대해 듣고 미처 생각하지 못했던 아이디어에 충격을 받은 그는
출장에서 돌아온 후 중역들에게 후배로부터 인터넷을 배우도
록 했다. 그 역시 20대 젊은 직원의 멘티가 되어 새로운 기술을
익혔다. 이전에는 상상도 하지 못한 방식이었다. 여러 기업이
GE의 역멘토링을 따라했고 특히 IT, 광고, 미디어 업계에서 적

극적으로 수용했다. 미국에서는 역멘토링이 이미 대세가 됐다. 역멘토링은 상급자에게만 혜택이 주어지는 게 아니다. 젊은 직원은 상급자와 직접 소통하는 관계를 만들 수 있고 다양한 의견과 아이디어를 교환할 수 있을 뿐 아니라 소속감과 의욕을 고취할 수 있으며 상급자의 경험과 지식을 직접 배울 수 있기 때문이다. 최근에는 역멘토링을 단순히 말로만 떠드는 게 아니라 신규 사업 아이디어를 낼 때 가장 젊은 직원에게 승인받지 못하면 진행할 수 없도록 규정을 정한 기업도 있다.

역멘토링이 제대로 작동되기 위해서는 충성심이 강하고 조직에 충실한 사람을 원하는 유혹을 버려야 한다. 모든 구성원이 서로 존중하고 도움을 주고받을 수 있는 관계를 억압하는 조직과 사회는 퇴행할 수밖에 없다.

사람은 누구나 자기가 걸어온 길로 판단하고 자신이 서 있는 지점에서 바라본다. 그래서 걸어왔던 길도 잊고 같은 길을 걷는 사람에 대한 공감보다 왜 나처럼 하지 못하는지 답답해한다. 왔던 길도 되돌아갈 때 다르다. 상대방의 입장이 되어 봐야 그를 제대로 이해하고 공감할 수 있다. 중국의 오경五經의 하나인《예기禮記》〈학기學記〉편에 '교학상장教學相長'이라는 말이 있다. 가르치고 배우며 서로 같이 성장한다는 뜻이다. 일방적인 관계는 없다. 가르치는 게 곧 배우는 것이고 배우는 것이 곧 가르치는 것이다. 수업은 선생이 일방적으로 자신의 지식을 전달하는 게 아니다. 하나의 주제를 놓고 기존의 안정적 이론 체계를 설명하는 게 스승의 몫이다. 해석을 독점하고 하나의 답을 강요하는 선생은 하급이다.

역멘토링은 단순히 지식과 정보를 확장하는 데에 그치지 않는다. 서로 존중하고 배려하는 인격적 태도를 전제한다. 조선시대 젊은 학자 고봉 기대승奇大升은 대학자 퇴계 이황李滉이 제시한 이론에 몇 가지 의문을 제기했다. 퇴계는 젊은 학자의 의문을 물리치지 않고 진지하게 받아들였다. 어설픈 인격이라면 자신의 권위가 손상된다고 여겨 '어린놈이 감히?'라고 무시하거나 심지어 망신을 주었을지 모르지만 퇴계는 배움에는 어느 누구의 말도 무시하지 않아야 한다는 신념을 가진 학자였다. 두 사람의 논쟁은 3년이나 이어졌다. 기대승은 이황의 가르침 덕분에 학문의 깊이를 더했고 이황은 젊은 학자의 눈을 통해 자신의 이론에서 부족함을 채워나갔다. 이처럼 교학상장이 제대로 이루어지려면 먼저 윗사람의 아량과 인격이 선행되어야 한다. 청출어람靑出於藍도 윗사람의 도량이 전제되어야 가능하다. 아랫사람의 입장을 받아들이는 것은 권위의 상실이 아니라 오히려 자발적 존경과 공감의 발판이다. 자연스럽게 이직률이 낮아진다.

이탈리아의 명품 브랜드 구치Gucci는 그림자 위원회Shadow Committee라는 독특한 제도로 문제를 해결했는데 이것은 밀레니

얼 세대 직원으로 이루어진 위원회다. 구치는 밀레니얼 고객은
밀레니얼 세대의 취향에 따라야 한다고 판단하고 50대 이상의
임원으로 이루어진 경영진 회의가 끝나면 똑같은 의제로 그림
자 위원회에서 다시 회의를 했다. 그런데 그림자 위원회와 경영
진 회의의 토론 내용과 해결책이 서로 매우 다를 뿐 아니라 새
로운 시장의 변화를 읽기에는 오히려 그림자 위원회가 훨씬 더
효과적이라는 걸 발견했다. 젊은 사원들은 큰 주제와 문제를 모
르고 그저 시키는 일을 수행하는 직원에 불과하다고 여기는 통
념을 뒤집어엎은 멋진 반동이다. 이러한 스마트한 결정의 결과
로 다른 명품 브랜드가 고전을 면치 못하던 시기에 그들은 밀레
니얼 세대의 열렬한 환호에 힘입어 오히려 화려하게 부활했다.
이 그림자 위원회는 집단 역멘토링의 좋은 사례일 것이다. 우리
나라 기업에서도 시도해볼 방식이다. 다만 흉내만 내고 무시할
거라면 아예 시도조차 하지 않는 게 낫다. 굳어진 생각부터 깨
뜨리는 것이 먼저다.

여러 기업이나 기관에서 역멘토링을 일시적 유행으로 여길
지 모른다. 어설픈 역멘토링은 상사의 사고가 고루하거나 시대
에 뒤떨어진다는 인식을 고착시킬 수도 있다. 그러나 입장을 바
꿔 바라보는 것 자체가 통찰에 크게 도움이 된다는 점은 무시할
수 없을 것이다. 그게 바로 통찰이 만들어내는 공감의 능력이기
도 하다. 역지사지易地思之만 제대로만 해도 통찰의 힘을 찾을 수

있다. 거창하거나 멀리 있는 게 아니다. 둘러보면 통찰력을 키울 수 있는 것이 많다.

관점 뒤집기: 제자의 눈으로 바라본 《논어》

역멘토링의 사례에서 본 것처럼 통찰력을 키우는 방식은 시선과 관점을 살짝 바꿔보는 것만으로도 가능하다. 고전을 어떻게 읽느냐에 따라 그 고전의 메시지의 의미와 가능성은 크게 확장될 수 있다. 이미 읽어서 알고 있는 것을 다시 읽었을 때 다르게 읽히는 까닭이 무엇인지 자문해보면 의외로 많은 것을 얻을 수 있다. 예를 들어 같은 소설을 읽더라도 주인공의 시선이 아니라 조연의 눈으로 보면 전체의 이야기는 동일하되 해석하는 방식은 완전히 달라진다. 박경리의 《토지》를 주인공 최서희를 중심으로 보는 것과 길상의 눈으로 보는 것은 크게 다르다. 통찰의 힘은 '시선'의 힘이기도 하다. 그러므로 시선을 바꾸는 것은 새로운 통찰의 가능성을 보여준다. 위대한 고전이라고 예외는 아니다. 예를 들어 《논어》를 누구의 시선으로 어떻게 읽느냐에 따라 완전히 새로운 것들을 발견할 수 있을 것이다.

《논어》를 펴면 대뜸 '공자께서 말씀하시길', '공자 가라사대'

로 시작한다. 다른 사람도 아니고 공자가 말했다는데 무슨 토를 달겠는가? 완벽한 권위를 확보하고 난 뒤에 저자의 설명을 얹는 식이다. 《논어》의 서술은 공자의 권위를 논리의 배경으로 삼는 전형이다.

하지만 공자의 고향인 중국 산둥성 취푸에서의 경험은 내게 일종의 충격이었다. 공자의 말을 설명하기 전에 맥락을 파악해야 한다는 것이다. 《논어》는 공자의 가르침이자 물음에 대한 설명이다. 당연히 대부분 제자들과의 문답이다. 공자의 말은 어떤 물음이나 상황에 대한 설명이었을까? 공자의 답변이 절대적이고 일점일획도 바꾸지 못하는 완벽한 권위라는 생각을 버려야 한다. 공자가 내리는 정의definition는 묻는 사람에 따라 달라진다. 예를 들어 효가 무엇이냐는 질문에 대한 공자의 대답은 질문자에 따라 다르다. 몸이 약한 제자가 물으면 건강해서 부모께 심려를 끼치지 않는 것이 효도라고 말하고 욱하는 성질 때문에 속을 썩인 제자라면 자중하는 언행으로 부모에게 욕보이지 않는 것이 효도라고 말하는 식이다. 그러므로 어떤 제자가 어떤 맥락에서 묻느냐에 따라 공자의 답변이 달라진다는 점을 읽어야 한다. 물론 상황에 상관없이 공자의 설명은 대개 보편적인 의미를 지니고 있어 누구에게나 해당되는 것이지만 무조건 "공자께서 말씀하시길"이라는 상투어를 앞에 내미는 게 능사가 아니다.

《논어》를 공자가 직접 쓰지 않았다는 점 또한 고려해야 한다. 제자의 시선으로 가려 뽑은 중요한 가르침을 묶은 것이다. 우리는 이런 점을 거의 고려하지 않은 채 공자의 권위에 의탁하려는 습성이 몸에 익었다. 공자의 권위가 유교에서 절대적이고 조선 시대가 공자의 가르침, 그리고 그에 대한 주자의 해석에 철저하게 고착했기 때문에 더더욱 그럴 것이다. 그러나 이제는 갇힌 틀에서 벗어나야 한다.《논어》를 제자의 시선으로 재해석해 보면 입체적이며 생동감 넘친다. 그리고 다른 해석이나 확장의 가능성도 발견할 수 있다. 지금은 공자가 지배하는 시대도 아니다. 그저 편의적으로 또는 나의 의도에 맞게 뽑아 쓰면서 공자의 권위에 기대려는 건 구태의연하다. 공자의 눈으로만 볼 것이 아니라 제자들의 여러 시선을 통해 바라보면 풍부한 관점과 해석을 만날 수 있다. 그건 누가 주는 게 아니라 내가 발견하는 것이다. 나의 몫이고 나의 힘이다. 권위에 자신을 넘겨주지 말아야 한다.

공자는 위대한 스승이다. 그렇다고 신처럼 초월적 존재도 아니다. 누구나 그의 길을 밟을 수 있다. 그게 공자의 매력이다. 그런데 공자를 신격화해서 그의 가르침을 이념으로 삼고 더 나아가 권력과 질서의 틀로 가둬놓고 온갖 해석과 찬양으로 도배해서 범인凡人은 얼씬도 하지 못하게 하는 자들이 있다. 그들은 걸핏하면 '공자께서 말씀하시길' 운운하며 그 권위에 기대 자기 권력을 탐한다. 그러나 제자의 눈으로 바라보면 공자의 말은 스승의 좋은 훈시고 맞춤형 답변이다. 묻고 답하는 과정이 오가는 현장을 바라볼 수 있어야 그 모습이 제대로 보인다. 교조주의의 함정에 빠지는 순간 진화도 진보도 끝이다. 생각이 멈추기 때문이다. 입장을 바꿔 생각해보는 것만으로도 통찰력을 키울 수 있다. 어려운 일만은 아니다. 그런 통찰력은 공감 능력을 증대시킨다. 마케팅의 경우 그보다 더 중요한 요소를 찾기는 어렵다.

명목이나 선언으로서의 통찰력 혹은 콘텐츠가 아니려면 막연하고 추상적인 정의와 개념의 정립에만 매달릴 것이 아니다. 모든 것에 새로운 시선과 관점을 접속시키기만 해도 엄청난 새로운 콘텐츠를 풀어낼 수 있다.

콘텍스트로 확장: 다시 읽는 《춘향전》

질문 하나가 현상을 훌쩍 뛰어넘어 미처 발견하지 못했던 보물을 캐도록 하는 경우가 적지 않다. 콘텐츠는 거죽에 있는 게 아니라 그 너머 혹은 그 깊숙한 심연에서 길어 올릴 수 있는 것이다.

〈그림 11〉을 보면 어떤 생각이 드는가? 남원의 광한루廣寒樓

그림 11_ 남원의 광한루와 오작교

와 오작교다. 곧바로 《춘향전》을 떠올릴 것이다. 《춘향전》의 무대다. 지금도 이곳에서 '미스 춘향 선발대회'도 열고 그네 타기 겨루기 등도 열린다. 모두 《춘향전》이 모티프다. 그런데 "왜 이곳에 이렇게 큰 누각이 있을까?"를 물어본 적이 있는가?

정자(경치가 좋은 곳에 놀거나 쉬기 위하여 지은 집, 벽이 없이 기둥과 지붕만 있다)와 누각(사방을 바라볼 수 있도록 문과 벽이 없이 다락처럼 높이 지은 집)은 그 용도가 전망과 휴식이기 때문에 주로 경승지에 짓는다. 바다나 강, 호수가 내려다보이는 곳, 멋진 계곡 등에 있다. 서원에도 공부하다 머리를 식히라고 지은 정자나 누각이 있다. 그중에도 광한루는 흔히 보는 규모가 아니라 매우 큰 누각이다. 밀양의 영남루나 병산서원 만대루 정도가 여기에 버금갈 규모. 특이한 것은 남한에서 시내 한복판 평평한 곳에 있는 경우는 서울 경복궁의 경회루를 제외하고는 거의 없다.[4] 제법 큰 인공연못까지 팠다. 이런 경우가 또 있을까?

광한루는 조선 시대 명정승인 황희가 남원으로 유배됐을 때, 즉 태종 때 지은 것이라는 기록이 있는데[5] 원래 이름은 광통루廣通樓였다고 한다. 세조 때 정인지가 그 수려한 경치에 감탄해서 마치 달나라에 있다는 궁전 광한청허부廣寒淸虛府처럼 아름답다며 광한루로 고쳐 부르게 됐다고 한다. 정유재란 때 불에 타 소실됐다가 인조 16년에 복원했다. 국가의 큰 전란으로 파괴된 것을 그리 오래 지나지 않아 재건했다는 건 당시 백성의 염원이 아니라 국가 혹은 위정자의 의도에 맞았기 때문일 것이다. 그것도 작은 정자가 아니라 대규모의 누각을.

그렇다면 왜 이렇게 큰 누각이 남원 시내 한복판에 생겼을지 궁금증이 생긴다. 인공으로 못을 파고 대규모의 누각을 세웠다는 건 대단히 막강한 권력이 있었다는 뜻이다. 명승지도 서원

---

4 경남 함양의 학사루學士樓는 평지에 있다. 신라 때 이곳의 태수였던 최치원이 자주 올라가 노닐던 곳이라 하여 붙여진 이름이다. 원래는 관아에 딸린 건물로 1910년경부터 함양초등학교 교사로 쓰이다 1978년에 현재의 자리인 함양군청 정문 앞으로 옮겼다.

5 유배된 사람이 누각을 지을 수는 없었을 테니 황희가 지은 게 아니라 그 시기에 지어졌다고 하는 게 맞을 것이다. 자칫 오해할 수 있는 기록이다. 그런데 남원에 유배된 황희가 그의 선조인 황감평이 지은 '일재'라는 서실을 헐고 누각을 다시 지었다는 기록이 엄연히 존재하는 것도 사실이다.

도 아니라면 남은 것은 세속의 권력이다. 이렇게 큰 규모의 누각과 인공 못이 평지에 있다는 건 일종의 공적 유희 공간, 즉 오피셜 테마 파크official theme park라는 뜻이다. 거기에 걸맞은 건 막강한 권력뿐이다.

남원 최고의 강자는 남원부사였다. 관찰사가 종2품 당상관이고 지방의 목사 가운데는 오직 광주廣州목사만 유일하게 종2품의 품계였다. 부사가 종3품이었다. 당상관은 정3품 이상이다. 그러니까 부사는 당하관 가운데 최고위직쯤 되는 셈이다. 그런데 광한루 정도의 누각을 남원부에 세운다는 건 어울리지 않아 보인다. 그렇다면 직위와 달리 엄청난 실권이 있는 자리라는 뜻이다. 상식적으로 시내 한복판의 누각을 마음대로 이용할 수 있는 건 그곳의 수령이거나 그보다 더 높은 직급의 실세가 자주 내려온다는 걸 의미한다. 즉 품계로는 낮을지 모르지만 실권은 종2품 이상 되는 자리라는 뜻이다. 요즘으로 치면 실권이 막강한 기획재정부의 차관보나 고참 국장쯤 되는 권력을 가진 사람이 부임하거나 자주 오는 곳이다.

왜 남원에 그렇게 막강한 실권자를 보냈을까? 조선 시대 재정과 조세의 절반 이상이 호남의 곡창에서 나왔다. 현재 남원은 한가한 지방도시에 불과할지 모르지만 옛날에는 호남의 산물이 집산하는 곳이었다. 당연히 그것을 관리 감독할 수 있는 실권을 가진 관리가 파견됐을 것이다. 《춘향전》의 악역 변학도는 탐관오리지만 그저 그런 지방관이 아니라 중앙정부의 끈이 확실한 실권자 혹은 그 집단의 핵심 구성원이었던 셈이다. 그런데 과거에 급제한(오늘날로 따지면 사법고시에 합격하고 사법연수원생 신분이거나 로스쿨 졸업하고 견습 중인) 신참 공무원 이몽룡이 어사의 신분으로 실세인 남원부사를 처단한다는 게 가능할까? 물론 문학은 현실과 다르고 심정이 투사된 것이기는 하지만 현실적으로 불가능에 가깝다. 장원급제를 했다고 곧바로 고위 관리에 임명하는 게 아니다. 절차를 밟아 성장한다.

어사라고 다 대단한 건 아니다. 우리가 아는, 박문수를 비롯한 암행어사는 특별한 경우다. 지방에 심각한 문제가 발생했을 때 왕명을 대신해서 집행하고 문제를 해결할 특명을 받은 어사의 명칭 앞에는 '순무巡撫어사'처럼 목적을 나타내는 이름이 붙는다. 이몽룡의 경우는 신임 관리가 여러 지방을 돌며 현장도 살피고 느낀 바를 보고서(장계)로 올리는 정도의 일을 맡은 셈이다. 소설의 클라이맥스가 되는 어사 출도出道 장면은 이몽룡의 직권 남용이고 월권이다. 마패는 공무에 따른 숙식을 국가 재정으로 해결해주라는 징표다. 물론 어느 정도의 신분을 보장하는 것이기도 하다. 요즘으로 치자면 공적 출장 때 공무 법인 카드를 지급하는 것과 크게 다르지 않다. 신임공무원이 법인카드를 품에서 꺼내 지역의 수장을, 그것도 막강한 실권자인 남원부사의 무릎을 꿇리고 징벌한다는 것은 거의 불가능한 일이다.

이런 맥락으로 하나씩 짚어보면《춘향전》은 교과서에서 배운 것처럼 단순히 신분을 뛰어넘은 순수한 사랑 이야기일 수 없다. 아무리 문학적 허구성을 고려한다고 해도 너무나 많은 허점과 모순이 곳곳에 도사리고 있다.[6] 광한루에서 던진 질문 하나가 수많은 이면裏面을 발견하게 하는 물꼬가 된다. 통찰력과 상상력이 대단한 게 아니다. 주어진 작은 조각 하나에서 던진 질문 하나가 꼬리를 물고 가능한 논리를 토대로 확장하는 것도 통찰의 힘을 통해 상상력을 증강시키고 현실적으로 적용할 수 있는 방식이 될 수 있다.

질문과 통념: 당연한 것에 의문을 제기하라

우리는 말로는 '왜'와 '질문'이 중요하다고 강조하면서도 습관적으로 여전히 답을 요구하는 경향을 갖고 있는 듯하다. 스스로 답을 찾을 수 없을 것 같은 불안감과 당장 문제를 해결해야 한다는, 몸에 밴 조급함 때문이다. 때로는 질문을 거창하게 생

---

6   더 자세히 알고 싶으면 나의 《고전, 어떻게 읽을까》 중 〈대들고 읽으면 다르게 읽힌다: 춘향전〉 편을 읽어보길 권한다.

각하기 때문이기도 하다. 사소한 것에 대한 궁금증과 물음으로
도 충분한 경우가 많다는 걸 기억해야 한다. 예를 하나 들어보
자. 내게는 유럽에서 구입한 여성용 카디건 두 벌이 있다. 캐시
미어 소재가 너무 마음에 들고 색상도 딱 내 취향인데 사이즈까
지 맞았다. 문제는 단지 딱 하나, 안타깝게도 여성용이었다. 나
는 잠시 고민하다가 구입하기로 결정했다. 무엇보다 너무나 싼
가격 때문에 도저히 포기하기 어려웠다. 그런데 이 카디건을 입
을 때마다 조금 불편하다. 옷을 입은 상태에서 단추가 왼쪽에
달려서 왼손으로 단추를 껴야 하는 게 여간 어색한 게 아니다.
여성이라고 왼손잡이는 아닐 텐데 왜 옷의 단추 위치가 다를
까? 그 사소한 물음이 시작이었다.

　자료를 찾았다. 서양복식사에서 단추는 고대부터 사용되기
는 했지만 오늘날 같은 단추가 일반화되기 시작한 건 중세 부유
한 상업도시에서였다. 시민들은 자신의 부와 신분을 과시하기
위해 비싼 단추를 달았다.[7] 무엇보다 동양에서 단춧구멍을 만드
는 기술이 전래된 덕분이기도 했다. 십자군전쟁은 여러 견직물
과 면직물이 진보된 기술과 함께 동양에서 수입되어 복식의 양
과 질을 향상시키는 계기가 되기도 했다. 수공업 길드guild는 활

7　한복에서 마고자 단추를 금, 옥, 호박 등으로 만드는 것도 부를 과시하는 것이라
는 점에서는 크게 다르지 않다.

발한 생산과 상업경제를 이끌었고 활동량의 증가에 따라 의복의 형태도 생활에 적합하게 몸에 맞는 형태로 발달했다.

　기독교의 금욕주의는 신체의 노출을 억압해서 몸을 전체적으로 다 싸고 외관의 존엄성에 가치를 두게 하는 의상을 낳았기 때문에 옷을 촘촘히 '묶는' 방식이 필요했다. 13세기에 흑사병과 천재지변을 겪은 뒤에는 밀착된 의상에 대한 반발로 잠시 무겁고 헐렁하게 몸을 감추는 듯했지만 다시 부드러운 직물을 사용해서 육체의 곡선을 나타내기 시작했다. 린넨과 벨벳 등의 직물이 사용되고 정적인 생활에서 급변하는 시대에 적응하기 위한 활동적인 생활로 바뀌자 복식도 합리적인 형태를 추구하기 시작했다. 14세기가 되면 남녀 의복에서 성별에 따른 구별이 나타나는데 하나는 옷의 길이고 다른 하나는 단추였다. 남성의 옷은 짧아지고 여성의 옷은 몸에 꽉 끼게 되어 신체의 윤곽을 드러내며 화려하게 장식했는데 이때 남성의 단추는 오른쪽에 여성의 단추는 왼쪽에 달았다. 단추의 위치가 다른 건 '독립적인' 존재인 남성은 자신이 단추를 채워야 하므로 오른손에 단추를 왼손에 단춧구멍을 잡을 수 있는 방향이지만 비독립적이고 옷입혀줄 하녀가 있는 여성은 '입혀주는 사람의 입장에서' 그의 오른손에 단추를 쥐어야 하므로 옷의 왼쪽에 단추를 달았다. 남성과 달리 여성 옷의 등 부분에 단추가 달린 것도 뒤에서 단추를 잠가주는 하녀가 있었기 때문이었다. 이 관습이 그대로 이어져 내려온 것이다.

이제는 여성도 누가 옷을 입혀주지 않는, '독립적이고 자주적인' 존재다. 그러나 여전히 단추는 옷의 왼쪽에 달렸다. 남성은 왼쪽 단추 꿰는 게 어색한 것처럼 여성도 중간에 그렇게 됐다면 어색했을 것이다. 그러나 처음부터 왼손으로 왼쪽 단추를 꿰는 것에 익숙해 불편하게 여기지 않는다. 인간은 적응의 동물이다. 긍정적인 면도 있고 부정적인 면도 있다. 한번 적응되면 거기에 익숙해져서 묻거나 따지고 바꾸는 것을 생각하지도 않거나 시도하지 않는다. 어쩌다 입게 된 여성용 카디건에서 느낀 어색함에 대해 던진 물음 덕분에 뜻밖에 서양복식사에 대한 흐름을 일별할 수 있었다. 이런 일들이 어디 한둘에 그칠까.

종묘에 공민왕 신당이 있다는 걸 아는 사람은 의외로 적다. 조선은 고대 중국의 도성 원칙에 따라 궁궐의 왼쪽인 동쪽에 종묘를 오른쪽인 서쪽에 사직단을 마련했다. 종묘는 조선 시대 역대 왕과 왕비의 신위를 봉안한 사당이다. 그런데 고려의 왕을 모신 신당이 있다? 그리고 왜 하필이면 공민왕일까? 종묘에서 그 신당을 보면 당연히 드는 궁금증이다. 그 이유는 조선은 고려의 왕조를 '빼앗은' 게 아니라 왕위를 선위 받았다는 걸 보이기 위해서다. 즉 이성계가 왕위에 오른 건 '명목상으로는' 고려의 왕인 셈이다(조선이라는 국호를 인정받은 것이 1393년이다. 왕조는 '성씨'의 지속적 지배로 형성된다는 점에서는 새로운 왕조다). 그렇다면 왜 마지막 왕인 공양왕이 아니고 공민왕인가? 게다가 공양왕과 공민왕 사이에는 우왕과 창왕이 있는데도 건너뛰었다.

이성계를 비롯한 조선의 입장에서는 우왕, 창왕, 공양왕은 '왕王씨'가 아니라 '신辛씨', 즉 신돈의 자식들이라는 논리 때문이다. 그러니까 공양왕을 폐한 것은 반역이 아니라 그릇된 것을 바로잡은 것이며 왕씨 가문의 왕조가 기운을 다해 부득이 새로운 왕조를 세운다는 논리였다. 게다가 이성계에게 왕위 옹립교서를 내린 사람이 바로 공민왕의 부인 가운데 한 사람이었던 정비 안씨였기 때문이다.[8] 그러니까 이성계 자신의 정치적 지속성은 바로 공민왕에게 있는 것이지 우왕, 창왕, 공양왕에게 있지 않다는 뜻이고, 뒤의 세 왕의 혼란을 제거하고 고려의 백성을 위해 보다 나은 나라를 열었다는 합리화가 공민왕을 종묘에 모시게 만든 것이다. 종묘에서 공민왕의 신당을 발견하고 왜 거기에 그것이 있을까 물어보면 뜻밖에 많은 것을 발견할 수 있다. 그 신당 앞에서 여말선초麗末鮮初의 혼란과 권력의 암투, 그리고 당대 백성의 불안을 상상해보면 이미 그 자체가 '뜨거운 콘텐츠'가 된다. 묻는 게 답이다.

나는 이와 비슷한 사례를 이탈리아에서도 볼 수 있었다. 피

---

8   그래서 공민왕 신당에는 공민왕과 정비 안씨가 봉안되었다.

렌체를 상징하는 대표적 유적이라면 대성당인 두오모와 베키오궁, 즉 시청사를 빠뜨릴 수 없다. 피렌체를 찾는 방문자라면 누구나 두오모를 찾는다. 압도적인 건축이다. 거의 모든 유럽의 대성당은 화려함을 과시한다. 안에 들어가면 더욱더 화려하다. 그런데 피렌체대성당은 달랐다. 화려한 외모와는 달리 뜻밖에도 내부는 오히려 소박한 느낌이었다. 예상과 너무 달라 그 까닭이 궁금했다. 그것은 개인이나 권력자의 힘을 과시하기 위해서가 아니라 공화국인 피렌체 시민 모두의 성당이기 때문이란다. 그러고 보니 피렌체의 두오모에는 다른 대성당과 달리 유명한 사람의 무덤도 없었다. 피렌체를 지배하던 막강한 권력의 메디치 가문조차 그 성당에 묻히지 못했다. 피렌체 시민 모두의 예배 공간이었기 때문에 메디치 가문은 자신들의 성당인 산로렌초 성당에 자신들의 무덤을 마련했다. 피렌체를 방문한 사람이라면 누구나 찾아가지만 너무나 다른 대성당의 외모와 내부의 모습에 당혹하고 물음을 던지지 않으면 피렌체 역사의 속살을 모르고 지날 것이다. 호기심이 문을 두드리고 질문이 문을 연다. 질문이 답이다!

관계에서 통찰로:
이름에서 발견하는 지혜

우리나라에 러시아문학을 좋아하는 사람이 많다. 아마도 한국인의 정서에 잘 맞는 부분이 있기 때문일 것이다. 서구적이면서 동양적인 문화와 사고가 어우러진 것도 매력적이고 서사 구조도 빠르고 경쾌하기보다 육중하고 돈후하면서도 인간의 내면적인 면에 성찰이 담겨서 더더욱 그럴 것이다. 아마도 톨스토이, 도스토옙스키 등의 러시아 작가를 우리만큼 줄줄 꿰는 민족도 그리 많지 않을 것이다.

그런데 러시아문학을 읽을 때마다 짜증스러운 요인이 있다. 바로 인명이다. 다른 나라 문학작품과 달리 러시아문학 작품은 마치 희곡처럼 맨 앞에 등장인물이 나온다. 일단 이름이 매우 길다. 한참을 읽다 보면 누가 누군지 헷갈린다. 그러면 다시 맨 앞으로 돌아와 이름을 확인한다. 그러면서 왜 자꾸 이름을 다르게 부르는지 답답해한다. 불편하기 짝이 없다. 그래서 러시아문학 작품은 적어도 50쪽쯤 읽을 때가 변곡점이 된다는 말이 있다. 그쯤 읽었을 때 대략 누가 누군지 파악할 수 있는 사람은 큰 서사의 문을 열어 여행을 떠나고, 이름 때문에 헷갈리고 짜증나고 정리가 되지 않는 사람은 도중에 포기한다.

도대체 왜 러시아 이름은 그렇게 길고 부르는 게 다 다를까?

예를 들어 알렉산드로 미하일로비치 스타브로긴이라고 하면 맨 앞의 알렉산드로는 이름이고 미들네임은 아버지가 미하일이며 이 이름의 주인공은 딸이 아니라 아들이라는 뜻이다. 딸이라면 미하일로브나가 된다. 마지막은 성인데 남자는 그대로 따르면 되고 딸은 '어미'가 첨가되어 스타브로기나가 되고 결혼하면 남편의 성을 따라간다. 가까운 사이면 이름만 부르면 되지만 일반적이거나 공식적 관계에서는 부성까지 불러야 한다. 성만 부르는 건 무례한 일이다. 그래서 문학작품에서 성으로 부르는 걸 만나기가 쉽지 않다. 예를 들어 한국에서는 톨스토이라고 부르지만 예법에 맞는 건 아니다. 성을 부를 때는 이름과 함께 불러야 한다.

게다가 웬 애칭은 그리도 많은지! 분명히 앞의 등장인물 설명에서는 알렉산드로였는데 읽다보면 '사샤'였다가 '슈라'였다가 도대체 종잡을 수가 없다. 그래서 다시 맨 앞으로 되돌아가는 일을 반복하다 보면 지치고 짜증난다. 그러나 잘 살펴보면 어떻게 부르느냐에 따라 그 대화에 등장하는 인물의 관계를 파악할 수 있다. 예를 들어 알렉세이 이바노비치 푸틴이라고 하는 이름을 부를 때 공식적으로는 알렉세이 이바노비치, 비공식적인 자리에서는 알료샤로 부를 수 있고 아주 친하면 알료쉬까로 부른다. 예를 들어 이름이 이반이면 가까운 사이는 '바냐'라는 애칭으로 부르며, 더 가깝거나 혹은 무시하거나 깎아내리며 부를 때는 '반까'로 부른다. 러시아 작명법과 애칭의 변화만 주목해도 관계성을 쉽게 파악할 수 있다.

나는 러시아 이름을 최대한 이용할 수 있는 사람이 우리나라 사람이라고 생각한다. 우리는 예전에 아명, 자字, 호號, 관직, 출신지, 시호諡號 등 다양한 이름을 사용했다. 자와 호의 경우도 하나만 쓰는 게 아니라 여러 개를 썼다. 예를 들어 김정희의 수많은 호 중에서 추사라는 호가 가장 널리 알려졌지만 그는 완당阮堂이라는 호도 가끔 썼다. 그가 중국에 갔을 때 당시 청나라 학계와 예술계를 주름잡고 있던 옹방강翁方綱과 완원阮元을 만나 크게 인정받고 사랑도 듬뿍 받아서 완원으로부터 '완'자가 들어간 호를 받은 것이다.[9] 그것은 그 자체로 큰 권위를 갖는 명칭이기도 하다. 그래서 김정희 자신이 그 호를 쓸 때는 각별한 의미와 의도가 있었다. 제자인 우선 이상적에게 〈세한도〉를 그려 보낼 때 '완당'이라는 낙관을 쓴 것은 이상적이 중국에 가서 지인들에게 보여줄 것을 염두에 뒀기 때문이었을 것이다.

러시아 소설을 읽을 때 등장인물들의 이름이 길어 불편하

---

9   불가에서도 어떤 조실을 따르느냐에 따라 법명에서 한 글자를 공유한다. 법명은 주로 스승이 되는 스님이 지어주는데 돌림자를 쓴다. 그래서 예를 들어 '월月' 자가 들어간 법명을 가진 스님들은 같은 스승을 모신 도반이라는 걸 알 수 있다. 그러나 최근에는 이런 관행이 희미해지는 편이다.

고 짜증난다고 내팽개칠 게 아니다. 그러면 걸림돌에 불과하다. 우리는 현재 호를 그다지 사용하지 않지만 선조 덕에 그 문화를 쉽게 이해할 수 있고, 그런 맥락과 관계성에 비춰 러시아 인명을 파악하면 다른 나라 사람은 이르지 못하는 이점을 누릴 수 있다. 그러면 디딤돌이 된다. 러시아문학을 읽을 때 처음 나오는 인명도를 따로 적거나 스마트폰으로 찍어서 50쪽쯤까지는 대조하며 확인해서 읽으면 쉽게 이해할 뿐 아니라 인물 관계의 친밀도를 파악할 수 있다.

있는 것도 쓸모없다고 버리면 쓰레기가 되고 잘 쓰면 보물이 된다. 걸림돌이라고 무조건 빼내서 버릴 게 아니다. 디딤돌로 쓸 수 있는 방법을 찾으면 된다. 콘텐츠의 가치는 그렇게 키우는 것이다.

맥락에서 통찰로: 24절기를 어떻게 활용할 것인가

러시아 소설의 이름들처럼 어떻게 이해하고 활용하느냐에 따라 결과는 전혀 달라지는 것이 생각보다 많다. 그 대표적인 경우의 하나가 바로 절기다.

지금도 국어 교과서에 〈농가월령가〉가 실려 있다. 예전처

럼 독립된 꼭지로 다루지 않지만 여러 국어 교과서에서 나온
다. 〈농가월령가〉는 다산 정약용의 아들 정학유丁學游가 지은
1032구의 월령체 장편 가사로 농가의 행사·세시풍속뿐만 아
니라 당시 농촌사회의 상황을 알 수 있어 농가를 읊은 시가 중
에 대표작품으로 꼽힌다. 이제는 거의 사용하지 않고(일기예보
를 전하는 기상캐스터만 가끔 사용한다) 관심도 없는 24절기에 대
한 내용이다. 교과서에서 잠깐 배울 때 24절기에 대해 훑어보
고 끝이다.

봄: 입춘, 우수, 경칩, 춘분, 청명, 곡우
여름: 입하, 소만, 망종, 하지, 소서, 대서
가을: 입추, 처서, 백로, 추분, 한로, 상강
겨울: 입동, 소서, 대서, 동지, 소한, 대한

각 계절 별로 여섯 개의 절기가 공평하게 나뉘어 있다. 그
런데 지금은 왜 절기에 관심이 없을까? 일상의 날씨와 맞지 않
기 때문이다. 입춘에 눈 오고 입추에 반바지, 반팔 차림이니 실
감이 나지 않는다. 그래서 흔히 음력이라고 여긴다. 양력[10]인 걸

---

10 하지(6월 21, 22일), 동지(12월 21, 22일)를 보면 명확하게 알 수 있다. 하지와 동
지가 양력임을 확실히 알 수 있는 건 낮과 밤의 길이는 달이 아니라 태양이 결정

아는 사람도 느낌으로는 별 차이가 없다. 딱 거기까지다. 아무도 왜 그런지 묻고 따지지 않는다. 그러니 더 얻는 것은 없고 맞지도 않는 낡은 유산이라며 외면한다.

가끔 바닷가 횟집에 가면 그 지역 수협에서 만든 달력이 걸려 있는 걸 본다. 우리가 일상에서 사용하는 달력에는 음력이 열흘에 한번쯤 작고 희미한 글씨로 행랑채 셋방처럼 적혀 있을 뿐인데 수협 달력에는 매일 음력 날짜가 나란히, 그리고 크게 쓰인 걸 볼 수 있다. 왜 어촌에서는 음력이 표기된 달력을 사용할까? 어업은 조류의 움직임에 민감하다. 조류의 흐름은 달에 의해 결정되기 때문에 음력이 유용하다.

우리나라는 전통적으로 농경 사회였다. 농업은 어업과 달리 태양의 움직임에 좌우된다. 아무리 보완·보정해도 음력으로는 한계가 있다. 태음력은 달의 모양을 통해 날짜를 바로 알기는 쉬우나 계절의 변화, 특히 태양에 따른 기후의 변화를 알기 어려웠다. 농경 사회였던 동아시아에서 이를 보완하기 위해 황도에 기준한 절기를 사용하기 시작했다. 절기의 개념은 전 세계 공통이나 24라는 개수와 명칭은 중국에서 고안됐다. 이로써 동아시아 달력은 태양태음력으로 불리게 된다. 당초 중국도 음력

하는 것이기 때문이다. 당연히 양력이다.

이었다. 농경 사회인 중국도 이 문제를 피할 수 없었다. 그래서 약간의 보완 작업을 했다. 대통력에서는 태양이 황도상 가장 남쪽(황경 270도 지점)에 있는 날을 동지로 하고, 동지로부터 다음 동지까지 '시간'을 24등분하여 계산했다. 이렇게 계산하면 각 절기별 시간 간격이 같다. 하지만 명나라 말기에 중국에 들어가 청나라 때 활동한 독일인 신부 아담 샬Adam Schall을 비롯한 예수회 선교사들이 당시 황제의 명을 받들어 만든 새로운 음력 체계 시헌력에서는 동지를 기준으로 황도를 15도 간격으로 나눠 해당 기준점에 태양의 중심이 맞물리는 날을 24절기로 규정했다. 이렇게 지금 우리가 사용하는 24절기가 조정된 것이고 완벽하게 양력 체계에 맞추게 됐다.

그런데 왜 실제로는 날씨가 그 절기에 맞지 않는 것일까? 왜 '모기도 처서가 지나면 입이 삐뚤어진다', '대한이 소한 집에 놀러 갔다 얼어 죽는다' 혹은 '소한에 얼어 죽은 사람 있어도 대한에 얼어 죽은 사람 없다'는 말이 마치 속담처럼 회자되는 것일까? 소한이 더 춥다면 왜 대한에 '큰 대大'자를 썼을까? 24절기는 태양의 위치를 기준으로 했으니 당연히 기후나 계절과 관련이 깊지만, 기후에는 태양의 움직임뿐만 아니라 대기의 흐름 등 여러 가지 요소가 관여하므로 지역마다 차이를 보인다. 현 24절기의 명칭은 중국의 수도인 베이징이 있는 허베이 지방을 기준으로 정했기 때문에 우리나라에서는 명칭과 기후가 잘 맞지 않는다.

베이징과 서울의 위도 차이는 대략 닷새 정도의 기후 차이를 만든다. 그리고 우리는 삼면이 바다로 둘러싸인 반半해양성 기후인 데 반해 베이징은 전형적인 대륙성기후라서 열흘쯤의 기후 차이가 난다. 그래서 합치면 대략 보름쯤의 차이가 나는 셈이다. 이 지점이 통찰의 핵심 포인트다. 절기의 날짜와 기후가 어긋나게 느껴지는 데다 일상이 농경 사회에서 벗어난 까닭에 관심도 없고 그냥 음력쯤이라 여기면서 사는 것이다.

지금 우리는 지구상에서 가장 강력한 두 나라 사이에 끼어 있다. 미국과 중국 사이에서 샌드위치 신세다. 거기에 러시아와 일본이라는 고약한 이웃도 맞닿아 있다. 지구상에 이렇게 사방으로 최대의 강대국들에 둘러싸인 나라가 또 있을까? 하지만 샌드위치는 넛크랙nutcrack과 다르다. 넛크랙은 집게로 조금만 눌러도 깨지지만 샌드위치는 양쪽에 끼어 있기만 할 뿐 그 자체로 망가지는 건 아니다. 한쪽에서 누르면 다른 쪽으로 다가서고 그 반대도 마찬가지다. 그리고 무엇보다 양쪽의 면과 접했다는 건 접점을 갖고 있다는 점이다. 양쪽 모두와 접점을 갖는 건 자산이 될 수도 있다. 문제는 선제적으로 지혜롭게 대응해야 한다는 점이다.

24절기는 이 문제를 다룰 매우 상징적인 실마리를 보여준다. 우리나라는 동아시아의 문화를 공유한다. 24절기가 현실과 맞지 않는다는 건 착각이다. 그 착각은 차이에 대한 이유를 따지지 않는 데서 온다. 24절기를 만든, 당시 세계 중심으로서의 중국에서는 대한이 분명 가장 추운 절기일 것이다. 그래서 '큰 대大'를 붙였을 것이다. 그러나 보름쯤 밀린 우리는 그 절기가 소한쯤에 해당된다. 그래서 대한이 소한 집에 놀러 갔다가 얼어 죽을 수 있는 가능성이 큰 것이다. 그게 '현상'이다. 현상을 통해 맥락을 읽어낼 수 있는 게 전략적 능력이다.

샌드위치 신세라고 한탄만 하고 칭얼대면 이점을 누리지 못한다. 같은 것이라도 어떻게 받아들이고 어떻게 활용하느냐에 따라 결과는 전혀 달라질 수 있다. 대한민국은 샌드위치 신세의 나라지만 막강한 강대국과 접촉하는 다양성과 잠재력을 발휘할 수 있는 나라다. 강소국이라는 건 그냥 얻어지는 게 아니다.

보름 정도의 차이를 어떻게 해석하고 활용하느냐에 따라 대응이 달라진다. 우리가 세상의 중심은 아니다. 그건 엄연한 현실이다. 중국이 절기를 정할 때 수도인 베이징을 중심으로 허베이 지방을 고려한 것은 당시 세계 중심이 중국이었기 때문이다. 우리는 그 절기를 수입해서 썼을 뿐이다.

이제 입춘에 눈 내리고 입동에 단풍 여행 가는 걸 보면서 절기가 맞지 않는, 그저 옛 삶의 방식에 불과한, 교과서에서 〈농가월령가〉 배울 때 잠깐 훑어본 것에 불과한 것으로 여기는 데서 벗어나 생각을 넓혀 보자. 입동이라는 건 겨울의 시작이 아니라

'보름쯤 지나면' 겨울로 들어선다는 뜻이다. 그러니 가을 농사 등에 바빠 미처 단풍 여행을 다녀오지 못한 사람은 보름 남짓 남은 단풍을 즐기러 다녀오고, 긴 겨울에 대한 채비를 위해 보름 정도 부지런히 준비할 시간의 여유를 마련할 수 있다. 입춘도 마찬가지 방식으로 쓰면 된다.

보름의 차이를 현실과 맞지 않는 엉터리라고 여기면 이러한 여유는 누릴 수 없다. 보름씩 순차적으로 밀렸을 뿐이고 그것을 잘 이용하면 보름의 여유를 누릴 수 있다. 작지만 큰 차이이다. 중국, 미국, 일본, 러시아는 그런 기회를 갖지 못한다. 맞지 않는다고 무관심으로 대할 것인가, 보름의 여유 시간을 선제적이고 생산적으로 활용할 것인가는 큰 차이를 만들어낸다. 하나의 사안이지만 많은 걸 느끼게 할 매우 유용한 통찰의 사례다. 이런 사례를 찾아 분석하고 그 통찰에서 영감을 얻고 상상력을 발휘하는 것이 미래로 나아갈 좋은 돌파구가 될 것이다.

복잡한 관계를 단순하게: 유전혁명을 이끌어낸 단순함

통찰력과 상상력은 과학의 영역에서도 쉽게 발견할 수 있고 실제로 대단히 큰 힘을 발휘하고 있음을 경험할 수 있다. 흔히 과학은 가장 엄격하고 정밀한 학문이며 반드시 입증되었거나 입증할 수 있는 증거 체계를 바탕으로 실증적으로 증명해야 성립할 수 있다고 여긴다. 그 엄밀성이 바로 과학이 갖는 힘이고 매력이다. 과학은 의견에 휩쓸리거나 권위에 휘둘리지 않는다. 과학의 진정한 힘은 자주적이며 독립적인 자유를 보장한다는 점에 있다. 과학을 그저 차갑고 어렵기만 한 과목이라고 여기면 그걸 놓친다. 과학에서도 통찰력이 발휘되어 상상할 수 없는 엄청난 결과를 만들어내는 사례가 많다.

1953년 현대과학사에서 결코 잊을 수 없는 중요한 사건이 일어났다. 생물학의 비약적 발전과 유전공학의 새로운 지평을 연 DNA 이중나선 구조의 비밀이 밝혀진 것이다. 그 주인공은 왓슨James Dewey Watson과 크릭Francis Crick이었다. 이중나선 구조의 발견은 유전물질이 상상 외로 단순하며 단순한 것이 아름답다는 사실을 일깨워 주었다. 왓슨은 슈뢰딩거Erwin R. Schrödinger의 《생명이란 무엇인가》를 읽다가 유전물질이 무엇인지 규명할 수 있다면 생명에 대한 수많은 미스터리를 풀어낼 수 있을 것이라는 영감을 받았다고 한다. 당시 생물학계에서는 유전물질이 단백질이라고 믿는 이들이 훨씬 더 많았지만 왓슨은 오히려 DNA에 해답이 있을 것이라고 생각했다. 왓슨의 이 생각은 현대생물학에서의 코페르니쿠스적인 대전환이다.

사람들이 유전물질이 단백질이어야 한다고 믿은 이유는 생명현상을 제공하는 물질이 단백질이라는 본질적 기능뿐 아니라 그 다양성 때문이었다. 생명현상의 수많은 다양성을 설명할 수 있으려면 20여 종의 아미노산으로 이루어진 단백질의 무궁무진함 말고는 불가능하다고 여겼다. 그러니 아무도 핵산에 주목하지 않았다. 핵산은 구조가 너무 단순하기 때문이다. 그러나 왓슨은 다르게 생각했다. 코페르니쿠스가 오컴의 면도날을 떠올리며 '단순하게' 해결한 것처럼, 기껏 네 가지 염기로 이루어졌을 뿐 아니라 구조도 쉽게 풀어낼 수 있을 정도로 단순한 핵산에 주목한 것이 왓슨의 통찰력이었다. 특히 1944년 컬럼비아 대학의 에이버리Oswald T. Avery 교수가 폐렴균의 유전적 특징을 결정하는 물질은 단백질이 아니라 DNA여야 된다는 증거를 보고한 것이 중요한 단서였다. 그 밖에도 여러 증거가 이어졌다. 왓슨은 이러한 증거들을 보면서 핵심을 파악했다. DNA가 유전물질이고 그것의 구조를 밝혀내면 생명에 대한 수많은 미스터리를 풀 수 있다고 판단했다. 큰 흐름과 전체를 파악하는 그의 통찰력이 발휘된 것이다.

왓슨의 《이중나선》[11]은 DNA의 구조를 밝히는 극적인 과정을 상세하게 보여준다. 왓슨과 크릭은 핵산 분석을 통해 모든

---

11 《이중나선》, 제임스 왓슨, 최돈찬 옮김, 궁리, 2019.

생물체에 적용되는 규칙이 있으며 거기에 몇 가지 규칙적 패턴이 있다고 유추했다. 두 사람은 사고실험을 통해 DNA 구조를 풀어갔다. 심지어 네 가지 염기 화학구조식을 그린 종잇조각을 맞춰가면서 구조를 유추하는 경우도 있었다고 한다. 그들은 이런 식의 실험과 토론을 통해 DNA가 이중나선 구조이며 두 개의 나선이 서로 반대 방향으로 마주 본 형태로 꼬인 모양이라는 걸 밝혀냈다. 그것으로 마침내 DNA가 유전물질이라는 점이 완벽하게 규명됐다. 두 사람은 공로를 인정받아 1962년 노벨 생리의학상을 함께 수상했다. 만약 왓슨과 크릭이 DNA의 이중나선 구조를 밝혀내지 못했거나 DNA가 유전물질임을 확인하지 않았다면 오늘날 눈부신 유전공학의 발전은 무망했을지도 모른다. 왓슨의 통찰력은 코페르니쿠스의 대전환과 매우 비슷한 이유와 탐구의 방식으로 발현됐다. 단순한 것이 핵심이라는, 간단한 통찰은 앞으로도 여전히 유효할 것이다.

과거로 현재를 읽는 법: 중국의 몰락과 부흥

이번에는 통찰의 사례로 동아시아로 시선을 돌려 보자. 1992년 한중 수교 이후 이제는 여러 면에서 중국을 떼어놓고 생각하기 어렵다. 특히 경제적으로는 대한민국 수출의 거의 3분의 1이 중국을 향하고 있고 중국으로부터의 수입 비율도 압도적이다. 여전히 미국이라는 초강대국이 우리의 동맹국이며 경제 파트너인 것은 변함이 없지만 갈수록 중국과의 관계는 더 깊어질 것이고 그에 따라 우리의 외교와 경제의 대응도 민감하게 변화할 것이다.

근현대에 중국이 쇠퇴하고 몰락한 가장 큰 이유가 무엇일까? 여러 분석과 평가가 있지만 가장 큰 이유는 두 가지로 요약할 수 있을 듯하다. 하나는 이전의 농경 사회에서는 세계 최강이었지만 근대 산업사회로의 전환에서 뒤처졌다는 점이다. 다른 하나는 해군력의 축소였다. 역사적으로 중국의 가장 큰 고민은 북방 민족의 침입이었다. 모든 국방과 국력의 초점을 북쪽에 맞췄기에 다른 쪽으로 눈을 돌릴 이유도 여유도 없었다. 명나라 영락제 때 세계 최강의 해군력을 자랑했으나 곧바로 쇠퇴했으며 기마민족이었던 만주족이 세운 청나라는 해군력에 대한 이해나 관심이 별로 없었다. 문제는 중국이 능동적으로 나라 밖과 교류하고 경제력을 증강할 수 있는 기회를 스스로 놓쳤다는 점이다. 만약 중국이 해군력을 포기하지 않았더라면 19세기 서구 열강이 마음껏 아시아를 침략하고 식민지로 삼으며 착취하면서 경제 발전을 이루지 못했을 것이다. 해군력이 없었지만 중국은 당시에도 세계 최고의 나라였다. 그러나 그 막강함이 순식간에 무너졌다. 결정적인 것은 빈약한 해군력이었다.

흥미로운 것은 유럽 근대국가의 탄생에는 강력한 중앙집권 제도의 정착이 큰 역할을 했다는 점이다. 중국은 그 어느 나라보다 먼저 그리고 오랫동안 중앙집권제도를 시행했다. 그런 점에서 중앙집권제 유무가 근대화의 핵심 요소는 아니라고 할 수 있다.

농경 사회에서 축적된 문명이 산업사회로 전환되기 위해서는 국내 경제 문화 구조에 변화가 있어야 하지만 다른 나라와의 비교와 경쟁도 무시할 수 없다. 그런데 중국은 워낙 거대하고 강력해서 비교나 경쟁이 필요없었다. 차(약 70퍼센트), 비단(약 20퍼센트), 도자기(10퍼센트 미만)를 수출해서 막대한 부를 축적하는 데 만족했을 뿐이다.[12] 실제로 유럽에서 수입할 게 별로 없었던 당시 중국으로서는 당연한 선택이었겠지만 결과적으로는 세상의 흐름을 읽어내지 못한 뒷감당을 가경제嘉慶帝, 재위 1795~1820와 도광제道光帝, 재위 1820~1850 때부터 고스란히 겪게 됐다. 농경 사회에서는 중국이 세계 최강이었는지 모르지만 산업

12　건륭제(乾隆帝, 재위 1736~1796) 때 영국의 사신이 수교를 요청했지만, 천하가 이미 자신의 것이라 그 필요성을 느끼지 못했던 황제와 청나라 조정은 선물이나 받아가라며 일축했다. 박지원이 동지사 일행을 따라 갔을 때 황제도 건륭제였다. 청나라 전성기의 끝자락쯤 될 때였다.

사회로 전환하지 못한 대가는 혹독했다. 농업이 공업을 이길 수는 없다. 결국 과학의 낙후가 초래한 비극이었다. 이후 아편전쟁 전후에 중국은 질곡에 빠졌고 이후 20세기 후반 개방 때까지 이빨 빠진 호랑이 신세로 전락했다. 이제 그 호랑이에 이빨이 돋고 발톱이 나오기 시작하고 있다.

제해권과 제공권에서 완전히 소외된 중국은 현대에서도 진정한 강대국이 되는 데에 매우 치명적 약점을 갖고 있다. 중국은 국내적인 문제는 차치하고 대외적으로 제해권을 쥔 나라가 아니다. 항공모함도 자체적으로 건조한 게 아주 최근의 일이고 제원 규모나 성능에서 서방의 항공모함에 훨씬 미치지 못한다. 그렇다고 제공권을 쥔 것도 아니다. 중국의 민항기는 거의 미국과 프랑스 제품이고 군용에서 빠르게 신장하고 있지만 여전히 미국이나 유럽의 전투기에 미치지 못한다.

현대 중국이 새로운 공중 권력의 구축에 국운을 걸고 뛰어드는 건 이런 인식에 바탕을 둔 것이다. 그걸 놓치면 안 된다. 지금 당장은 여객기나 전투기 부문에서 경쟁자들을 따라잡거나 압도하지 못하지만 이미 압도적 경쟁력을 확보한 공중 권력이 중국의 손에 들려 있다. 이른바 '드론drone 굴기'가 그것이다. 중국은 드론의 최초 개발 국가가 아니다. 드론은 제2차 세계대전 직후 수명을 다한 낡은 유인항공기를 공중 표적용 무인기로 재활용하는, 즉 공군의 미사일 폭격 연습 대상으로 쓰였다. 이후 냉전이 본격화되면서 적의 기지를 정찰하고 정보를 수집하는 임무를 수행하기 위해 기술을 쌓았다. 지금도 여전히 드론은 최첨단 장비를 갖추고 사람이 접근하지 못하거나 위험한 곳에 투입되어 임무를 수행할 뿐 아니라 공격용 무기를 탑재하고 위험 부담이 높은 지상군 대신 적을 공격하는 군사적 목적으로 쓰인다. 그러면서 민간용으로도 전용하기 시작했다. 중국은 한참 후발 주자에 불과했지만 지금은 전 세계 드론 시장을 장악하고 있다.

그 시작은 한 중국 청년의 무모한 도전이었다. 2006년 스물여섯 살 청년 왕타오汪滔, Frank Wang는 드론 기업 DJI 大疆(다장)을 설립한 뒤 뛰어난 기술력과 디자인을 바탕으로 빠르게 성장했다. 중국의 유니콘 스타트업 생태계와 중국 정부의 아낌없는 지원도 성장에 큰 몫을 차지했다. DJI의 시장점유율은 70퍼센트로 세계시장을 장악했다. 그 밖에도 많은 중국 기업이 시장에 뛰어들면서 드론 산업의 성장은 더욱 가속화되고 있다. 민간 시장은 완전히 석권했고 스텔스 드론 등 군사용도 속속 개발하고 있다. 아직은 미국의 군사용 드론에 미치지 못하지만 중국의 군사용 드론이 워낙 저렴해 갈수록 점유율을 높일 것이다. 드론 산업은 진입 장벽이 낮은 데다 정부의 엄청난 지원 덕분에 가능해진 일이지만, 적어도 드론을 통한 제공권 장악은 이미 현실로 다가왔다. 가장 높은 하늘인 우주에서는 후발 주자고, 그다음 높은 하늘에서는 민항기, 군용기 등도 아직은 열세며, 그 아래 헬리콥터도 마찬가지지만 가장 낮은 하늘에서는 드론으로 '제공권'을 장악하고 있다고 해석할 수 있다. 그 층위나 고도에 따른 영토도 어느 순간 역전될지 모를 일이다. 기술의 문제를 넘어 새로운 '영토'의 확장이라는 점을 고려하면 가벼운 일이 아니다. 그냥 단순하게 중국이 드론 시장을 장악했다는 인식에만 그쳐서는 안 되는 까닭이다.

시기를 놓치지 않는다는 건 단순히 행운의 문제가 아니다. 중국 드론의 경우는 흐름을 읽고 전체를 파악하는 통찰력이 얼마나 중요한지 보여주는 대표적 사례일 뿐이다. 과거 중국의 지식인과 지배 세력은 과연 그것을 읽어내려고 했을까? 있다 해도 부분일 뿐 강력한 사회문화적 움직임으로 나타나지 않았다. 그것은 당대 지식인과 지배 세력의 통찰력이 절대적으로 부족했기 때문이고, 달리 말하자면 안에서도 충분히 그들의 이익을 누릴 수 있었을 뿐 아니라 당장 외부로부터의 위협에 직면할 일이 없어 밖으로 눈을 돌리지 않았기 때문이다. 그 대가를 근현대 중국과 중국인이 150년 넘게 호되게 치렀다. 그리고 그들은 그 치욕을 벗어나려 발버둥친다. 너무 조급하고 거칠며 무례해서 온갖 곳에서 비호감을 자초하는 촌스러움이 문제지만.

우리나라를 비롯한 세계 각 나라는 중국을 자국 중심의 시선으로 바라본다. 그래서 중국의 부흥이 자국의 힘 및 국제사회의 기득권과 충돌하는 것을 최대한 억제하려 한다. 우리나라가 최대의 경제 교역 상대이자 경쟁 상대로 중국을 마주하면서도 그들의 역사와 문화를 통찰하지 않는다면 그 값을 머지 않아 호되게 치르게 될지 모른다.

우리나라만큼 사방이 강대국으로 둘러싸인, 그것도 자국 이익 지상주의가 그 어느 때보다 노골적인 시대와 상황에 살고 있는 경우를 찾기 어렵다. 그런데도 역사 공부를 통해 흐름을 읽고 현실을 날카롭게 분석하고 방향성을 잡는 일에 소홀하다면 그것은 다음 세대에 큰 죄업을 치르는 일이다. 이런 상황에 통찰의 힘은 절대적으로 필요하다. 통찰력이 절대적으로 필요한 쪽은 강자가 아니라 약자 쪽이다. 그게 생존을 좌우할 수 있는 파괴력을 가졌다면 더더욱 그렇다.

무엇이 통찰력을 만드는가?

통찰력은 상황의 내면을 들여다볼 수 있는 능력이다. 말 그대로 '안in'을 들여다보는 '시야sight'다. 통찰력은 이해력과 밀접한 관련이 있기는 하지만 이해력은 '차이를 구별할 수 있는 능력'인 반면 통찰력은 '이해하고 파악하며 이성적으로 이유를 깨닫는 능력'이다. 즉 이해를 넘어 이치를 깨닫는 힘이다. 통찰력을 키우기 위해서는 일단 선입견을 걷어내야 한다. 편견으로서의 선입견뿐 아니라 선先지식으로서의 선입견도 과감하게 일단 포기할 수 있어야 한다. 레오나르도 다빈치는 자기 생각을 끝없이 수정하는 것을 두려워하지 않았다. 레오나르도는 오랫동안 지구와 물 연구에 매진했다. 그런데 1500년대 초에 그는 소우주와 대우주의 유사성에 대한 믿음을 흔드는 새로운 증거와 맞닥뜨렸을 때 기꺼이 그 믿음을 수정했다. 《코덱스 레스터 Codex Leicester》는 그런 지속적 변화의 수용을 잘 보여준다. 그는 늘 이론과 경험의 대화를 시도했고 그 둘이 서로 충돌했을 때 기꺼이 새로운 이론을 세웠다. 그의 창의성의 비결은 이렇게 선입견을 배제하려는 마음가짐에서 비롯되었다.

또한 통찰력은 새로운 관점을 마련하는 것이다. 기존의 지식과 탐구를 버리라는 것이 아니라 거기에 집착하며 다른 것에 배타적이어서는 안 된다는 의미다. 그러기 위해서는 관점을 확장해야 한다. 우리가 책을 읽고 탐구하는 것은 단순히 지식과 정보를 축적하는 데 그치지 않고 그것을 통해 나의 시야를 확장하고 새로운 사고로 재구성하기 위해서다. 그런데 지식과 정보의 울타리 안에서 정해진 조합과 해석에만 의존하는 순간 통찰력은 무망해진다. 정의 definition는 영구불변한 게 아니라 변하고 진화한다. 그것은 초석이고 각각의 벽돌이다. 그것을 어떻게 쌓고 배열하느냐에 따라 구조물의 형태가 달라진다. 그 설계도면을 읽고 새롭게 짜는 것이 통찰력이다. 그러므로 늘 새로운 정의에 당혹하거나 두려워할 게 아니라 오히려 그것을 적극적으로 활용할 수 있어야 한다. 지식을 쌓고 탐구를 멈추지 않으며 예리한 직관과 새로운 영감을 끊임없이 추구하는 건 바로 멈추거나 굳어버리지 않기 위해서다. 그것을 이끌어주는 원동력이 바로 통찰력이다.

2018년 평창동계올림픽에서 남북여자하키 단일팀 결성에 대해 20~30대 청년의 반대가 80퍼센트 이상으로 나오자 기성세대는 의아해했다. 그만한 대의명분이면 기꺼이 받아들일 것이라고 '일방적으로' 판단했던 것은 성찰하지 못하고 청년들의 반감에 당혹스러워했다. 왜 청년들은 거세게 반발했을까? 아무리 좋은 명분이라 하더라도 그 절차와 과정에서 탈락하는 선수에 대한 배려가 없었다는 점에 분노했던 것이다. "기회는 평등하고 과정은 공정하며 결과는 정의로울 것"이라던 약속을 어긴 것에 대해 실망했기 때문이다. 메달이나 남북단일팀에 대한 명분보다 함께 연습하며 고생했던 선수에 대한 배려가 전혀 없었다는 점을 비판했다. 그것은 젊은이들이 '공정성'에 대해 얼마나 예민한지 통찰하지 못했기 때문이다.

통찰력에는 새로운 관점과 시대정신에 대한 끊임없는 관심과 성찰이 따라야 한다. 기성세대는 젊었을 때 시대의 소명인 민주화투쟁에서 어른의 명시적 지지와 응원은 없었어도 묵시적으로 동의하고 마음으로 지지했다고 여기며 정의와 민주주의를 쟁취하기 위해 많은 것을 잃을 위험을 감수했다고 자부해왔다. 하물며 남북문제의 경우는 더 말할 것도 없다고 여긴 세상에서 살았다. 심지어 그게 정치적으로 악용된 경우에조차 그랬다. 이런 태도가 그대로 이어져 남북단일팀의 구성도 당연히 동의와 지지를 받을 것이라고 오만하게 판단했던 것이다. 세상이 바뀌면 생각도 바뀌고 통찰의 대상과 내용도 달라져야 했던 것을 깨닫지 못한 것이다. 공정성에 대해 역사적 맥락뿐 아니라 그 시대가 어떻게 생각하고 있는지 이해하며 통찰하는 노력이 결여될 때 협치나 연대는 무망해진다. 그러므로 통찰은 모든 세대가 소통하며 대안을 제시할 수 있을 때 제대로 위력을 발휘할 수 있다.

역사적 이해와 더불어 끊임없이 변화하는 현상을 주목한다고 통찰이 저절로 얻어지는 건 아니다. 직관이나 영감과 마찬가지로 통찰력이 예기치 않은 순간 트이거나 보일 때가 있다. 그럴 때는 주저하지 말고 일단 기록해야 한다. 우리의 기억력은 생각만큼 충실하지 않다. 때로는(심지어 너무나 자주) 채 5분도 지나지 않았는데 기억나지 않고(5분도 길다!) 그 실마리조차 떠오르지 않는 때를 경험했을 것이다. 그러니 일단 적어야 한다. '적자write생존'이다. 그러려면 평소에 기록할 수 있는 도구를 가까이 둬야 한다. 요즘은 스마트폰에 메모 기능이 있으니 그것만 제대로 활용해도 충분하다. 적어뒀다고 다 내 것이 되는 것도 아니고 저절로 자라나지도 않는다. 순간의 통찰력은 여전히 '순간'에 불과하다. 수시로 그 기록을 꺼내보면서 거기에 새로운 생각을 덧붙이고 전혀 예상하지 못한 감성으로 채색할 수도 있다. 감성이 이성에 못 미치는 건 아니다. 때로는 감성이 이성보다 훨씬 더 깊고 강력한 통찰력으로 이끌어준다. 사색과 성찰이 따르지 않은 기록은 단편적 메모와 저장에 불과하다. 기록은 내가 해둔 것이지만 그것을 다시 보면서 새로운 영감과 통찰력이 떠오르는 경우가 많다. 메모를 가볍다고 업신여길 게 아니다. 작은 메모 한 줄이 내 안에서 각인되며 놀라운 영감, 통찰력 그리고 상상력을 배양할 수 있다.

통찰의 능력이 꼭 경험과 지식이 많이 축적된 세대에만 가능한 것은 결코 아니다. 지식과 정보, 경험이 많지 않더라도 깊이 생각하고 연결하며 문제의식을 짚어 나가다 보면 통찰의 잔근육이 생긴다. 그리고 잔근육이 하나둘 쌓이면서 큰 근육도 더불어 생긴다. 그런 점에 나는 오히려 젊은 세대가 통찰의 힘을 발휘할 수 있으며 최대한 그 힘에 주목하면서 지속할 수 있다고 여긴다. 작은 실마리를 통해 깊고 넓게 흐름을 꿰뚫어볼 수 있는 통찰력이야말로 젊은 세대의 큰 자산이 될 수 있다는 점을 명심하면 좋을 것이다. 그렇게 세대 간에 지닌 통찰력이 교환될 수 있을 때 갈등을 해소하며 더 나은 콘텐츠를 함께 생산할 수 있게 된다.

통찰력이든 상상력이든 전적으로 나에 의해서만 만들어지고 길러지는 건 아니다. 통찰력을 키우기 위해서는 좋은 스승을 택하는 것이 크게 도움이 된다. 스승은 전문가인 게 좋다. 어떤 분야에서건 전문가는 이른바 일가—家를 이룬 사람이고 한 분야를 꿰뚫어보는 혜안이나 기술을 가진 사람이다. 같은 문제에 직면해서도 판단과 해법이 전문가 특유의 통찰력으로 발현된다. 그걸 보는 것만으로도 좋은 학습이 된다. 관념적으로 이해하는 통찰력이 아니라 내 눈으로 직접 그것을 보고 느끼며 수용할 수 있는 통찰력을 얻을 수 있다. 많은 수행자가 높은 경지의 선사禪師를 찾는 건 자잘한 가르침이 아니라 꿰뚫어 관통하는 강력한 기세를 느끼고 자신도 그런 통찰의 힘을 따를 수 있기 때문이다.

세속의 유명세나 지위가 높은 스승이 아니라 어떤 분야에서건 나름의 일가를 이룬 스승을 찾는 게 좋다. 스승이 꼭 선배나 선생이어야 할 까닭은 없다. 선생은 지식을 가르치는 사람이지만 스승은 삶의 지혜를 일깨워주는 사람이다. 그는 '가르치는' 게 아니라 '깨우치게' 해준다. 동료도 탁월한 스승이 될 수 있다. 물론 이때는 스승보다 파트너에 가깝지만 동료나 친구도 나의 관심사와 일에 직간접적으로 중요한 모티프를 줄 수 있다는 점에서 좋은 구루다. 아인슈타인은 심지어 제자와의 관계를 통해서도 그런 힘을 얻었다. 그는 친구인 미셸 베소Michele Besso와 제자(그보다는 친구이자 파트너에 가까웠다)였던 졸로비네Maurice Solovine와 함께 토론하면서 상대성이론을 만들 수 있는 중요한 전기를 마련했다. 아인슈타인은 베소와 수학과 물리학에 대한 긴 논의를 즐겼다. 그래서 그는 베소를 '유럽 최고의 자문 상대sounding board'라고 불렀다. 상대성이론은 아인슈타인 자신의 통찰력과 탁월한 상상력에 기초하는 것이지만 아랫사람에게도 겸손하게 귀를 열었기에 가능한 혜안이었다. 공자의 불치하문不恥下問(아랫사람에게 묻는 걸 부끄러워하지 않는다는 뜻)과도 상통한다.

흔히 통찰력을 문제를 꿰뚫어 보며 일목요연하고 논리적으로 설명할 수 있는 능력으로 이해하는 까닭에 문제를 '통째로' 대하려고 한다. 하지만 이런 태도는 바람직하지 않다. 앞서 말한 직관이나 영감도 그랬듯이 통찰력도 평소 치밀한 분석과 체계적인 종합의 힘을 키우면서 자라난다. 논리적으로 분석해야하는 까닭은 그래야 앞뒤의 인과적 관계를 이해하고, 그런 이해력이 증진되면 몇 가지 현상만 봐도 그 인과관계와 상관관계를 빠르게 파악할 수 있기 때문이다. 통찰력은 서로 떨어진 것도 관계를 지으면서 그것들의 논리적 인과관계와 상관관계를 총체적으로 이해하면서 창의적인 해결책을 찾아낼 수 있는 힘을 키워준다. 따라서 평소에 소소한 것도 관심과 애정을 갖고 분석하고 종합하는 훈련이 필수적이다. 또한 통찰력은 순간적으로 튀어나왔다가 소멸하는 것이 아니라 지속적인 것이다. 그러한 지속적 통찰력을 위해서는 성급한 판단보다 가능한 한 의식적으로 느긋한 판단 훈련이 필요하다. 며칠의 여유를 두고 판단하다 보면 처음의 판단과 달라지거나 다른 의미와 맥락도 짚어내는 경우가 많다. 그렇다고 너무 꼼꼼하게 따져도 그리 바람직하지 않다. 거기에 몰두하면 분석의 틀에서 벗어나지 못하고 갇히기 쉽기 때문이다. 때로는 여러 부분이 따로 떨어져 있다가 하나의 묶음으로 나타날 때도 통찰의 힘이 발휘되기도 한다.

언제나 미래는 낯설게 다가온다. 때로는 지나온 과거도 되돌아보면 낯설게 해석된다. 누구나 익숙함이 편하다. 살피고 따지는 에너지의 낭비도 없고 안전하게 지식과 정보를 축적할 수 있다는 건 가볍게 여길 건 아니다. 그러나 그 자리에서 안주하면 늘 미래의 낯섦에 시달릴 뿐이다. 기성세대의 미래는 젊은세대다. 그러므로 젊은 세대의 이야기를 경청하고 수긍하며 채택할 수 있는 것을 찾아내는 통찰력은 불안의 시달림을 벗어나 과거의 자산을 토대로 미래의 가능성과 가치를 키울 수 있는 계기를 마련해준다. 스티브 잡스가 아이폰을 처음 출시했을 때 왜 20대에서 열광했는지 살펴볼 때 쿨cool하고 스타일리시한 디자인에 호응하는 젊은 세대의 마인드를 읽어낸 '선제적 통찰력'이 얼마나 중요한지 확인할 수 있다.

통찰력은 낯선 것을 그냥 낯설게 바라보는 게 아니라 자신의 방식으로 해석하는 것이고, 익숙한 것에서 낯선 것을 찾아내는 관찰의 힘에서 배양되고 강화된다. 낯선 것을 친숙한 관점으로, 친숙한 것을 낯설게 보는 관점으로 자유롭게 넘나드는 것은 '정신의 자유로움'이다. 자유로운 통찰력은 얽매지 않고 안주하지 않으며 휘둘리지 않는 힘을 키워준다. 세대 간의 소통이 중요한 것은 통찰력이 소통 과정에서 길러진다는 점 때문이기도 하다.

'통通'할 수 있는 통찰은 세대가 서로 마음을 열고 상대의 이야기를 듣고 문제의식을 공유하는 것부터 시작한다. 기성세대는 청년 세대를 단순한 소비 대상이나 노동력 제공자로만 바라보는 협량한 시야를 버리고 청년 세대 또한 기성세대를 꼰대나 단순한 상급자로만 바라보는 편협한 시선을 거두면서 소통을 통한 통찰의 힘을 함께 키우고 공유하는 발판을 마련하는 게 가장 효과적인 방식이다. 그러려면 필요에 따라 언제든 계급장을 떼고 대등하게 대할 수 있어야 한다. 통찰력을 키우기 위해서는 꾸준히, 다양한 관심과 애정을 갖고 명확한 분석과 흐름을 읽어내는 판단력을 길러내야 한다. 가능한 한 기록하고 좋은 스승을 정해 일관된 가르침을 받으며 그것들을 하나씩 축적하고 숙성시키는 것을 게을리하지 않으면 어느 순간 그것들이 통합되며 새로운 통찰의 힘으로 발현된다. 성급하게 통찰력을 요구할 게

아니라 그것을 키울 수 있는 환경과 조건을 만들어주고 지속할
수 있도록 해야 한다. 결과만 득달하는 건 우물에서 숭늉 찾는
일이다.

7장

상상 Imagination,
판을 바꾸는 아이디어

그림 12_멘델레예프와 주기율표 초안. 과학에도 상상력이 필요할까?

자유의 가치: 상상력의 뿌리

이제 일단 마지막 단계에 도달했다. 바로 상상력이다. 상상을 비현실적인 것과 동일시하는 이들이 적지 않다. 제대로 된 상상의 교육이나 훈련을 받은 적 없고 그것이 평가되는 사회적 시스템도 없으니 어쩌면 당연한 일이다. 그러나 콘텐츠의 생산에서 가장 결정적인 요소는 바로 이 상상력에 달렸다는 점을 명심해야 할 것이다.

궁극적인 창조는 상상력에서 비롯된다. 상상력이 없으면 늘 구태의연할 뿐이다. 상상력이란 기존의 것에 매이지 않고 새로운 사고와 행동으로 발현하는 힘이다. 상상력이 예술에만 국한되는 것은 아니다. 골프 선수 타이거 우즈Tiger Woods의 전성기 시절에 사람들이 열광한 가장 큰 매력 요인은 상상력이 풍부한 그의 경기 운영 방식이었다. 그래서 그의 경기는 늘 창의적이었고 상식의 허를 찌르면서 감탄을 자아냈다. 상상력은 루틴을 깨뜨리는 힘이다. 루틴이 모두 부정적인 것은 아니다. 루틴은 일관성과 관성의 힘을 최적화시켜 발휘한다는 점에서는 긍정적이다. 기존의 질서와 체제에 순응하면서 점진적으로 개선해 나간다는 보수주의적 태도도 루틴의 확보를 통한 사회적 안정성을 꾀하는 게 우선이라는 사고에서 나온다. 이렇게 우리는 다양한 루틴을 수행하고 있다. 그러나 창조 능력이 없는 안정성은 불임이다. 그래서 긍정적 의미의 루틴을 유지하면서 보수적 태도를 깨고 새로운 창조의 문을 여는 상상력을 발휘할 수 있는 균형 감각이 필수적이다.

화룡점정 畵龍點睛. 용에 눈을 그려야 비로소 비상한다. 창조는 전에 없던 것을 새로 만드는 것이다. 완벽하게 전에 없는 것이란 없다. 무에서 유를 만들어낸 것을 창조라고 한다면 엄밀히 말해 그런 창조는 없다. 그러나 새로운 성과나 업적, 가치 등을 이룩한 것도 창조라 할 수 있다. 그러므로 유에서 새로운 유를 이끌어내는 것이 창조다. '창의 創意'의 시대다. 창의는 새로운 의견을 생각해내는 것이다. 지식과 정보, 탐구, 직관, 영감, 통찰 등의 과정을 통해 발아되고 발화된 것이 비상할 수 있게 하는 마지막 점정 點睛이 바로 상상력이다.

사전적 의미의 상상력은 "실제로 경험하지 않은 현상이나 사물에 대하여 마음속으로 그려보는 힘"이다. 철학에서도 상상력을 강조하는 경우가 있다. 바로 철학적 상상을 하는 심적 능력으로서의 상상력이다. 철학적으로는 과거의 경험으로 얻은 심상을 새로운 형태로 재구성하는 정신 작용을 말한다. 칸트 철학에서는 감성과 오성悟性을 매개로 하여 인식을 성립시키는 능력을 이른다.[1] 상상력은 지성의 창조적인 능력에 해당되는 것으로 정서와 지성, 때로는 감각을 중심으로 하여 여러 체험 요소를 종합하고 조직해서 새로운 초월적 가치를 창조하는 능력이다. '실제로 경험하지 않은' 것을 어떻게 알 수 있는가? 맨땅에서는 불가능하다. 그러나 앞서 언급한 지식과 정보, 탐구, 직관, 영감, 통찰 등에서 축적된 다양한 작용에 의해 경험해보지 못한 것도 추론하거나 짐작할 수 있다. 하지만 그 자체로는 상상력이 되지 않는다.

상상력은 뜬구름 잡는 게 아니다. 상상력은 공상과 다르다. 영국 낭만주의 문학의 대가이며 위대한 평론가인 새뮤얼 콜리지Samuel S. Coleridge는 상상력이란 이성을 감각적인 심상心象과

---

[1] 《판단력 비판 Kritik der Urteilskraft》에서 칸트는 반성적 판단력에는 지성과 상상력이 필요하며, 엄밀한 객관성과 필연성을 단언할 수 없기에 이는 주관적이라고 했다.

합체시키는 능력으로서 이념화하고 통일화하려는 노력을 의미한다고 정의했다. 상상력은 과거의 단순한 인상이 유기체 내부에 보존되어 있는 상태인 기억memory이나, 시공의 테두리에서 벗어난 자유로운 기억의 형식인 공상fancy과 구별된다. 상상의 내용이 현실에는 없는 것이면 공상이 된다. 콜리지는 상상력이란 종합적이고 창조적인 체험이 자발적으로 이념화되고 실재화하여 청신한 느낌과 경이감을 유발하며 인류 문명과 문화 발전의 원동력이 되는 능력이라고 평가했다. 물론 그가 말하는 상상력은 예술, 특히 문학에서의 상상력을 강조하는 것이지만 일반적 영역과 의미에도 충분히 적용할 수 있는 것이다. 콜리지는 상상력을 풍선에 비유하기도 했다. 땅에 연결된 풍선은 하늘로 날아가 사라지지 않고 공중에 떠 있으면서 지상과 하늘을 이어준다. 그 고리가 없는 것이 공상이다. 그러므로 상상력은 현실과 떨어져 있는 것이 아니라 현실을 토대로 현실을 능가하는, 그래서 새로운 현실이 되게 만드는 힘이어야 한다.

상상력이 없는 예술은 영혼이 없는 물체와 다르지 않다. 그만큼 예술에서 상상력의 존재는 필수적이다. 상상력은 자기가 체험하지 못한 영역을 뇌로 끌어들이는 능력이다. 자신이 경험하지 못한 것을 상상력으로 가능하게 할 수 있는가? 그것은 콜리지가 비판한 공상과 어떻게 다른가? 인간은 자신이 경험한 것만을 토대로 사유하지 않는다. 수많은 경험이 서로 각자의 촉

수를 뻗어 어느 지점에서 연결되는 지점을 찾았을 때 상상력은 현실을 벗어나지 않으면서도 그 경험들을 자신의 안으로 끌어들여 새로운 방식으로 구성할 수 있다. 상상력을 현실화할 수 있기 위해서는 상상력으로 생각된 비현실적인 요소를 분해해서 현실로 가능하게 만드는 기술이 필요하다. 어느 회사의 구호인 'above & beyond'에서 두 전치사 뒤에 나오는 낱말이 무엇일지 생각해봐야 한다. 이를 알 수 없으면 아무리 'above'나 'beyond'를 떠들어봐야 헛일이다.

경험과 매듭이 누구에게나 똑같을 수는 없다. 그것이 현상이든 현실이든 추론이든, 얼핏 보면 서로 상관이 없는 것처럼 보일지 모르지만 모든 것에는 연결되는 지점이 있다. 연결 지점을 놓치면 현실 가능성은 사라지고 그 연결성을 놓치지 않으면 가능한 일이 된다. 현실과 상상력 사이에는 무수한 점이 있다. 그 점들을 연결해줄 수 있는 걸 찾으면 된다. 상상력은 '가능성을 파악하는 힘'이다. '이루어진' 힘이 아니라 '이룰 수 있는' 힘이다. 상상력은 현재의 지각에는 없는 사물이나 현상을 과거의 기억이나 관념에 입각해서 재생시키거나 만들어내는 마음의 작용이며 미래 지향적인 정신 활동을 의미한다. 그래서 상상력은 항상 미래와 맞닿아 있다. 이것이 상상력의 가장 큰 매력이고 힘이다. 상상력에 제한을 두는 순간 모든 창조의 힘은 사라진다. 따라서 "생각의 본성을 자유롭게 하라"는 미셸 푸코Paul M.

Foucault의 말은 매우 적절한 코멘트다. '자유'는 근대성의 핵심이다. 근대의 상상력은 바로 이 자유에서 비롯됐다고 해도 과언이 아니다. 세르반테스 Miguel de Cervantes는 《돈키호테 Don Quixote》에서 확고하고 분명하게 말한다. "산초, 자유는 인간이 가진 가장 소중한 선물이야. 땅과 바다의 그 어떠한 보물과도 비교할 수 없다네. 자유를 위해 목숨을 감수할 수도 있다고."

자유가 상상력과 창조의 못자리임을 보여주는 건 출판에서도 볼 수 있다. 1925년 창립하여 세계 최대의 단행본 출판사가 된 랜덤하우스 Random House[2]는 다양한 영역에서 양질의 책을 출판해서 많은 독자를 확보하고 있다. 회사 이름인 '랜덤 random'은 흔히 '무작위'나 '임의로', '마구잡이로' 등의 뜻으로 쓰인다. 그러나 그 회사가 의미하고 지향하는 '랜덤'은 '자유'다. '완전히'는 아니더라도 최대한 자유롭게, 간섭을 배제하고 각자의 판단과 책임에 맡기는 출판 철학이 그 말에 담겼다. 흑인 여성 최초로 노벨 문학상을 수상한 미국의 작가 토니 모리슨 Toni Morrison은 1967년부터 편집자로 일하고 편집장을 맡다가 소설에 전념하기 위해 1983년 퇴사했는데 한 인터뷰에서 자신의 성장은 랜덤하우스에서 체득한 자유로운 의식과 도전이 큰 밑거

---

2   1998년 미디어 그룹 베텔스만에 인수되어 출판 부문 자회사가 되었다.

름이 됐다고 밝히기도 했다.

상상력은 루틴을 깨뜨리는 힘이다. 기존의 것에 익숙하거나 그 속에서 권력이나 혜택을 누린 사람은 루틴을 깨뜨리기를 거부하고 깨뜨리려 하는 사람을 억압한다. 그 장벽을 허물기 위해서 가장 필요한 것은 바로 자유다. 근대와 현대를 관통하는 힘은 '자유로운 개인'이다. 정치에서도 상상력은 대단히 중요하고 필수적이다. 그 어떠한 경우에도 자유는 억압되어서는 안 된다. 이건 절대적인 명제다. "모든 금지된 것을 금지하라!"는 68혁명의 구호를 늘 잊지 말아야 한다.

자유가 없으면 상상력도 창의력도 없고 당연히 콘텐츠도 빈약해진다. 우리 사회는 얼마나 자유로운가? '예전에 비해서' 어쩌고 하는 따위의 말은 의미가 없다. 미래를 바라보고 말해야 한다. 아니면 최소한 동시대의 다른 사회를 보면서 생각하고 말해야 한다. 성소수자 차별이 없는 도시일수록 창의성이 높다는 것이 무엇을 의미하는지 생각해봐야 한다. 그것은 성소수자들을 억압하거나 차별하지 않는 자유를 그 사회가 지니고 있다는 뜻이다. 성소수자가 창의적이라는 게 아니라 그들의 존재를 받아들이고 차별하지 않으며 그들의 뜻을 존중해주는 사회에서는 다양한 의견과 방법이 교환되며 상상력과 창의성을 높인다. 자유는 그런 것이다.

자유가 없으면 인간의 가치도 없고, 상상력도 허용되지 않으며 진화하는 미래도 없다. 자유와 상상력은 불가분의 배필이다. 그러므로 어떤 사회나 조직이나 정말 상상력을 원하고 요구하려면 먼저 최대한 자유를 보장해야 한다.

정반합의 상상: 일상을 탈출하는 반反중력

상상력은 우리에게 삶의 일상성과 실제성에서 벗어나게 해준다. 그래서 가끔 상상력을 꿈과 비슷하게 느끼기도 한다. 그러나 상상력은 꿈에 비해 현실화 가능성이 크다. 우리가 관심을 갖는 상상력은 바로 현실화 가능성이 큰 꿈이다. 꿈은 상상력의 실마리가 될 수 있다. 그것은 현실화 가능성의 실마리가 아니라 방향성으로서의 실마리다. 꿈은 상상력을 자극하며 자극된 상상력은 우리의 눈을 과거가 아니라 미래로 향하게 한다.

상상력의 교본textbook은 없다. 그러나 입문서로 문학작품만한 것을 찾기 어렵다. 실제로 경험하지 않은 현상이나 사물에 대해 마음속으로 그려보는 능력으로서의 상상력은 문학작품을 통해 경험할 수 있다. 문학의 상상력은 언어적 상상력이다. 그 언어적 상상력이 내가 살고 있는 이 세계를 유의미한 방식으로 재구성한다. 예를 들어 시를 비롯한 서정적 문학작품은 세계를 자아화하는 방식으로 상상력을 계발시킨다. 그리고 소설이나 희곡 같은 서사적 문학작품은 세계와 자아의 대립을 통해 세계를 유의미하게 발견하는 상상력을 제공한다. 그뿐인가? 문학에서의 상상력은 우리가 일상에서 반복하는 이성적 정신 활동과는 달리 현실의 시간과 공간을 자유롭게 초월하는 힘을 제공한다. 이런 문학작품을 통해 우리는 판타지를 경험한다. 그런 모든 것이 내가 살아온 삶과 지식을 완전히 새롭게 재구성할 수 있는 에너지를 제공해준다. 그러니 일단 다양한 문학작품과 예술 작품을 통해 상상력을 경험하는 것이 필요하다.

'재구성'이라는 말은 해체 후 재조립이 아니라 현재와 미래를 이어줄 핵심 요소를 찾아내 그것을 중심으로 새로운 구성 체계를 만드는 것이다. 예술이나 과학 등에서 새로운 과제를 위해 개인의 경험을 재구성하여 새로운 것을 만들어내는 것이 창조적 작업이다. 그래서 상상력은 아예 존재하지 않는 세계를 구체적으로 표현하기도 하고 직접 체험한 것을 다시 새로운 것으로 표현하는 힘이 되기도 한다. 재구성으로서의 상상력은 통합의 힘이기도 하다.

콜리지가 상상력을 정서와 지성, 또는 감각을 중심으로 하여 여러 체험 요소를 종합하고 조직해서 새로운 초월적 가치를 창조하는 능력이라고 정의한 건 바로 이러한 통합의 힘을 강조한 것이었다. 콜리지는 이러한 상상력을 조소彫塑나

통일을 의미하는 그리스어 'esplastikos'에서 따온 신조어로 'esemplastic power'라고 불렀다. '변화할 수 있으면서 통일적인' 힘으로서의 상상력이 없었다면 인간의 문명과 문화는 크게 진화하지 못했을지 모른다. 상상력은 갑자기 툭 튀어나온 것이 아니라 변화와 통일의 치열한 정반합의 과정이다.

그러나 상상력이라고 해서 아무런 조건이나 환경도 없이, 마음만 먹으면 언제나 어디서나 발현되는 것이 아니다. 우리가 무엇을 새롭게 디자인하려면 도안이나 설계도를 만드는 것처럼 상상력 또한 도면을 짜야 한다. 재구성은 새로운 조합의 논리를 만드는 것이다. 다만 상상력이 기존의 논리 구조와 다른 것은 결과를 먼저 상상하고 그 결과에 접근하는 논리를 설계하는 것이다. 이 지점에서 빈칸이 생긴다. 그리고 상상력은 그 빈칸을 채우는 마지막 열쇠를 만들어낸다.

빈칸을 채우는 힘:
박물관에서 배우는 상상력

상상력은 빈칸을 채우는 힘이다. 이 능력을 어떻게 키울 수 있을까? 구체적인 사례로 삼을 만한 방법을 하나 소개한다. 정기적으로 박물관을 방문하는 것이다. 첫 실室부터 마지막 실가

그림 13_ 고려청자 상감국화절지문병靑磁象嵌菊花折枝文甁

지 주마간산 격으로 훑지 말고 미리 한 실만 정해서 그 실에 대
한 사전 지식과 정보를 충분히 찾아본다. 이런 식으로 한 달에
한 실씩 관람한다. 여러 달 동안 이렇게 관람한 뒤에는 특정한
실의 특정한 유물만 집중해 본다. 예를 들어 고려청자 상감국화
절지문병靑磁象嵌菊花折枝文甁을 콕 찍어 그것만 관람한다. 한 시간
동안 그 유물만 꼼꼼히 살펴본다. 처음에는 그 시간을 채우기가
쉽지 않을지도 모른다. 그러나 조금씩 적응하면 놀라운 체험을
하게 될 것이다. 우선 여러 궁금한 의문점이 생길 것이다. 그 궁
금증을 해소하기 위해 적절한 지식과 정보를 찾아본다. 이번에
는 그 도자기를 빚은 도공이 누구에게 어떻게 주문을 받아 생
산했는지, 이익은 얼마만큼 책정했는지, 그 수준의 실력을 쌓기
위해 어떻게 교육과 훈련을 받았는지, 어느 정도의 실력이 되어

그림 14_ 청화백자매죽문호青華白瓷梅竹文壺

야 당시에 생활할 수 있었는지, 왜 국화문병이 유행했는지, 다른 문병과 비교해서 어떤 특징이 있는지 등에 대해 곰곰이 생각해본다. 그 과정 중에 자연스럽게 내가 고려 시대로 들어가 당시의 사회상이나 문화적 수준 등에 대해서 상상하고 체감하는 경험을 얻을 수 있게 된다.

다음 달에는 조선 시대 청화백자나 분청사기 가운데 한 작품을 정해서 같은 방식으로 관람한다. 예를 들어 청화백자매죽문호青華白瓷梅竹文壺를 감상해보자. 잠깐 보고 잠깐 쉬는 걸 반복하면서 미세한 차이도 느끼고 이 과정에서 여러 생각이 층을 이루게 된다. 청자에서 백자로 넘어간 시대적 상황과 체제, 문화적 취향과 이념의 차이 등에 대해서는 익히 배웠더라도 평면적 지식이나 통념이 아니라 그것이 어떤 방식으로 어떤 변화의 과정을 거치면서 사회에 녹아들었는지 등을 생각해볼 수 있을 것이다. 고려청자를 만드는 기술이 왜 전해지지 않았는지, 왜 청화백자가 비싼지 등에 대해 따져 보면 생각지도 않았던 것이 보인다. 예를 들어 코발트 안료가 서역에서 수입되고 소량이기 때문에 매우 고가여서 아무나 그런 그릇을 쓸 엄두를 내지 못했으며, 비싼 안료를 사용할 도자기를 만들 도공과 화공의 수준은 그야말로 당대 최고가 아니면 어려웠을 것이다. 왜 주전자의 목이 시대에 따라 길이와 모양이 달라지는지 등 궁금한 것들이 끊이지 않는다.

이쯤 되면 어느새 그 유물과 그것을 만든 사람, 주문한 사람 등에게 말을 걸기 시작한다. 당연히 그 시대와 공간 속으로 내가 걸어 들어간다. '지금 여기'는 '그때 거기'로 이어진다. 그것은 단순한 추론이나 지식의 배열이 아니라 상상의 촘촘한 그물코로 엮여 만들어지는 대화다. 그 흙은 어디서 얻었는지, 어떻게 도기와 자기를 굽는 온도 차이를 알아냈으며 그 온도 차이를 만들어낼 수 있는 화력을 어떻게 알아내고 수행했는지, 땔감은 어디에서 어떻게 수급했는지 등도 자연스럽게 물을 수 있다. 수입은 어느 정도였으며 당시 다른 직종의 사람에 비해 어떤 삶을 누릴 수 있었는지 등, 상상력은 점점 더 세밀해지고 깊어진다.

자, 이제 클라이맥스에 다다랐다. 고려청자실에서 천천히 걸어서 조선백자실로 걸어간다. 불과 몇십 미터의 거리다. 느리게 걸어도 걸리는 시간은 고작 몇 분이면 족하다. 그런데 그 간격의 '시간'은 200~300년의 길이다. 그 응축된 시간을 상상해보라. 그 시간을 촘촘히 느껴보라. 그 '빈칸'을 채우는 것만으로도 엄청난 상상력을 발휘할 수 있다. 상상력이 바로 그 빈칸을 채우는 힘이다. 그 시간의 간격을 채울 수 있는 건 거의 무한대에 가깝다.

상상력이 미래 지향적이지만 그 소재는 충분히 과거에서도 얻어낼 수 있다. 상상력을 막연하게만 생각할 게 아니다. 상상력이라고 하면 처음에는 낯설거나 혹은 나의 현실과 동떨어진 것이라 생각하는 사람이 뜻밖에 많은 듯하다. 그래서 그런 사람들은 다른 사람의 상상력을 엿보고 싶어진다. 하지만 다른 기업가나 발명가의 여러 상상력을 통한 성공 사례들을 많이 찾아 읽어도 정작 내 상상력이 커지지 않는 경우가 많다. 과거의, 그리고 타인의 성공 사례를 무슨 교본인 듯 착각하지 말아야 한다. 상상력은 누가 가르쳐주는 게 아니다. 내 안에서 생기는 호기심과 소재 사이의 간격 혹은 빈칸을 채우는 것만으로도 내 안에서는 상상력이 무럭무럭 자랄 수 있다.

레오나르도 다빈치는 젊었을 때 야외극, 공연, 연극을 기획하며 머릿속에 많은 것을 떠올렸다. 그는 연극적인 장치와 판타지를 섞었다. 그러면서 이성적 인식과 상상의 빈칸을 채웠다. 그는 하늘을 나는 새와 천사를 볼 수 있었고 포효하는 사자와 용을 볼 수 있었다. 그런 방식이 그의 통합적인 창의력을 키워주었다. 실제로 레오나르도는 과학과 예술의 경계를 무너뜨리며 현실과 판타지의 경계도 무너뜨렸다. 비행기에 대한 아이디어는 그런 산물이었다. 그리고 그의 상상력의 기록은 먼 훗날 누군가에게 엄청난 영감과 상상력의 매개로 부활했고 결국 그가 상상하던 비행기를 하늘에 띄울 수 있었다. 레오나르도 다빈치는 닿지 않는 곳까지 손을 뻗어 우리가 절대 풀 수 없다고 포기한 문제조차 버리지 않았다. 상상력은 그 빈칸을 채우게 되는 순간에 환상을 현실로 만들어낸다.

상상력이 빈칸을 채운다는 것은 결핍을 역이용하는 방식으로 실현되기도 한다. 그 대표적 사례가 바로 핀란드의 노키아NOKIA다. 무선통신 기업 노키아가 핀란드에서 출현한 것은 강추위와 폭설, 그리고 낮은 인구밀도 때문에 일반 전화의 인프라 구축이 어려웠기 때문이다. 그 결핍을 해결할 수 있는 대안이 무선통신이었다. 노키아는 그렇게 도약했고 핀란드도 함께 도약했다. 반면에 일본은 세계 최고의 광섬유망을 갖춘 데다 일반 전화의 월등감에 도취되다 보니 굳이 무선통신의 필요성을 느끼지 못했다. 심지어 공중전화망이 완벽하게 구축되어 있다는 이유로 휴대전화의 도입에 미적지근했다. 결국 일본은 무선통신 사업에서 뒤처졌다. 그리고 이 실패는 ICT 분야 등에서의 정체停滯로 이어졌다. 두 국가의 사례는 결핍과 충족의 인식과 안목이 어떤 차이를 낼 수 있는지 보여준다. 매뉴얼 의존적인 일본의 정체는 바로 결핍과 상상력의 조합을 벗어난 소산이기도 하다. 기계적 정밀성만으로 승부할 수 있는 시대가 이미 아니다. 만족감과 충족감이 상상력을 저해하는 대표적 사례다.

과학과 진보:
혁명은 지식이 아니라 상상에서 시작된다

과학은 상상력과 무관하다고 생각하는 사람이 많다. 과학은 정밀하고 실증적이며 논리적인 데 비해 상상력은 그와 거의 무관하거나 때로는 정반대의 속성을 가진 것으로 여기기 때문이다. 그러나 과학이야말로 상상력과 떼려야 뗄 수 없는 관계를 맺고 있다. 무엇보다 과학은 익숙하지 않은 것에 꾸준히 탐구심을 갖고 밝혀내는 일에 헌신한다는 점과, 기존 상식과 다른, 그래서 때로는 혁명의 놀라움과 두려움을 기꺼이 촉발한다는 점에서 그렇다. 과학은 단순히 새로운 생각을 하거나 새로운 실험을 시도해보는 것에 갇히지 않는다.

과학에서 상상력은 기존의 상식에 순응하기보다 그 너머를 상상해보고 의미 있는 상상을 현실로 초대하되 끊임없이 그 자격을 심사함으로써 동의를 얻게 한다. 토마스 쿤Thomas S. Kuhn 은《과학혁명의 구조The Structure of Scientific Revolutions》에서 '정 상과학'을 깨뜨리는 힘은 표준적 모범사례examplar, 즉 범례로 해결되지 않는 문제를 풀려는 노력이 변칙사례anomaly를 해결 하는 힘으로 작동된다고 설명했다. 당연히 이러한 도발은 정상 과학에서 외면받거나 억압되지만 과학자들은 도전을 포기하지 않는다. 그러나 변칙사례의 해결이 많아지고 증거 체계가 강화 되면서 어느 순간 새로운 핵심 개념으로 자리 잡는다. 이른바 패러다임의 전환paradigm shift이다. 과학은 끊임없이 이러한 진 화 과정을 통해 발전해왔다.

이런 사례는 과학에서 무궁무진하다. 멘델레예프Dmitri I. Mendeleev의 주기율표는 새로운 상상력으로 화학의 지평을 혁신 적으로 바꿔놓았다. 19세기 들어 새로운 원소가 많이 발견됐다. 1803년 한 해에만 팔라듐, 세륨, 오스뮴, 이리듐이 한꺼번에 발 견됐다. 과학자들은 세상에 몇 종류의 원소가 존재하는지, 어떤 성질을 지니고 있는지 궁금해했고 발견되지 않은 원소가 남아 있을지도 알고 싶었다. 돌턴John Dalton의 원자설 이후 화학은 연 금술에서 벗어나 과학으로 인정받기 시작했지만 일반 법칙과 그것을 통한 예측 가능성은 여전히 미흡했다. 그러므로 화학에 서 규칙이나 원리의 정립은 절실했다. 과학의 발달로 원소의 성 질 사이에 일종의 규칙성이 존재한다는 것이 점차 알려지면서 이 규칙성을 분류할 수 있는 도표를 만들 수 있지 않을까 고민하는 이들도 있었다. 당시 화학의 수준으로는 어려운 일이었으나 멘델레예프는 이 일에 도전했다. 엄밀히 말해 이전에도 원소를 질량순으로 나열하는 등 여러 가지 방법으로 규칙성을 찾아 나열하려는 시도가 있었지만 조잡한 수준에 불과했다. 그러나 멘델레예프는 달랐다. 그는 원소의 규칙성을 파악하여 제대로 된 표로 정리했다. 기존의 원소를 규칙에 따라 나열한 데 그치지 않고 당시 발견되지 않은 원소의 성질까지 예측했다. 그 결과물이 주기율표였다. 주기율표가 정립되기 전에 화학은 제대로 된 과학으로 취급되지도 않았다.

멘델레예프는 여러 장의 카드에 그 당시까지 알려졌던 63종 원소의 성질을 기록하여 늘어놓고 여러 가지로 조합해보면서 최초의 주기율표를 만들었다. 세로는 원자량이 증가하는 순서로, 가로는 성질이 유사한 원소들이 배열된 방식이었다. 그러나 당시 다른 과학자들은 몇몇 원소의 배열이 당시 알려져 있던 것과 다르다는 이유로, 게다가 아무런 원소도 적혀 있지 않은 '빈칸'이 있다는 이유 등으로 싸늘하게 반응했다. 그들의 눈에 이 주기율표는 명백한 오류로 보였던 것이다. 그러나 멘델레예프는 요오드 등 자신의 표와 차이가 나는 원소의 원자량이 잘못된 것이고 빈칸에 들어갈 원소 또한 언젠가는 발견될 것이라고 일축했으며 더 나아가 빈칸에 들어갈 원소의 특성까지 예측했다.

멘델레예프는 원소 사이에 분명히 어떤 규칙이 있을 것이라고 확신하고 연구에 몰두하며 주기율표를 만들기 위해 언제 어디서나 원소의 이름과 원자량 등을 적은 63장의 카드를 들고 다니며 틈날 때마다 다양한 방식으로 배열해보면서 규칙을 찾았다. 심지어 깜빡 잠든 사이에 꿈에서 원소들이 있어야 할 자리에 정확하게 위치한 표를 보았고 얼른 잠을 깨 꿈에서 본 것을 정리하기도 했다. 이런 모습은 독일 화학자 케쿨레Friedrich August Kekulé von Stradonitz의 경험과 매우 유사하다. 케쿨레가 꿈에서 자신의 꼬리를 문 뱀을 보고 벤젠의 분자구조를 고리 모양으로 연결된 탄소 여섯 개에 수소가 각각 한 개씩 붙어 있는 구조를 생각해낸 것처럼.

이제는 시간이 많이 흘러 멘델레예프의 주기율표에 제법 많은 게 수정되고 보완되며 새로운 원소가 채워지고 있지만 원소의 주기성을 정밀하게 나열한 멘델레예프의 주기율표는 화학계를 넘어 과학계의 기념비적 업적으로 인정받는다. 특히 주기율표의 완성도는 후일 전자껍질이 밝혀지고 미발견 원소에 대한 멘델레예프의 예측이 맞는다는 게 확인되면서 그 탁월성이 입증됐다.

멘델레예프의 사례는 과학과 상상력의 결합에서 지극히 일부에 지나지 않는다. 토머스 쿤 식으로 말하자면 과학에서 패러다임의 전이는 과학자의 상상력이 기존의 정상과학에 도전함으로써 진보했다고 할 수 있다. 상상력이 없는 과학은 건조하고 무미할 뿐 아니라 자칫 우리를 과거의 틀에 가둬버린다. 상상력은 언제나 그 울타리를 깨뜨리도록 선동한다. 그 선동에 응할 수 있는 것이 용기고 그 용기를 불러내는 것이 바로 상상력이다.

통찰과 상상은
어떻게 결합하는가?

상상력은 단순히 예술적 창조나 일상의 루틴을 벗어나는 환상을 지칭하는 것이 아니다. 상상력은 현실에서 꽉 막힌 채 도저히 해법을 찾지 못하는 상황에서 그야말로 상상도 할 수 없는 새로운 방식으로 문제를 해결하는 열쇠를 제공하는 경우가 허다하다. 물론 상상력 혼자만의 힘으로 하는 경우보다 다른 'I'들과의 결합으로 이루어지는 경우가 대부분이지만 그 핵심은 상상력이다.

문제의 핵심을 꿰뚫어 보는 통찰력과 해법을 찾아내는 상상력의 결합은 놀라운 결과를 만들어낸다. 1994년 에스토니아의 수도 탈린을 출발해 스웨덴 스톡홀름으로 가던 대형 카페리 선박 에스토니아호가 폭풍을 만난 지 30분 만에 침몰해 승객과 승무원 989명 가운데 137명만 겨우 목숨을 구했다. 20세기 유럽의 최대 해난 사고이자 최악의 참사였다. 원인은 차량이 들어가고 나오는 선체 앞부분의 경첩이 파손돼 선체 내부로 바닷물이 밀려 들어와 배가 무게중심을 잃고 전복됐기 때문이었다.[3] 스웨덴 정부는 3개월간 선체 인양을 시도했지만 결국 포기하고, 바닷속에 콘크리트를 부어 선체 주위를 덮어 시신의 유실을 막고 침몰 해역을 영령 852명의 영원한 안식처로 선포했다. 그리고 에스토니아와 핀란드, 스웨덴 전문가로 이뤄진 합동조사위원회가 사고 다음 날인 9월 29일 발족돼 3년 동안 조사를 진행했다. 조사위는 1997년 조사 보고서를 통해 화물 잠금장치가 지나치게 부실했던 것과 폭풍이 강력했던 것을 사고 원인으로 꼽았다. 이 참사 이후 유엔 산하 국제해사기구IMO는 선박 비상 대피로 규정을 더 강화했다. 이 밖에 대대적인 안전점검 시행과 구조 활동 개선 작업이 이뤄졌으며, 발트해를 운항하는 여객선 수십 척의 구조설계를 변경하는 후속조치가 이어졌다.

사실 전혀 예상하지 못했던 문제는 아니었다. 북해는 강한 폭풍우가 자주 일어서 에스토니아호의 선박회사는 사고에 대

---

3   2020년 조사 결과 선체 하단에 직경 4미터짜리 커다란 구멍이 있다는 사실이 밝혀졌고 에스토니아, 스웨덴, 핀란드 정부가 재조사 필요성을 인정하게 됐다. 당시 침몰 전 선미에서 커다란 금속음 내지 폭발음이 들렸다는 생존자 증언이 있었고 잠수함 같은 외부 물체와 부딪혔다는 주장이 나왔는데 음모설로 치부되었지만 상황이 달라졌다.

비해서 여러 대책을 세웠고 특허까지 출원했지만 효율과 비용 등의 문제 때문에 미뤄지고 있었다. 심지어 사고가 난 1994년에는 더 발전된 아이디어, 즉 획기적으로 천장에서 격막이 내려오는 아이디어의 특허가 출원됐지만 역시 비용 문제로 거부됐다. 그렇게 미루다 결국 사고가 터진 것이다.

당연히 선박회사는 해난사고 방지 대책에 골몰했다. 회사는 트리즈TRIZ[4] 전문가를 초청했다. 그 전문가는 사고 상황 설명을 듣고 아이디어를 전개하면서 슬라이딩도어라는 아이디어를 제시했고, 곧바로 다시 '아코디언 도어'라는 아이디어를 제시했다. 선박회사가 여러 해 끙끙댄 문제를 그는 짧은 시간에 정확하게 파악해서 관계자도 깜짝 놀랐다고 한다. 그러나 기술과 비용의 문제에 부딪히는 건 이전과 크게 다르지 않았다. 다만 선박회사가 아닌 외부 전문가의 시선에서 이런 대안을 내놓았다는 것 자체가 놀라운 일이었다. 때로 전문가는 전문 지식의 틀에 갇혀서 거기에서 벗어난 기발한 방법은 떠올리기 어렵기 때문에 그 이상의 상상력을 발휘하기 어렵다. 그러나 외부의 담당자가 그 짧

---

4 창의적 문제 해결을 위한 체계적 방법론의 러시아어 Teoriya Resheniya Izobretatelskikh Zadach의 머리글자로 문제 상황에 관한 최선의 결과를 상정하고 그러한 결과를 얻는 데 방해가 되는 모순을 탐색하여 문제를 해결할 수 있는 방안을 생각한다는 의미다.

은 시간에 생각해냈다는 게 중요했다. 이렇게 아이디어 전개의 반복을 통해 더 진일보된 해결책이 제시됐는데 마지막 아이디어는 매우 놀라웠다. 대단한 기술도 아니었고 엄청난 비용이 드는 것도 아니었다. 그것은 바로 자동차를 고박한 갑판에 구멍을 뚫는 것이었다. 말이 되는가? 배에 구멍을 뚫다니!

배가 전복된 까닭은 물이 들어와 흔들리면서 무게중심이 한쪽으로 쏠렸기 때문이다. 구멍을 뚫으면 유입된 물이 한쪽으로 쏠리지 않고 배 밑바닥으로 이동해서 오히려 배의 무게중심이 더 좋아진다는 아이디어였다. 그렇게 되면 최소한 배가 급격히 전복되는 일이 없기 때문에 최소한 구명보트를 띄울 수 있는 시간적 여유를 갖게 된다. 놀라운 발상이 아닌가! 일반적으로 배는 외부에서 물이 들어오면 안 된다는 고정관념 혹은 통념에 간힌 상태에서는 결코 그런 해법을 낳을 수 없다. 무게중심이 한쪽으로 쏠려서 전복된 사고라는 점에 대한 통찰이 물이 들어오면 안 된다는 통념을 이겨내고 기발한 상상력으로 창의적 해법을 낳은 것이다.

통찰력과 상상력은 이렇게 짝을 이뤄 활약하는 경우가 많다. 무턱대고 상상한다고 해결되는 게 아니다. 탐구의 힘을 축적하고 그것을 관통하는 핵심을 통찰하며 직관으로 목표를 설정해서 새로운 해법을 찾아내는 상상력이 발휘됐을 때 창의가 발현된다. 특히 통찰의 힘과 상상의 힘은 가장 밀접하게 관계를 맺으면서 이전에 없었던 방법을 만들어내는 데 큰 힘을 발휘한다. 통찰력이 전체 맥락을 파악하고 문제의 핵심을 짚어내면 상상력은 직관의 힘을 얻어 아무도 생각하지 못한 해결책을 끌어낸다. 안에서 보면 보이지 않는 게 밖에서 보면 보이는 경우가 많다. 상상력은 밖에서 보는 힘을 끌어오는 것이다. 무엇보다 통념과 고정관념의 견고한 견제를 가장 강력하게 무너뜨릴 수 있는 최강의 무기가 바로 상상력이다.

왜 지금 우리에게 상상력이 필요한가?

이제 우리는 가장 본질적인 질문을 던져야 한다. 왜 상상력이 필요한지, 그것이 어떻게 작동되며 어떤 결과를 이끌어낼지 물어야 한다. 그런 목적의식에 투사되었을 때 상상력의 실체가 확실하게 모습을 드러낼 수 있기 때문이다. 그저 막연하게 상상력을 강조한다고 되는 게 아니다.

과학철학자인 이상욱 교수는 《과학은 이것을 상상력이라고 한다》에서 과학과 기술의 실천적 측면에서 상상력이 왜, 얼마나 중요한 키워드인지 설명한다. 그는 상상력을 성공적으로 발휘하면서 생산적으로 과학기술을 발전시킨 여러 사례를 보여

준다. 이 책에서 이상욱 교수는 진보와 혁신에 결정적 기여를
한 상상력이 어떤 방식으로 발휘됐는가를 살펴보면서 21세기
한국 사회가 처한 현실에 주목한다. 그는 우리의 현 상황이 '탈
추격형 과학기술 개발 단계'라고 규정한다. 우리보다 앞선 선진
과학기술을 압축적으로 추격하던 '추격형 과학기술 개발 단계'
를 벗어나야 한다는 것이다. 그러기 위해서는 '비전'을 제시해
야 하는데 우리는 지금껏 방향을 제시하거나 설득을 해본 경험
이 별로 없어서 우물쭈물한다.

이상욱 교수는 뛰어난 상상력을 만드는 네 가지 핵심을 이
책의 결론으로 이끌어낸다. 첫째, 비판적으로 읽고 이해한다. 이
때 '비판적'이라는 말은 '치밀하게 평가'한다는 의미다. 다른 사
람의 연구를 다양하게 분석하고 장단점을 파악하며 다른 개념
과의 연결성과 구체적 활용 가능성 여부 등을 다각도로 살펴보
는 것이다. 둘째, 집요하게 문제에 도전한다. 예를 들어 아인슈
타인이 특수상대성이론을 발표하고 일반상대성이론을 발표하
는 데에 10년이 걸렸던 것은 고통스러운 이론적 탐색 작업을
수행해야 했기 때문이었다. 특히 일반상대성이론의 최종 형식
을 얻는 과정에서 펼쳐진 헤르만 바일Hermann Weyl이라는 당대
최고의 수학자와의 경쟁은 과학기술적 창의성을 발휘한 과학
자나 기술자가 치열한 경쟁 상황에서도 엄청난 집중력을 발휘
할 때 성공적으로 그리고 먼저 최종 결과에 도달한다는 점을 입

증했다. 셋째, 주의 깊게 관찰한다. 창의적인 사람은 다른 사람이 보지 못하는 것을 보는 사람이다. 때로는 누구나 알고 있어서 주목하지 않았던 것에 주목하기도 한다. 그리고 '숨겨진' 연관 관계를 파악해낸다. 그것이 바로 '과학적 상상력'을 이끌어내는 힘이다. 넷째, 다양한 자원을 종합한다. 제대로 상상력을 발휘할 수 있으려면 해당 분야의 전문성을 충분히 확보해야 한다. 탁월한 과학자들은 업적을 쌓는 데 필요한 능력, 지식, 관점을 익힐 기회가 있었고 그 기회를 최대한 활용했던 경우가 많다. 아인슈타인은 스위스 특허청에서 근무할 때 소규모 공부모임을 꾸렸는데 특수상대성이론 아이디어가 떠오르면 멤버들과 이야기를 주고받으면서(특이하게도 이 멤버들은 철학, 문학, 경영학 전공자여서 과학과 거리가 멀었다) 틀린 부분을 지적받으면 고민하고 다시 검증하는 과정을 반복했다. 아인슈타인은 전문 지식이 없는 사람들의 의견을 무시한 게 아니라 자원으로 삼았다. 그 사람들을 설득할 수 있어야 비로소 자신의 이론이 안정된 형태를 마련할 수 있다는 걸 간파한 것이다.

이상욱 교수가 제시하는 네 가지 핵심은 우리가 통상적으로 생각하는 상상력과 거리가 있어 보일지 모른다. 우리 통념상의 상상력은 비현실적이되 환상적일 수 있는 내용이다. 그러나 이 교수의 제안에는 중요한 핵심이 들어 있다. 상상력은 한순간에 불쑥 솟아오르거나 위에서 뚝 떨어지는 게 아니라 부단한 노력을 기울였을 때 진화하는 것이며 그 축적의 결과가 현실이 될 수 있도록 중요한 방향성을 잡아주는 것이다.

이제 '탈추격형 단계'는 과학기술뿐 아니라 거의 전 분야에 해당된다. 우리 사회가 기술과 경제에서 성공할 수 있었던 건 '추격형 단계'였고 그 시대의 패러다임은 '속도와 효율'이었으며 모든 교육과 일이 그 방식에 몰두했기 때문이다. 그래서 정작 탈추격형 단계에서 필수적인 상상력의 발현에는 미흡한 게 현실이다. 그러나 상상력이야말로 이런 상황에서 필수적이며 지금까지 거의 외면해왔기 때문에 더더욱 관심을 기울이고 집중해야 한다. 상상력을 최대한 키우고 마음껏 발휘할 수 있느냐가 21세기 대한민국의 미래를 결정한다.

혁신이 전부는 아니다. 애플이 혁신의 아이콘처럼 보일지 모르지만 정작 그들의 제품은 혁신적이지 않다(물론 혁신한다는 이미지를 만들어 성공한 건 맞다). 애플의 아이폰은 정작 다른 기기와 호환성이 떨어진다. 그런데 소비자는 '애플교의 충실한 신도'가 된다. 애플이 제품을 내놓으면 그들은 무조건 따라간다. 애플은 제품을 파는 게 아니라 '꿈'을 판다. 애플의 성공 토대는 잘 구축된 이미지라는 걸 부인할 사람은 없다. 애플은 이미지를 판다. 다른 말로 하자면 그들은 '디자인 콘텐츠'를 판다. 이제 여러 분야에서 기술의 격차는 많이 좁혀져서 결정적 요소가 되지 않는 경우가 많다. 제품은 큰 차이가 없다. 결국 그 제품이 만들어내는 스토리와 꿈을 어떻게 전달하고, 그것을 통해 꿈을 이루도록 이끌어주느냐가 관건이다. 상상력은 바로 그것을 가능하게 해주는 힘을 제공해준다.

때로는 작은 고리 하나가 엄청난 결과를 만들어내기도 한다. 그 대표적 사례가 바로 등자鐙子다. 보잘것없는 쇳덩어리 하나가 역사를 바꿨다. 로마가 멸망한 이유는 열 손가락으로 헤아릴 수 있지만 작은 등자 하나가 매우 중요한 요인이었다는 걸 아는 사람은 그다지 많지 않다. 게르만족이 침략했을 때 로마가 맥없이 패배한 요인 가운데 하나가 바로 게르만족의 등자였다. 등자는 말을 탈 때 발을 디딜 수 있도록 만든 안장에 달린 발 받침대다. 뜻밖에 등자의 발명은 늦은 시기에 이루어졌다. 기원전 4세기경 북방 유목민이 처음 사용했다. 유럽에 본격적으로 전해진 건 8세기였다. 게르만족은 그보다 먼저 등자를 사용했다. 아마 북방 유목민족의 침략을 받았을 때 등자의 존재를 알게 되었던 듯하다. 등자가 있으면 안정적으로 말을 타고 자유로운 동작을 구사할 수 있다. 고대 그리스나 로마 기병들은 두 다리만으로 말 허리를 조여 몸을 고정시켰기 때문에 전투에 어려움을 겪었다. 게르만족이 로마군을 무찌를 수 있었던 건 바로 그 작은 쇠에 불과한 등자였다.

지금 우리에게 등자는 무엇일까? 모든 분야에서 모든 체계를 다 완성시킬 수 없고 그것들을 모두 다 따라잡을 수 없다. 그러나 결정적인 포인트를 찾아내 그 작은 하나만 가지고도 탈추격사회로 내달릴 수 있다. 그걸 찾아내는 게 바로 콘텐츠의 힘이다.

상상의 필요 조건: 공감의 보편성을 증대시키는 법

추격형 단계에서는 일사불란한 조직력과 그것을 빠르고 정확하게 수행할 명령 체계가 우월적으로 작동한다. 이 단계에 공감은 그리 중요한 요소가 아니다. 그러나 탈추격형 단계에서는 설정된 목표에 빠르게 도달하는 것이 아니라 새로운 가치를 마련하고 그것을 수행할 능력을 배양하는 것이 필수적이다. '조직'이 우선이 아니라 조직을 구성하는 '사람'이 중심이 되는 체제가 된다. 이때는 수평적 멤버십을 통해 서로의 역량과 잠재력을 극대화하기 위해 공감이 절대적으로 필요하다.

공감은 단순히 감정의 일치와 교류에 그치는 게 아니다. 우리가 지금까지 다뤄온 여러 요소를 하나로 묶고 연결해주는 힘이 바로 공감에서 수렴된다. 그래서 공감이 더더욱 중요해진다.

최근 공감의 가치에 대한 관심이 높고 그에 대한 책과 프로그램이 많아진 것은 1차적으로는 우리 사회가 피폐한 심성의 시대로 진입하고 있기 때문이지만 각 조직의 형태와 전략이 바뀌었기 때문이기도 하다. 분쟁과 갈등, 차별과 소외의 문제는 인류의 역사에서 늘 존재했지만 자아의 인식이 성숙하지 못한 사회, 즉 봉건적 계급적 의식이 남아 있는 사회일 때는 체념하거나 순응했기에 대외적으로 드러나지 않았다. 하지만 현대인의 삶에서 그런 습속은 더 이상 찾기 어렵고 인용해서도 안 된다. 그런데 상대적으로 느끼는 박탈감은 더 강하게 느껴지기 때문에 이런 요소가 점점 더 뾰족해진다. 갈수록 공감을 강조하는 건 이런 요소가 사회적 비용을 많이 지불하게 만들고 인간의 존엄성과 행복에 걸림돌이 되며 사회적으로 서로 보듬고 공감할 수 있어야 하기 때문이다. 또한 공감이 현대 조직에서 매우 중요한 역할을 차지한다는 것을 인식했기 때문이기도 하다. 앞서 언급한 팀제에서(특히 팀장에게) 중요한 게 조정·협동coordination과 기획curation 능력인데 이것은 갈등, 차별, 소외 등을 제거하고 공감의 능력을 극대화하는 것과 밀접한 관계를 갖는다.

공감 능력은 단순한 감정이나 도덕의 문제에 그치지 않는다. 공감 능력을 확장하면 타인의 행위를 모방하거나(거울 뉴런 효과) 감정을 공유함으로써 협력할 수 있는 능력을 키워준다. 이것은 간접 체험과 간접 학습을 가능하게 함으로써 지식과 정보를 확장할 수 있는 중요한 요소가 된다. 사고로 다친 사람을 보면서 그를 동정하고 그의 아픔에 공감하면서 사고 예방의 필요성을 느끼게 만드는 것이 생존 능력을 키워주는 역할을 한다는 점에서 인간의 진화에 공감이 얼마나 크게 작용하는지 알 수 있다. 바로 이 공감 능력과 밀접한 관계를 맺는 것이 바로 상상력이다. 지금까지 우리는 상상력의 이런 측면에 대해서는 별로 주목하지 않았다.

공감은 타인의 감정 상황을 내게 유사한 상황으로 대치하고 상상함으로써 생겨난다. 공감은 바로 상상을 통해 입장을 바꿔 생각해보는 것이다. 앞에서 통찰을 다룰 때도 역지사지가 통찰의 힘을 키우거나 통찰을 통해 공감을 증대할 수 있다고 서술했다. 따라서 공감은 통찰력과 상상력을 이어주는 고리인 동시에 매우 훌륭한 샘플이기도 하다. 루소Jean Jacques Rousseau는 일찍이 상상력이 있는 사람만이 타인의 고통에 깊이 공감할 수 있다고 강조했다. 상상력이 있는 사람만이 타인과 진정으로 소통할 수 있을 뿐 아니라 내면을 한 차원 높이게 된다. 갈수록 AI가 수행할 분야와 역할이 증대되겠지만 상상력과 공감은 오로지 인간에게만 가능할 것이라는 점을 주목해야 한다. 공감은 창조적 협력의 가장 기본적 요건이고 그 바탕은 상상력이다.

공감을 좀 더 넓은 시선으로 바라보면 현재를 가로지르는 동시대적 감각이다. 시대정신을 인식하는 것이 공감이고 미래 의제를 이끌어내는 힘이 상상력이다. 다시 칸트를 패러디한다면 "현실 인식 없는 공감은 맹목이고 공감 없는 미래 의제 혹은 상상력은 공허하다." 공감의 능력이 없으면 동시대의 흐름을 읽어낼 수 없기 때문에 명령과 복종에 따른 맹목 외에 존재할 수 없다. 그러므로 공감 능력이 없는 리더는 차라리 없는 게 낫다. 상상력이 없으면 앞으로 나아가야 할 방향성과 의제를 설정하거나 구현할 수 있는 내적 동력이 생길 수 없다. 현실에 안주하며 있는 것만 파먹기 바쁘다. 다 파먹고 나면 다음에 먹을 게 남을 리 없다. 추격사회에서 탈추격사회로의 전환은 죽느냐 사느냐 하는 생존의 문제다. 그 전환점에서 직관, 영감, 통찰, 상상력이 어떻게 발현되고 진화하느냐가 우리의 운명을 결정짓는다고 해도 지나친 말은 아니다.

프레임 깨기:
경계 너머를 바라보는 눈

왜 상상력이 필요한가를 묻는 것은 더 이상 무의미한 질문이다. 상상력은 현실과 무관한 것이 아니라 가장 현실적인 요소가 되었다. 상상력을 강화해야 하는 큰 이유 가운데 하나는 현재의 울타리를 벗어날 수 있는 내적 동력을 마련해야 하기 때문이다. 경직된 사고의 틀을 깨고 현재의 세계 너머의 것을 바라보고 미래의 실현 가치로 꺼내는 것이 바로 상상력이다. 닉 수재니스Nick Sousanis의 《언플래트닝, 생각의 형태Unflattening》는 순응하는 사고가 아니라 그것을 깨뜨리는 상상력의 힘을 강조한다. 그것은 일단 단조로움을 벗어나는 것이다. 수재니스가 말하는 단조로움flatness이란 인류가 오랫동안 만들어온 경직된 사고방식과 협소한 시각을 뜻한다. 그는 이러한 사고와 시각이 인간의 무한한 가능성을 가로막고 있다고 지적하면서 인간의 잠재적 에너지와 가능성을 회복하기 위해서는 코페르니쿠스적 전환, 즉 기존의 세계를 전복시키는 새로운 관점이 필요하다고 주장한다. 단조로움을 뒤집는 것이 바로 '언플래트닝'이다.

닉 수재니스는 여러모로 특이한 사람이다. 전직 프로 테니스 선수이기도 했던 그는 미국의 웨스턴미시간대학에서 수학을 전공했다. 졸업 후 엉뚱하게 예술계에서 다양한 활동을 펼쳤다. 그러더니 컬럼비아대학에서 교육학 박사 학위를 받았는데, 이 책은 그의 박사 학위 논문을 바탕으로 한 것이다. 더욱 특별한 것은 그가 만화의 형식으로 박사 학위 논문을 썼다는 점이다. 그는 만화라는 형식을 통해 교육과 가능성의 진정한 의미를 철학적으로 사유하는 동시에 오랜 역사를 가진 인간의 지식 구축 방식에 근본적인 의문을 던진다. 당연히 발표 즉시 통념과 상식을 뛰어넘는 실험적 시도라는 평가를 받았다. 이 논문은 이후 '하버드대학이 출간한 최초의 만화책'이라는 독특한 타이틀도 거머쥐었다.

이 책에서 수재니스는 문자(텍스트)와 이미지를 동등하게 활용해서 글에 비해 부수적인 요소쯤으로만 저평가됐던 이미지를 의미 생성에 필수적인 주요 요인으로 회복시켰다. '꿈을 시각화하는 것'이 상상력이다. 그런 점에서 이 책 자체가 상상력의 소산이다. 새로운 시각적 사고는 언어의 보조 수단으로서의 이미지가 아니라 당당하고 주체적인 사고 그 자체일 수 있다는 발상의 전환이다. 이러한 도발은 충격을 주었다. 그것은 학계가 관행적으로 따르던 기존의 연구 방식에 반기를 들고 전복했기 때문이다. 그는 언어와 이미지를 중첩시켜 완전히 새로운 사유법을 선보였다. 신화, 문학, 철학, 과학, 예술 등 다양한 분야의 학문을 전 방위로 넘나들며 자신의 탐구와 사유의 내용을 시각적·언어적으로 자유롭게 펼침으로써 이미지는 깊이가 떨어진다거나 논리적 연결성이 부족하다는 통념을 무너뜨렸다. 이제까지 '언어 바깥에' 있는 것이 무시된 관습을 벗어남으로써 사유의 수단으로서 텍스트에 의존해온 기존의 방식이 놓친 것을 찾아냈고, 이것은 언어가 만들어낸 '인위적 한계' 너머의 가능성을 보여주었다. 바로 문자와 이미지를 만화라는 형식 안에서 '동등하게' 활용함으로써 두 요소가 동시에 그리고 함께 의미를 만들어낼 수 있음을 입증했다.

나는 이 책을 읽으면서 놀랍게도 레오나르도 다빈치가 떠올랐다. 그는 복잡한 방정식이나 추상적인 개념을 배우지 못했다. 그는 그 공백을 시각으로 보충했다. 그는 그것들을 시각화하는 과정에서 비례와 원근법의 규칙을 연구했고 오목거울의 반사 각 계산 등 수십 가지의 작업을 시각화함으로써 문제를 파악했 다. 우리가 흔히 어떤 원칙을 배우면 그 작동 원리를 주입하고 개념화해 원칙과 원리를 일치시키는 데 그쳤지만 그는 오히려 역으로 그것들을 시각화해서(그래야 그 자신이 이해할 수 있었다) 풀어내면서 자연의 법칙 속에 숨겨진 아름다움을 알아챌 수 있 었다. 상상력에서 시각화의 고리가 이어줄 수 있는 매듭은 우리 가 생각하는 것보다 훨씬 더 많을 수 있다.

인간은 생각과 경험을 견고한 형식으로 담아냄으로써 안정 적이고 우월적인 요소로 진화시켜 왔다. 그러기 위해 온갖 도구 와 개념, 제도를 만들었다. 그러나 시간이 흐르면서 개념과 제 도 등의 견고한 형식은 인간의 사고와 행동을 1차원적으로 제 한하고 인간의 무한한 가능성을 가로막는다. 단조로움이란 이 처럼 경직되고 협소하게 인간의 사고를 1차원적으로 만든다. 수재니스가 강조하는 언플래트닝은 다양한 관점을 동원해서 새로운 방식으로 대상을 바라보는 시각을 열어주고 그것을 통 해 인간의 잠재적 에너지와 생기 그리고 인간성을 회복하고 확 장시킨다. 수재니스는 '경계 너머'를 보는 것은 거창하거나 무 에서 유를 창조하는 것이 아니라 기존의 방식을 뒤집어보는 것만으로도 가능하다는 것을 보여준다. 그것이 바로 상상력이 작동되는 방식이다. 상상력은 바로 그런 방식으로 '자유롭게' 기존의 사유를 벗어남으로써 이미 경험했지만 무시했거나 인식하지 못했던 것을 경계의 울타리를 깨뜨려 깨닫게 하는 힘이다.

통념 뒤집기: 보이지 않는 것을 보는 힘

우리는 수재니스의 책과 비슷한 사례를 광고에서 찾아볼 수 있다. TV를 틀면 광고가 넘쳐난다. 그런데 냉장고 광고에 정작 냉장고가 보이지 않는다. 물론 배경에 냉장고가 있기는 하지만 옛날처럼 모델이 냉장고를 열어 신선한 채소와 과일, 싱싱한 고기와 생선 등을 보여주는 일은 없다. 냉장고의 성능이 얼마나 좋은지를 설명하는 일 자체가 사라졌다. 그렇게 어느 순간 냉장고 광고에서 냉장고가 사라졌다. 엉뚱하게 멋진 집이 나오고 그 집에 '하나의 가구처럼' 그 냉장고가 얼마나 멋지게 어울리는지를 보여주려는 듯 보인다. 파란 하늘이나 확 트인 바다가 보이는 경우도 있다. 하늘과 바다가 냉장고와 무슨 상관일까? 바로 전자기기로서의 냉장고가 아니라 하나의 문화 코드로서의 냉장고다.

여전히 시내의 멋진 건물은 은행이나 보험회사가 차지하고 있다. 한때 서울의 랜드마크였던 63빌딩도 보험회사 건물이었고, 회사가 넘어간 이후도 여전히 보험회사가 그 자리를 차지하고 있다. 광화문 네거리의 덩치 큰 교보빌딩도 보험회사 사옥이다. 대부분 은행 본점도 멋진 건물을 과시한다. 왜 금융회사는 그리도 건물에 집착할까?

냉장고는 이제 모든 가정의 필수품이다. 그리고 기능이라고 해봐야 크게 차이가 나는 것도 아니다. 기능의 우월성으로 광고하는 건 촌스러울 뿐이다. 그래서 냉장고 문도 열지 않는다. 이제 냉장고 광고는 이미지와 느낌으로, 더 나아가 생활 문화의 방식으로 소비자에게 다가간다. 푸른 하늘은 친환경적이라는 점을, 탁 트인 바다는 답답함이 아니라 주방에서 느끼는 해방감을 주는 메시지다. 냉장고 광고는 '눈에 보이는' 제품을 '눈에 보이지 않는' 가치로 환원시켜 소비자를 유혹한다. 혁신적이고 비교 우위가 확실한 성능과 기술이 아니고서는 굳이 그걸 떠들 필요가 없다. 그에 반해 금융상품은 눈에 보이지 않는다. 눈에 보이지 않는 상품을 판매하기 위해서는 소비자의 신뢰가 최우선이다. 눈에 보이지 않는 상품을 설명하면서 시시콜콜 떠드는 것보다 무형의 제품이라는 단점을 보충할 유형물이 필요하다. 그래서 최대한 멋지고 크게 본사 건물을 짓는다. 그리고 광고에서는 불안정성을 해소하고 편안하고 평화롭게 사는 삶을 보여주는 것이다.

상상력이 역발상의 힘이라는 건 쉽게 찾을 수 있다. 예를 들어 우산 장수는 비 오는 날이 아니라 '비가 올 확률이 높지만 아직은 비가 내리지 않는' 날에 우산을 팔 수 있는 가능성이 훨씬 더 크다. '우산=비'라는 상식적 통념은 하등 도움이 되지 않는다. 비 오는 날은 집에서 나올 때부터 우산을 챙긴다. 그러나 비가 내리지 않으면 굳이 번거롭게 우산을 들고 나가지 않는다. 그러다 비가 오면 어쩔 수 없이 우산을 사야 한다. 역발상은 '입장을 바꿔 생각하기'로도 충분하다. 소비자의 입장에서 언제 우산이 절박하게 필요한지 짚어보면 쉽게 답이 나온다. 이런 역발상은 상상력이라고 할 것까지도 없지만 입장을 바꿔 생각하는 것이 일종의 공감이며 공감의 능력을 증대시키는 것이 상상력이라는 점에서 서로 무관하지 않다. 상식과 통념에 의존하면 '어제의 나'에서 벗어나지 못한다.

보이는 상품은 성능이나 기술이 아닌 이미지와 욕망의 서사를, 보이지 않는 상품은 눈에 보이는 멋진 건물과 모델로 신뢰의 서사를 만들어낸다. 처음부터 이런 광고로 시작한 건 아니었다. 자기네 제품의 성능과 기술이 우월하다는 점을 강조했다. 금융상품 광고에는 이율과 보장의 구체적 내용을 줄줄 꿰며 소비자를 설득했다. 그러나 이제 그렇게 광고하는 회사는 없다. 변곡점에서 기존의 방식을 과감하게 포기하게 만든 힘도 일종의 상상력이다. 그 상상력이 광고 마케팅의 핵심 요소가 되었다. 변곡점에서 상상력을 발휘하지 못하면 성장이 멈추고 사그라진다. 상상력이 거창하고 멀리 있는 게 아니다. 조금만 둘러봐도 상상력이 빚어낸 것들이 도처에 깔렸다. 그 변화의 흐름을 파악하는 것만으로도 상상력 훈련으로는 그만이다. 통념을 뒤집는 건 부담이 아니라 희망이고 대안이다. 과감하게 통념을 버릴 수 있게 하는 힘, 그것 또한 유쾌한 상상력이다.

여섯 번째 I,
그리고 새로운 길

8장

파이브 아이즈
융합

그림 15_ 텍스트의 틀을 벗어나 콘텐츠를 어떻게 융합할 것인가?

직관과 영감은
어디에서 오는가?

우리는 지금까지 콘텐츠의 힘을 키우기 위한 다섯 가지 요인, 탐구(지식과 정보를 포함해서), 직관과 영감, 통찰력과 상상력을 살펴보았다. 각각의 요소는 모든 경우의 수를 동원하여 결합할 수 있다. 1대 1의 경우의 수뿐 아니라 1대 다多, 다대 다의 경우의 수까지 따지면 이 요소들이 만들어낼 수 있는 경우의 수는 매우 많다. 그렇다면 이들 요소를 강화해서 어떻게 콘텐츠의 힘을 키울 것인가? 그것은 바로 텍스트의 영역을 벗어나 콘텍스트의 영토로 확장하는 것이다. 달리 말하자면 평면적 사고에서 입체적 사고로 전환하는 것이다. 평면적 사고로는 새로운 콘텐츠, 강력하고 효과적인 콘텐츠를 얻을 수 없다. 입체적 사고로 전환하고 확장하며 강화할 수 있을 때 비로소 콘텐츠가 미래의 가치를 만들어낼 수 있다. 앞서 언급한 요소들은 텍스트를 벗어날 뿐 아니라 기존의 텍스트를 더 매력적으로 만들 수 있으며, 그것들 가운데 어느 하나만 강조하는 것이 아니라 전체 요소가 유기적으로 관계를 맺을 수 있을 때 낡은 텍스트를 깨뜨릴 수 있다는 점을 기억하면 좋을 것이다.

나는 이 책의 도입부에서 스티브 잡스와 그에게 가장 큰 영감을 준 레오나르도 다빈치를 틈틈이 소환했다. 다시 그를 소환해보자. 레오나르도는 콘텍스트로의 확장에서 일종의 전형이 될 수 있는 인물이다. 그는 예술, 과학, 공학, 인문학 등 거의 모든 분야를 넘나드는 자유로운 정신의 소유자였다. 그를 화가로만 기억하는 이는 그리 많지 않다. 흔히 '르네상스맨'이라고 칭하는, 즉 다방면의 영역에서 창의적 능력을 발휘하는 다재다능한 인간의 전형적인 인물로서 레오나르도의 관심사는 무궁무진했다. 그가 빛이 망막에 닿는 방식에 대해 연구한 것은 〈최후의 만찬〉의 원근법을 만들어내는 데에 큰 도움을 주었다. 해부학에 대한 유난한 그의 관심과 경험은 입술 근육에 대한 해부학적 탐구로 이어졌고 그것은 〈모나리자〉의 미소로 발현됐다. 한 분야에 갇혀 있지 않고 활성화되고 지속되면 어느 순간 그것들이 서로 결합하고 융합하면서 새로운 영역으로 확장된다. 그것이 바로 텍스트에서 콘텍스트로 확장되는 대표적인 사례다.

입체적 사고:
텍스트의 울타리 탈출하기

텍스트의 가장 대표적인 전범은 교과서다. 교과서는 가장 신뢰할 만하고 체계적이며 안정적인 지식을 정리하고 구성한 가장 대표적인 '공적official' 텍스트다. 지금까지 우리가 수행해온 공부도 사실은 이 텍스트를 얼마나 완벽하게 이해하고 자신의 것으로 소유하느냐를 따지는 것이었다. 교과서를 버리고 공부할 수는 없다. 그러나 문제는 거기에서 한 발자국도 벗어나지 않는다는 점이다. 절대적인 진리는 없다. 교과서라고 절대적일 수는 없다. 그건 단지 범용성·안정성·체계성을 가진 보편적 지식 체계일 뿐이다. 예전 우리가 교과서에서 배운 게 이제는 더이상 통하지 않거나 심지어 오류인 것도 비일비재하다. 우주선으로 비유하면 텍스트는 연료와 탱크다. 연료가 없으면 우주선을 대기권 밖으로 쏘아 올리지 못한다. 따라서 텍스트에 충실한, 즉 체계적인 지식과 정보를 쌓는 것은 넉넉한 연료를 마련하는 것과 같다. 그러나 그 역할은 우주선을 대기권 밖으로 쏘아 올리는 것에 그친다. 대기권 밖으로 나가면 다 쓴 연료탱크는 무용지물이어서 그걸 떼내지 못하면 오히려 우주 탐사를 망친다. 그게 텍스트 지상주의가 초래하는 비극이다. 최근의 일본의 쇠퇴와 정체는 텍스트에 대한 지나친 숭배와 순응에서 비롯된 것이라 해도 지나치지 않을 것이다.

적어도 우리나라에서 공부를 잘했다는 건 교과서라는 텍스트에 잘 순응했다는 뜻이기도 하다. 텍스트는 기존의 질서와 체계다. 그것을 이해하고 습득하는 데에 제법 많은 노력과 시간이 든다. 놀고 싶은 욕망을 참고 더 큰 가치와 대가 혹은 보상을 위해 에너지를 쏟았다. 다행히 그것만 잘하면 평생이 보장된 선물이 주어졌다. 그 큰 대가를 누리면서 텍스트를 생산하고 작동시키는 기존의 질서에 순응하지 않는다는 건 어리석은 짓으로 보인다. 그렇게 텍스트에 순응하고 자신이 텍스트의 권력에 편입되면 텍스트를 강화할 뿐 아니라 자식들에게도 그 체제를 물려주려 한다. 말로는 개혁을 떠들어대지만 정작 텍스트 권력을 획득한 사람들에게 개혁은 불가능하다. 기득권은 철저하게 기존 체제에 순응하고 그것이 유지되어야 보장되는 걸 뻔히 알기 때문이다. 역사에서 그리고 지금도 제대로 된 개혁을 하지 못한 이유이다.

기존의 체제와 질서가 무의미하거나 무가치하다는 뜻이 아니다. 다만 기존의 이익에 대한 집착과 미련이 더 나은 미래로의 진화를 방해하는 걸 막아야 한다는 뜻이다. 기존의 학습은 대부분 모든 지식과 정보가 평면적으로 수용되고 집적集積하는 차원에 그쳤다. 집적의 방식은 둘째치고 평면적 지식 자체가 문제다. 하나를 알면 하나만 고수한다. 이 방식이 통했던 시기가 있었지만 이제는 아니다.

예를 하나 들어보자. 특별한 경우가 아니라면 기성세대든 청년 세대든 고등학교를 졸업한 지금 지수나 로그를 전혀 계산하지 못할 것이다. 고등학교 수학 시간에야 시험을 보고 좋은 점수를 얻어야 하니 곧잘 했다. 수학을 못 하면 좋은 대학에 가기 어렵고 좋은 직장 구하기 어렵다고 하지 않는가. 그래서 계산법을 제대로 배워서(학교에서 배우는 것도 모자라 학원에 가고 과외까지 받으면서) 문제를 풀었다. 그리고 대입시험을 치르고 난 이후 다 잊었다. 12년 동안 가장 많은 시간과 돈, 그리고 에너지를 들여서 배운 그 내용을 모두 까먹었는데도 아깝다고 여기지 않았다. 왜? 그 대가를 얻었으니까.

로그를 계산하는 방법을 알아두면 좋다. 단순히 수학적 능력만으로도 유용하다. 하지만 정작 왜 로그를 배워야 하는지, 언제 생겼고 수학과 과학이 진화·발전하는 데 어떤 영향을 미쳤으며 우리의 실생활에서는 어디에 적용되는지 궁금함을 느낀 적은 없다. 모든 것은 필요에 따라 만들어진다. 17세기 유럽에서 천문학과 항해술이 발전하던 시기에 많은 수학자는 큰 수를 빠르고 쉽게 계산하는 방법을 고민했다. 그러던 중 영국의 수학자 존

네이피어John Napier가 1614년에 '로그'를 만들어서 이 문제를 해결했다. 네이피어는 1594년경부터 로그 연구를 수행했고 점차 계산 체계를 다듬어갔다. 이 방법을 사용하면 근·곱·지수의 계산값은 밑수로 사용되는 정수의 거듭제곱을 나타내는 표로 쉽게 알아낼 수 있었다. 존 네이피어는 이러한 계산을 바탕으로 등차수열(각 항이 그 앞의 항에 일정 수를 더한 것으로 이루어지는 수열)과 등비수열(각 항이 그 앞의 항에 1보다 크거나 작은 일정 수를 곱하여 기하급수적으로 얻어지는 수열: 2, 4, 8, 16, … 또는 8, 4, 2, 1, 2분의 1…)의 관계를 파악할 수 있다는 것을 발견했다. 그가 처음 로그를 발명한 계기는 곱셈과 나눗셈을 간소화하기 위해서였다. 로그는 천문학에서 요구되는 계산, 특히 곱셈과 같은 계산을 간편하게 할 수 있어서 천문학처럼 큰 수를 다뤄야 하는 분야에서 절대적으로 필요했다. 그래서 프랑스의 수학자이며 천문학자인 라플라스Pierre S. Laplace는 "로그의 발명으로 일거리가 줄어서 천문학자의 수명이 배로 늘었다"고 할 정도였다.

만약에 이런 기본 배경이라도 제대로 배웠더라면 로그를 계산할 줄은 몰라도 로그가 왜 생겼고 어떻게 작동하는 것인지는 기억할 것이고 지금 우리에게 필요한 새로운 방식은 무엇인지 고민하면서 그 사유와 응용으로 솔루션을 찾는 데에 도움이 될 것이다. 입체적 사고라는 게 거창한 게 아니다. 지식의 관점을 다양하게 바라보고 인과관계를 묻기만 해도 가능하다. '로그를 왜 배워야 해?'라는 물음 하나만으로도 실마리가 풀린다. 묻는 법을 배우지 못했고 묻는 게 늘 두려웠으며 굳이 물을 필요가 없었다. 그러니 끝내 묻는 습관이 생기지 않는다. 근대의 문을 활짝 열어 젖힌 데카르트의 '합리적 의심'은 상식적인 것조차 일단 의심해보는 데서 시작했다. 확실성을 확보할 때까지 그는 묻고 또 물었다. '나는 생각한다'는 말은 곧 '나는 쉽게 믿지 않는다' 혹은 '나는 의심한다'와 동일한 문장이라 해도 지나치지 않다.

물음의 궁극은 텍스트에 도전하는 것이다. 기존의 질서와 체제에 도전하는 것은 위험 부담이 따른다. 내가 그 카르텔에서 추방될 수 있다는 불이익과 위험 때문에 우리는 섣불리 도전하지 않는다. 도전은커녕 그 수호자처럼 구는 경우가 더 많다. 처음부터 텍스트를 전복하는 건 불가능하다. 텍스트를 거부하지 않아도 텍스트의 영역을 확장하는 건 불가피하다. 텍스트의 영역을 확장하는 것이 바로 콘텍스트로의 전환이다. 콘텍스트는 맥락이다. 맥락은 당연히 전후관계나 인과관계가 수반된다. 원인과 결과의 인과관계에서 원인은 일종의 물음이고 결과는 그 답이다. 그러므로 당연히 그것을 묻고 따져야 한다. 모든 텍스트는 축적과 인과관계의 체계화의 산물이다. 그런데도 축적에만 매달리니 확장이 불가능하고 입체적 사고도 무망하다.

수학에서 로그의 사례를 본 것처럼 모든 분야에서 그 결과물이 어떤 맥락과 관계에서 생산됐는지를 묻기만 해도 지식의 영토가 확장될 뿐 아니라 자연스럽게 입체적 사고의 기본틀이 갖춰진다. 우리가 철학에서 진짜 배워야 할 것은 고담준론이나 심오한 사상에 함몰되는 것이 아니라 왜 그리고 어떻게 사유하고 의심하며 문제의식을 갖게 됐는가 하는 것이다. 정작 '나의 물음'은 없이 철학적 지식만 흡수하려는 건 철학적 사유 자체에 반하는 것이다. 대세나 트렌드가 능사가 아니다. 반발하고 도전하는 것도 그 자체로 큰 의미와 힘을 갖는다. 유럽 대륙에서 합리론이 대세로 굳어질 때 영국에서는 그것을 따르지 않았다. 영국은 유럽의 일부가 아니라는 생각(이런 생각이 21세기에도 작동되어 브렉시트의 뿌리가 됐다)이 유럽의 흐름 혹은 주류에 대한 반감일 수도 있었겠지만 그 바탕은 인식의 인과관계에 대한, 혹은 상식적 이해의 단순성이라고 할 수 있다.

이른바 보편적 인식이라는 개념은 매력적이다. 그것 하나만 제대로 파악하고 있으면 모든 것을 인식할 수 있다는 강력한 무기를 갖추고 있기 때문이다. 그것은 플라톤 이래 수많은 학자의 이상이고 꿈이었다. 절대적이고 보편적이라는 건 일종의 단순화 논리이기도 하다. 거기에 합리성이라는 옷까지 입으면 무소불위다. 사실 합리성의 핵심 중 하나는 바로 경제성이다. 오류 가능성을 줄임으로써 불필요한 낭비를 막을 수 있기 때문이다. 강자일수록 혹은 스스로 강자라 착각하거나 강자이고 싶은 세력에 속하면 이런 보편적 인식에 대한 집착이 강하다. 그러나 아무리 합리성이라는 포장을 덧씌워도 그 본질과 핵심은 권력의 보편성과 경제성이다. 그게 바로 독재의 사고로 변이되는 것을 흔히 목격할 수 있다. 그걸 보수성이라고 포장하거나 착각하는 데에서 정체와 퇴보가 고착된다. 그걸 텍스트 수호로 강화시킨다. 그런 악순환이다.

텍스트를 추종하는 까닭은 물론 안정성과 체계성 때문이기도 하지만 거기에 순응할 때 가장 좋은 보상을 주어지는 제도와 체제 때문이다. 공부를 잘한다는 평가는 텍스트에 얼마나 충실하게 적응했는가의 문제다. 오직 하나의 답만 추구하고 그 답을 제시할 수 있으면 모든 능력을 평가받는 사회 체제였기에 가능했다. 물론 공부를 잘하고 텍스트에 충실한 건 허물이 아니라 장점이다. 그러나 오로지 그 방식의 평가에 따라 순위를 정하고 일을 부여하는 건 낡은 방식에 불과하다. 이것을 어떻게 깨뜨리느냐가 미래의 관건이다.

기존 체제에 순응해서 성장한 사람으로서는 그것을 버리는 게 결코 쉽지 않겠지만 그 유효기간은 무제한이 아니다. 배가 침몰할 때 살아남는 사람은 짐이 없거나 작은 사람이다. 버릴 게 없는 사람은 자신의 화물에 미련을 갖지 않는다. 그러나 짐에 집착하는 사람은 끝내 침몰하는 배에서 뛰어내리지 못하고 결국은 화물과 함께 수장된다. 기존의 것을 버리는 것은 어렵다. 내가 힘써 획득한 것일수록 더욱 그렇다. 기득권의 포기는 결코 말처럼 쉬운 게 아니다. 기존의 것을 버리기만 하려니 그렇다. 하지만 텍스트의 올무에서 벗어나라는 것과 버리라는 건 다르다. 텍스트를 버리는 게 아니라 거기에 갇히지 말아야 한다는 것이다. 과감하게 그 올무를 깨고 콘텍스트로 확장할 수 있을 때 기존의 텍스트의 가치가 소멸되는 것이 아니라 재탄생되고 재해석된다. 지금 우리에게 필요한 당면 해법이다.

텍스트에서 콘텍스트로: 콘텐츠는 콘텍스트에 있다

콘텐츠의 시대다. 콘텐츠는 텍스트가 아니라 콘텍스트의 확장에 의해 획득된다. 확장될수록 부가가치가 커진다. 그런데 텍스트만 추종하고 순응하면서 거기에서 누린 혜택에 젖어 스스로 텍스트의 울타리 속에 갇힌다. 이른바 '텍스트 자폐증'이다. 이들도 콘텍스트 확장을 모르는 바 아니다. 그러나 교육과 훈련을 체계적으로 받은 적이 없어 텍스트에서의 탈출과 확장을 쉽게 엄두 내지 못할 뿐이다. 사실 그리 거창한 일이 아닌데도 말이다. 소설의 문단 하나만으로도 충분히 가능한 일이다. 한 예로 다음의 글을 보자.

무진에 명산물이 없는 게 아니다. 나는 그것이 무엇인지 알고 있다. 그것은 안개다. 아침에 잠자리에서 일어나서 밖으로 나오면 밤사이에 진주해온 적군들처럼 안개가 무진을 뼁 둘러싸고 있는 것이었다. 무진을 둘러싸고 있는 산들도 안개에 의하여 보이지 않는 먼 곳으로 유배당해 버리고 없었다. (김승옥, 《무진기행》 중에서)

어찌 보면 건조한 글이다. '감성의 작가'라는 평을 받은 김승옥金承鈺의 글치고는 확실히 그런 편에 속한다. 텍스트로만 보면 '무진=안개'의 정보가 거의 전부다. 문학에서 정보를 찾는 게 그리 현명한 일은 아니니 애당초 정보의 실마리를 더듬는 것 자체가 넌센스다. 그러나 이 텍스트의 낱말을 조금씩 펼쳐보면 문장에 보이지 않는 것이 드러난다. '명산물'은 일종의 세속적 관심의 대상이다. 값으로 환산하고 돈이나 비용을 치르며 자신의 몫으로 챙기는 품목이다. 눈에 보이고 환금성이 있는 것으로 바라본다. 그러나 무진의 명산물인 안개는 환금성과는 한 터럭도 관련이 없다. 안개는 "이승에 한이 있어 매일 밤 찾아오는 여귀가 뿜어 내놓은 입김"처럼 해가 뜨고 바다가 바람으로 밀어내기 전에는 사람의 힘으로 헤쳐낼 수 없다. 손으로 잡을 수 없지만 엄연히 존재하는 것, 그것은 어쩌면 삶의 모든 순간인지 모른다. 그런 점에서 안개 가득한 무진은 누구나 마음에 품고 있는 마지막 피난처이다. '밤사이에 진주해온 적군'은 우리가 전혀 인지하거나 감각하지 못한 것이다. 산들도 유배당하는 처지가 된다. 안개는 모든 것의 거리감과 분리를 무기력하게 해제시켜 버린다. 이 상황을 시각적으로 떠올려보고 손으로 더듬어보며 그 안에서 오간 생각과 느낌을 집중시켰을 때 우리는 무엇을 발견할 수 있을까? 이 건조한 짧은 글이 지닌 정보는 빈약할지 모르지만(텍스트 추종자는 그런 판단이 들면 그냥 건너뛴다) 그것을 어떻게 풀어내고 배열하며 문맥을 확장하느냐에 따라서 담고 있는 가능성은 무궁무진해진다.

텍스트는 간결하고 명료하다. 지식과 정보 혹은 원하는 명령 따위를 담고 있을 뿐이다. 그 나머지는 장식이나 수사에 불과하다. 그걸 또다시 분석하고 재단하기는 하지만 그 역시 텍스트 추종 방식에 충실할 뿐이다. 하지만 그런 텍스트에 대해서도 최대한 섬세하게 사유를 이끌어내고(그래서 콘텍스트로 확장할 때는 절대로 '빨리빨리'를 요구해서는 안 된다) 모든 감각을 이끌어 풀어내며 가능한 다양한 감정을 이입하거나 공감하기만 해도 뜻하지 않은 엄청난 보석을 발굴해낼 수 있다.

명사에만 해당하는 게 아니다. 부사나 관형사(영어에서는 형용사)는 문장에서 생략해도 문장의 전체 구조나 의미가 크게 영향을 받지 않는다. 그래서 자칫 가볍게 여길 수 있다. 텍스트에서는 그런 품사의 낱말은 생략되기 십상이다. 그러나 문학작품의 경우에는 낱말 하나하나도 허투루 무시하고 넘길 수 없다.

시나브로 저무는 해넘이의 어느 한순간 꼬투리만 남은 태양이
넘실대는 용암으로 내 가슴에 들어왔다.

'시나브로'는 '모르는 사이에 조금씩 조금씩'을 뜻하는 부사
어다. 부사어는 꾸밈을 받는 말과 달리 단지 수식하는 말이기
에 무시해도 무방한 낱말이다. 그러나 이 문장 전체를 관통하
며 글의 묘미를 살려내는 하나의 낱말을 짚어내라면 바로 이
부사어가 아닐 수 없다. 이 부사가 있고 없음이 문장의 맛뿐 아
니라 의미까지도 바꿔놓는다. 만약 이 부사어를 영상으로 표현
한다면 어떻게 해야 할까? 분위기로? 느낌으로? 설명으로? 그
리고 타임트랙을 어떻게 잡을까? 부사나 관형사 하나만으로도
다양한 맥락으로 해석하고 재구성할 수 있다. 콘텐츠는 그렇게
확장된다.

문장 공부: 콘텐츠를 발견하는 독해

눈여겨보면 모든 것이 콘텐츠다. 그런데 자꾸만 거창한 데
에서 콘텐츠를 찾으려 든다. 문장의 예를 더 들어보자. 약간의

주의를 기울이면 우리가 일상에서 쓰는 말이나 글에서도 다양한 방식으로 콘텐츠를 찾거나 확장할 수 있다. 다음 세 개의 구문을 보자.

1. 육식동물은 고기를 먹기 위해서는 목숨을 거는 위험을 감수해야 합니다. 그래서 최소한만 먹습니다. 배가 등짝에 붙을 때까지 참습니다. 그들도 힘이 빠지면 다른 육식동물의 먹이가 됩니다. (이정모,《과학이 가르쳐준 것들》중에서)

2. 요컨대 학교는 더 이상 주어진 사다리 질서 속에서 극히 일부의 출세와 성공을 위한 통로여서는 안 되며, 모든 사회구성원이 사람답게 살도록 도와주는 삶의 공간이어야 한다. 노동력의 관점이 아니라 사랑의 관점에서 일관성 있는 교육이 이뤄져야 한다. (강수돌,〈팔꿈치사회〉중에서)

3. "인간은 무엇인가?"라거나 "나는 누구인가?"라고 묻기 좋아하는 인문학자를 사람들은 별로 좋아하지 않는다. 그 둔중한 질문들은 사람을 기죽이고 숨통 조이고 어깻죽지를 내려 앉게 하기 때문이다. 그러나 "당신이 인간으로서 천사에게 뭘 자랑하고 싶은가?"라는 질문일 때, 사정은 달라진다. 사람들의 눈은 문득 빛나고 얼굴은 웃음으로 환해진다. 정신이 날개 달고 하늘로 치솟고 있다는 증거이다. (도정일,《별들 사이에 길을 놓다》중에서)

1은 과학자의 글이다. 당연히 정확한 지식과 정보에 초점을 맞춘다. 과학자는 명증한 증거와 논리를 갖췄을 때만 말하고 글을 쓴다. 육식동물의 실상에 대한 서술이다. 그런데 이런 글에서 콘텍스트로의 전환과 확장이 가능할까? 불가능한 건 아니다. 육식동물은 생태계 먹이사슬에서 상위 포식자다. 강한 존재다. 그들은 먹고살기 위해서 사냥해야 한다. 사냥은 쉬운 일이 아니다. 어슬렁거리다 눈에 띄는 동물을 메뉴판에서 골라 먹듯 잡아먹을 수는 없다. 모든 에너지를 집중해서 순간적으로 극대화해야 한다. 그렇다고 매번 성공하는 것도 아니다. 어쩌다 사냥에 성공해도 자신보다 상위 포식자가 나타나면 포기해야 한다. 먹이가 아까워 버티다가 자칫 목숨을 잃을 수도 있다. 이 짧은 한 문장 속에 자연의 냉정한 질서가 그대로 드러난다. 최소한만 먹는다는 건 배터지게 포식하는 것이 아니라 기본적 생존 에너지만 채운다는 뜻이다.

이 글을 확장해보자. 사는 건 전쟁이다. 기업은 전쟁의 규모가 더 크다. 경제활동은 동물의 먹이활동과 같다. 육식동물이 먹고살기 위해 사냥하듯 인간도 먹고살기 위해 일하고 돈 번다. 물론 매순간 '목숨 걸고' 일하지는 않는다. 그러나 먹고살기 위한 일은 크게 보면 '목숨 걸고' 하는 것이다. 목숨을 유지하기 위해 목숨을 걸어야 하는 운명이다. 그러나 인간의 욕망은 결코 최소한만 먹어서는 충족되지 않는다. 내가 먹을 것이 충분한데도 남의 것을 빼앗아서라도 내 지갑을 채우는 일에 목숨을 건다. 갈등, 증오, 불신이 자라나고 양극화 사회는 가속된다. 강한 동물도 '목숨을 걸면서' 사냥한다. 우리는 어디에 목숨을 걸고 있는가? 그저 약자 팔을 비틀어서 약탈하는 건 '목숨을 거는' 행위가 아니다.

'약육강식弱肉强食'이라는 낱말에 주목해야 한다. 생존 경쟁의 살벌함을 표현할 때 흔히 쓰이는 말이다. 자칫 착각에 빠지기 쉬운 것이, 약하면 먹히고 강하면 먹는다고 해석한다는 점이다. 그러나 자연 생태에서 강자라고 수시로 닥치는 대로 약한 동물을 잡아먹지 않는다. 만약 그렇다면 아프리카에서는 사자만, 인도나 시베리아에서는 호랑이만 존재하게 되고 결국 그들도 굶어 죽게 된다. 약자인 초식동물이 강자인 육식동물에게 먹히지만 사라지지 않는 건 강자라고 '과식'하지 않기 때문이다. 그것이 생태의 균형이다. 경제학은 그 균형을 가장 합리적으로 유지하면서 더 풍족하고 합리적으로 분배할 수 있는 활동을 모색하고 발전시키는 학문이다. 그런데도 경제학을 돈 많이 버는 걸 가르쳐주는 것으로만 아는 '잡식성 육식동물'을 키우는 것으로 착각하는 사람들이 많다.

1의 문장을 하나하나 새겨 읽어보면 생각보다 많은 것으로 확장할 수 있다. 텍스트로서 1의 문장은 육식동물의 생태에 대한 아주 작은 지식과 정보를 담고 있을 뿐이다. 그러나 우리의 지성과 감성의 조화를 통한 공감의 확장은 우리의 삶에 대한 진지한 성찰로 확장될 수 있다. 그런 것 또한 콘텍스트로의 확장이다.

이번에는 2의 글을 살펴보자. 이 글은 경제사회학자의 글이다. 그는 사회공동체로 진화할 수 있는 경제사회 생태와 교육에 대한 관심이 지대하며 실천하는 학자다. 교육에 대한 비판적 고찰과 대안에 대해 서술한 글이다. '요컨대'라는 부사는 그 내용을 핵심적으로 압축하는 전환이다. 그것은 수많은 문제 가운데 반드시 주목하고 실천해야 할 가치와 덕목을 다시 한번 환기하는 장치다. 그냥 던져 놓은 낱말이 아니다. '주어진' 사다리 질서는 누가 만들었는가? 교육의 주인공은 그 교육을 통해 더 좋은 미래를 살아갈 사람이다. 어리고 젊은 학생들이다. 그런데 그들이 스스로 만들 수는 없어도 다양한 선택지가 있어야 하는데, 어른들이 일방적으로 만들어놓고 던져 주는 사다리, 그나마도 모두가 혜택을 받는 게 아니라 극소수에게만 돌아가는 전쟁의 구도다. 협력이 아니라 경쟁이다. 같은 교실에서 함께 공부하고 생활하는 친구를 쓰러뜨려야 그 기회가 내게 돌아오는 사다리다. 이미 그것만으로도 지금 우리의 교육은 심각한 문제를 안고 있다.

학교는 경쟁에 대한 불안과 걱정이 앞서는 공간이 아니라 '모든 사회구성원이' '사람답게' 살도록 도와주는 삶의 공간이라는 점은 그저 듣기 좋은 말에 불과할까? 텍스트 추종을 강요하고 그것을 습득한(그것도 돈을 통한 별도의 교육 '기술'의 도움을 받는 경우 절대적으로 유리한) 사람에게 기회를 주고 그들은 다시 그 텍스트를 무기로 자신의 입지를 공고히 하며 텍스트 수용에 뒤떨어진 사람을 억누르는 방식의 악순환을 가속시킨다면 과연 행복한가? 타인의 불행이 나의 행복의 근원이 되는 무모한 경쟁, 그런 텍스트 추종의 경쟁이 '사람답게' 사는 일일 수 있을까? 수단과 목적이 전도되는 일이다.

교육의 중요한 역할 가운데 하나가 그 사회가 발전할 수 있는 양질의 노동력을 양성하는 일이기는 하다. 교육을 통해 대한민국이 이만큼 성장했다. 그러나 그것이 입신양명과 부를 향한 욕망으로 발현된 것 또한 부인하지 못한다. 글쓴이는 '모든' 구성원이 '사람답게' 살도록 '도와주는' 삶의 공간으로서의 학교의 당위성을 강조한다. 우리 교육이 각자도생이고 적자생존이며 지속적인 약육강식의 경쟁이기 때문에 모든 구성원에게 고루 혜택이 돌아가지 않음을 비판한다. 이것이 얼마나 위험한지 여기에서 굳이 언급하지 않지만 그 말 속에는 다음과 같은 함의도 내포된다. 우리 교육은 오로지 인지 이해 능력 여부만 따지는데 어떤 학생은 그것이 일찍 발현되는 경우도 있고 늦게 발아되는 경우도 있음에도 차이를 고려하지 않고 오히려 차별하고 도태시키는 매우 비교육적인 방식이라는 사실이다. 이 문제를 풀어내는 것이 바로 콘텍스트로의 확장이다. 또한 '사람답게' 사는 것이 무엇인지를 근원적으로 다시 묻는다.

부당하게 억압되거나 착취당하지 않고 인격적으로 대우받으며 권력이나 부에 의해 재단되고 평가되는 것이 아니라 그의 인격과 품행으로 평가되며 불합리한 간섭과 왜곡을 거부할 수 있는 권리가 보장된 삶이 최소한 사람답게 사는 것의 내용이다. 그 가치와 의미를 가르치고 배우며 익히는 것이 바로 교육이고 학교의 존재 이유며 수행해야 할 당위다. 우리는 그런 교육을 실행하고 있는가? 교육이 출세와 성공의 통로에 불과하고 그마저도 좋은 조건을 가진 사람들만 독점하는, '남들은 올라오지 못하게 걷어찬 사다리'로 만들고 있다면, 그리고 교육이 그런 현상을 비판하고 시정하기는커녕 오히려 힘을 싣고 있다면 그것은 이미 교육의 존재 이유를 스스로 거부하는 것이다. 지금까지 우리가 교육의 힘으로 이만큼 성장한 건 분명하다. 하지만 세상이 변화하고 그에 따른 적극적이고 본질적 변화와 대안을 모색해야 할 교육의 부재는 사회 전체가 진지하게 성찰하고 고민해야 한다.

이 고민은 교육의 원천적 한계, 즉 '과거를 살아온 사람이 과거의 방식으로 미래를 살아갈 사람을 가르치는' 교육의 문제점과 직결된다. 과거를 살아온 사람과 미래를 살아갈 사람은 고정되어 있는 상수다. 그렇다면 바꿀 수 있는 건 과거의 방식이 아니라 미래를 살아가는 데 도움이 될 방식이어야 한다. 과거에 성공했던 모델을 경험했던 기성세대의 교사가 무엇을 어떻게 가르쳐야 하는지에 대한 근원적 문제의식에 초점을 맞출 수밖에 없는 일이다.

2의 글은 단순하고 빤한 상식적인 이야기처럼 들리거나 추상적 미사여구로 여겨질지 모르지만 그 낱말 하나하나를 뜯어보고 의미를 분석해보면 준엄한 거시적 사회 대계의 재구성과 개편을 담고 있음을 알 수 있다. 거죽만 보고 그것의 현상적 의미 정보만 습득하는, 텍스트 추종의 습관이 얼마나 위험하고 미래에 재앙이 되는지 새삼 깨달을 수 있다.

이제 3의 글을 보자. 글을 쓴 사람은 대표적인 인문학자이며 특히 책 읽기 운동에 새로운 큰 획을 그은 학자다. 그는 여러 칼럼을 통해 인문학과 독서의 의미와 가치를 줄기차게 웅변했다. 이른바 인문학 열풍의 속살을 벗겨내며 인문학이 시대정신과 미래 의제에 어떤 답을 할 수 있는지 묻는다. 그렇다고 해서 근엄하게 인문학을 존중하라고 따지지는 않는다. '둔중한'이라는 관형사 하나가 작금의 인문학 '소비' 패턴에 죽비를 날린다. 물론 인문학 열풍을 틈타 함량 미달이거나 달달한 취향 저격으로 일관하는 얍삽한 시장 구조에 대해 못마땅해하지만 그렇다고 엄숙주의의 거죽을 둘러 쓴 방식 또한 그리 바람직한 건 아니다. 둔중하다는 것은 둔하고 무거우며 느리다는 뜻이다. 형이

상학적 질문만 철학적 태도가 아니며 고상한 척하는 물음이 인문학의 영역이 아니다. 오히려 그런 태도가 사람을 '기죽이고 숨통을 조이고 어깻죽지를 내려앉게' 한다. 내 공부를 하면서 기죽을 건 없다. 저자의 공력과 지식에 감탄하고 존경하는 것과 기죽는 건 다르다. 질문이 너무 거창하면 이미 그 자체 둔중함의 늪에 빠지기 쉽다. 애써 제 발로 인문학의 영토에 들어온 사람에게 너무 거창한 질문은 정나미 떨어지고 열등감을 갖게 하거나 자칫 자기소외에 빠지게 한다. 이런 모든 의미가 '둔중한'이라는 관형사 하나에 압축된다. '고리' 하나만 잘 챙겨도 콘텍스트로 확장하고 거기에서 새로운 콘텐츠를 찾아낼 수 있는 아주 간단한 사례다.

이 고민은 앞서 말한 교육의 문제와도 직결된다. 우리 사회가 진정으로 고민하고 숙고해야 할 가치가 무엇인지, 그것을 수행하기 위해서 어떤 사회적 대책을 강구할 것인지, 그리고 미래를 살아가는 데 도움이 될 것인지를 깊이 따져야 한다. 그러나 그 방식이 둔중한 물음이 아니라 즐겁고 신선한 태도를 이끌어낼 수 있는 것이어야 한다는 근원적 가치를 담아내야 한다.

발상의 전환: 콘텐츠의 달걀

콘텐츠가 거창하거나 대발견 혹은 대발명에 의해 만들어지는 게 아니라는 건 수많은 사례를 통해 확인할 수 있다. 콜럼버스의 달걀은 어디서나 목격할 수 있다. 흔히 '콜럼버스의 달걀'이라고 하면 생각을 예전과는 전혀 다르게 바꾸거나 오랫동안 그렇다고 믿어왔던 것을 과감하게 깨는 행동을 뜻하는 것으로, 누구도 쉽게 해내지 못하는 상황에서 발상의 전환을 통해 달걀을 깨뜨려서 세운 콜럼버스의 일화에서 나온 말이다. 이탈리아 역사학자 벤조니Girolamo Benzoni가 1565년에 펴낸 《신세계의 역사Historia del Mondo Nuovo》에서 소개한 일화에서 유래했다. 물론 어떤 이는 그 달걀의 일화 뒤에 감춰진, 왜 달걀(신대륙)인가 혹은 왜 달걀을 깨야 하는가를 먼저 물어야 한다고 따지기도 한다. 어쨌거나 이 말은 남이 보기에는 쉽지만 발상의 전환이 쉬운 일은 아님을 강조할 때 자주 인용하는 말이다.

나는 이런 콜럼버스의 달걀 중 가장 최근의 사례로 중국 전자상거래(인터넷쇼핑몰)를 꼽는다. 중국은 14억 명이 넘는 엄청난 인구를 가지고 있는 세계 최대의 '단일 시장'이다. 지갑이 두둑한 인구가 8000만 명에 이른다는 매력적인 거대한 시장이다(물론 이 구조가 양극화를 극대화해서 중국의 뇌관으로 작용될 면도 분명하다). 후진국 중국이 아니라 잠에서 깨어난 거대 공룡이다.

현기증 나는 속도로 무섭게 발전하고 있다. G2의 자리를 차지하고 미국을 위협할 정도다. 그들이 어디까지 얼마만큼 '경제적으로' 발전할지 예측하기 어렵다. 이런 중국이라는 거대한 소비 시장을 외면할 기업은 별로 없다. 그 가운데 인터넷쇼핑 시장에 눈독을 들이는 건 당연한 일이다. 중국의 인터넷망은 우리가 생각하는 것보다 훨씬 더 잘 구축되어 있다. 이른바 핀테크 등은 한국을 능가한다.[1] 그런데 생각하지도 못한 복병이 도사리고 있었다. 엄청난 자본이나 최고의 기술을 가지고 뛰어든 어떤 기업도 인터넷쇼핑 분야에서 성공하지 못했다. 게다가 원인을 파악할 수도 없어 답답한 노릇이었다. 그런데 대규모 인터넷쇼핑몰 분야에서 알리바바Alibaba가 솔루션을 찾았다. 그 문제를 어떻게 해결할 수 있었을까?

먼저 중국인의 몸에 밴 습성을 이해해야 한다. 인터넷을 하다 보면 여러 광고 팝업을 보게 된다. 마음에 드는 아이템인 경우 그 배너를 클릭한다. 그러면 쇼핑몰사이트로 이동하게 된다. 누구나 그렇듯 그들도 인터넷쇼핑몰에서 마음에 드는 상품을

1 　그렇다고 기술적 측면에서만 바라보면 실체를 간과할 수도 있다. 중국의 빠른 핀테크 비즈니스의 성장은 두 가지 요인 때문이기도 하다. 하나는 과세고 다른 하나는 신용거래 경험의 부재다. 그 두 가지 목적과 괴리를 동시에 충족시킬 수 있는 핀테크가 정부, 기업, 소비자 모두에게 호응되기 때문이다.

보고 장바구니에 담는다. 그다음에는? 딱 거기까지였다. 결제를 해야 하는데 망설인다. 그러니 매출이 발생하지 않는다. 왜 중국인은 결제를 망설였을까? 몇 가지 이유가 있다. 첫째, 중국은 공산주의 국가다. 자본주의 신용거래를 해본 적이 없다. 인터넷 쇼핑은 철저하게 신용거래다. 신용거래 경험이 없으니 낯설다. 둘째, 내가 결제를 하는 순간 내 계좌에서 판매자 계좌로 송금된다. 그런데 그 판매자가 누구인지, 어떤 사람인지, 어디에 있는지 알 수 없다. 돈만 받고 물건을 보내지 않을 수 있다는 생각 때문에 결제를 진행하지 못한다. 중국인은 본디 경제에서 의심이 많다. 셋째, 중국은 여전히 짝퉁 천국이다. 골판지로 만두 속도 만들 정도다. 나는 진품·명품이라 보고 구매했는데 배달된 물건을 보니 가짜거나 마음에 들지 않는 경우가 생길 수 있다. 반품을 요청했더니 그 회사는 이미 증발했거나 반품 절차가 까다로울 수 있다. 이런 이유 등을 따지면 선뜻 구매하기 어렵다. 그러니 인터넷 구매를 포기한다.

그럼 이 비즈니스를 맡은 중국인들은 이 문제를 어떻게 해결했을까? 생각보다 간단하다. 콜럼버스의 달걀이다. 기술과 돈으로 무장한 투자자나 외국인의 눈에는 보이지 않는 문제를 평범한 중국인의 눈으로 살펴보니 답이 보였다. 문화와 습속을 읽어냈기 때문에 가능한, 그러면서도 매우 간단한 방식이다. 구매 버튼을 클릭하면 돈이 판매자에게 직접 송금되는 게 아니라 확실한 믿음을 주는 회사의 계좌로 들어간다. 며칠 뒤 상품을 받고 수령 서명을 하는 순간 그 돈이 판매자에게 넘어간다. 마음에 들지 않거나 예상했던 품질이 아니어서 수령 거부와 반환을 요청하면 곧바로 다시 대금이 내 계좌로 돌아온다. 그러니까 일종의 인터넷 은행을 하나 만들어서 이 난제를 해결한 것이다. 자본주의 사회에 살아온 사람에게는 너무나 당연한 거래 방식과 솔루션이지만 중국인에게는 경이로운 방식이었다. 기존의 전자상거래에서 막상 최종 단계에서 결제하지 않는 게 매우 심각하고 비즈니스에서 치명적인 걸림돌이었다는 점을 고려해보면 이것은 엄청난 '달걀'이었다. 키 솔루션은 때론 단순하다. 문제의 근인根因을 제대로 분석했다면 의외로 쉽게 해결할 수 있는 문제였다. 누구나 가능한 일이었다. 그러나 실제로는 그렇지 못했다. 콜럼버스의 달걀은 언제나 존재한다. 예전에도 지금도, 그리고 앞으로도 계속, 모든 콘텐츠에는 그런 '달걀'이 깔려 있다.

　새로운 달걀을 찾아 성공한 대표적 인물이 바로 핀둬둬拼多多의 황정黃崢이다. 2015년 세운 스타트업 회사인 핀둬둬는 불과 3년 만에 총거래액GMV 2000억 위안(약 34조 원)과 이용자 3억 명을 돌파했고, 2018년 7월에는 미국 나스닥시장에 상장하며 세상을 깜짝 놀라게 만들며 엄청난 부를 축적했다. 그는 마윈馬雲을 제치고 중국에서 둘째 가는 부호가 되었다. 어떻게 그는 그런 기적을 이뤘을까? 이미 알리바바와 징둥京東이 지배하고 있던 중국 전자상거래 시장에서 그는 소셜커머스를 통해 틈새시장을 공략했다. 특정 상품을 사고자 하는 소비자가 많을 수록 제품의 가격이 내려가는 독특한 방식을 사용한다. 이 거래 방식은 이제 대한민국에도 수입되어 쿠팡이나 티몬 등에서 사용하고 있다. 물론 초기에 텐센트의 도움을 크게 받았다. 물류센터와 전자지급결제 시스템을 공고화한 알리바바나 징둥과 달리 핀둬둬는 텐센트의 위챗 플랫폼을 적극 활용해서 12억 명에 이르는 위챗 사용자를 공략할 수 있었고 소비자 빅데이터 수집과 마케팅, 결제 등을 운영할 수 있었다. 그 방식은 신규 소비자 유입을 용이하게 만들었고 신속하고 광범위한 서비스를 전파할 수 있었다. 텐센트는 핀둬둬에 자본을 투자하기도 했다.

황정이 사업을 시작하면서 가장 먼저 주목한 것은 초저가 아이템을 집중 공략한 것이다. 고가의 프리미엄 판매에 집중한 경쟁사들과 정반대였다. 돈 많은 소수보다 여유가 많지 않지만 엄청나게 많은 소비자에게 어필하는 방식을 택한 것이다. 게다가 저가의 생활필수품은 반복적으로 소비하고 구매한다는 점에 주목했다. 또 하나는 상대적으로 혜택을 누리지 못하는 중소도시 고객을 위주로 공략했다는 점이다. 중국의 도시는 행정적 분류와 경제적 분류에 따라 도시의 등급을 매기는데 핀둬둬는 2선 도시 이하의 도시들을 집중 공략했다. 2, 3, 4선 도시의 비율이 87퍼센트에 달한다는 것을 간파한 판단이었다. 실제로 핀둬둬

매출의 70퍼센트 정도가 3선 도시 이하에서 발생한다. 남들은 무관심한 시장이 황정에게는 황금시장으로 보였던 것이다. 이런 상술에 더해 생필품을 주력 상품으로 삼고 무료배송까지 제공하는 핀둬둬에 이들 고객이 호응하는 것은 어쩌면 당연한 현상이었다. 거기에 앞서 말한 위챗이나 텐센트, QQ 같은 SNS를 통해 함께 구매할 사람을 많이 모아올수록 더 할인된 금액으로 물건을 살 수 있는 방식은 더 많은 구매자를 만들어내는 놀라운 효과를 발휘했다. 핀둬둬라는 회사의 이름은, 핀拼(모으다), 둬둬多多(많이)를 조합한 말이다. 이런 방식으로 더 많은 고객을 확보하는 윈윈전략은 2020년에 회원 수 4억 명을 확보할 수 있는 원동력이 되었다. 기업이 소비자에게 판매할 상품을 관리하고 마케팅 전략을 구상하는 역할을 한다는 건 획기적 혁명이었다. 소비자와 현장을 밀착시키고 중간 유통단계를 생략하면서 고품질의 상품을 저렴한 가격에 공급하며, 이것을 구매하는 소비자가 SNS를 통해 연결된다는 점은 단순한 마케팅의 차원을 넘어 사회적 공익의 방식으로도 주목받고 있다. '황정의 달걀'은 누구에게나 가능한 일이다. 그러나 아무도 하지 않았다.

소외된 중소도시를 공략하고 지갑이 가벼운 다수에게 호소하며 모객이 많을수록 가격을 할인하는 방식은 사실 누구나 생각할 수 있다. 그러나 대부분의 사람은 대도시와 지갑이 넉넉한 사람들을 집중 공략하는 방식을 따랐다. 텐센트의 도움을 크게 받은 건 분명하지만 황정은 그야말로 밑바닥에서 맨손으로 아주 빠른 시간에 엄청난 성과를 거뒀다. 그는 뻔하지만 아무도 시도하지 않은 새로운 방식의 '달걀'을 세운 셈이다. 그러나 그냥 세운 달걀이 아니다. 핀둬둬의 성장 전략이 '함께, 더 알뜰하게, 더 재밌게together, more savings, more fun'라는 점에 주목해야 한다. 이 슬로건은 단순한 광고 마케팅에 그치지 않고 소비자로 하여금 핀둬둬를 통해 '사회적 공공선'에 참여하고 있다는 심리적 자부심까지 끌어모으는 기업 철학을 함축하고 있다. 브랜드 정체성BI을 확실하게 정립했다는 건 결코 가벼운 게 아니다. 그게 바로 콘텐츠의 힘이다. 기술의 혁신이 전부가 아니다. 생각의 혁신이 더 큰 힘을 발휘하는 세상이 된 것이다.

스토리의 힘: 빼빼로와 솽스이

스토리텔링의 시대다. 동일한 아이템이라 해도 스토리가 수반된 것과 그렇지 않은 것에 대해 사람들이 받아들이는 밀도가 다르다. 그러니 너 나 할 것 없이 억지로라도 스토리를 쥐어짜서 갖다 붙이려 안달이다. 스토리라는 거죽만 보니 그렇다. 스토리의 뿌리가 콘텐츠다. 그 둘의 완전한 조합이 사람들을 감동시키고 움직이게 하는 힘을 만들어낸다. 그렇다면 그 둘을 결합시키는 접착제는 무엇일까?

콘텐츠에서 핵심은 전략이나 전술의 발견이 아니다. 궁극적이며 기본적인 것은 그 안에 '사람'의 가치를 어떻게 설정하느냐 하는 것이다. 아무리 좋은 전략이나 마케팅 기법도 거기에 사람에 대한 애정, 관심, 가치를 담지 못하면 잠깐 혹은 작게 이익을 얻을지 모르지만 길고 크게 그리고 모든 이가 동의하며 즐거워하는 것이 될 수 없다. 따라서 콘텐츠의 시작과 끝은 언제나 그리고 반드시 '사람의 발견'과 '삶의 질적 확장'을 담고 있어야 한다. 기업의 미래와 경제의 전망도 그런 발판 위에서 바라봐야 한다.

미국은 이미 비제조업 국가로 전환하고 있다. 금융, 엔터테인먼트, 데이터 등 파이낸셜/소프트 파워financial & soft power에 의존하고 있으며 제조업은 석유산업과 화학 산업 일부, 그리고 제약과 무기 산업 정도가 여전히 강세를 보이고 있다. 썩어도 준치라고 미국의 영향력과 재력이 쉽게 몰락하지는 않겠지만, 세계 보편 가치인 환경문제도 노골적으로 무시하고 자국의 실익을 위해서라면 기존의, 그리고 전임 정부가 공들여놓은 기구에서 탈퇴하는 일에 거리낌이 없는 것을 보면 장기적으로 볼 때 그 쇠퇴는 필연적으로 보인다. 트럼프가 집권하던 시기에는 대놓고 달면 삼키고 쓰면 뱉는 양아치짓도 마다하지 않았던 걸 보면 더더욱 그렇다. 그래도 지금의 힘이 어느 정도는 유지될 것이다. 우리가 특별히 중국의 부상에 대해 주목해야 할 문제는 어디에 있을까? 해마다 연말이면 미국의 〈포브스 Forbes〉에서 상위 고소득자 500명 리스트를 발표하는데 대략 70퍼센트 이상이 창업자다. 창업자는 과거에 얽매지 않는다. 대개의 가업계승자와는 달리 그들은 미래 가치에 몰두한다. 이른바 IT 빅테크 기업 GAFAM(Google, Apple, Facebook, Amazon, Microsoft)은 모두 창업자의 회사다(그들의 주력 비즈니스도 '눈에 보이지 않는' 이른바 brain business다).

우리는 어떤가? 비공식적으로 경제사회학자들이 조사해보니 80퍼센트 이상이 가업계승자다. 그들도 미래 가치를 알기는 하지만 굳이 모험하지 않는다. 물려받은 기업, 인력, 시스템, 노하우가 있고 시장도 아직은 어느 정도 남아 있다. 게다가 고용시장의 위축으로 마음대로 인력을 줄이는 일도 쉽게 해치운다. 이런 식으로 계속 간다면 마지막 남은 단물까지 쏙 빼먹고 손털지도 모른다. 그럴 가능성이 꽤 높다. 지금도 700만 개의 일자리가 사라질 것이라는 제4차 산업혁명에 대해 기업이 투자와 연구는 하지 않으면서 호들갑을 떠는 건 점차적으로 고용을 줄여서 그 충격파를 점진적으로 감당해야 한다는 핑계를 내세우기 위함이다.

중국은 명목상 공산주의국가(물론 지금도 정치체제는 그렇지만 경제는 이미 자본주의체제에 돌입했다)이며 여전히 공산당이 지배하는 사회이기 때문에 계승할 가업이 별로 없다. 따라서 95퍼센트 이상이 창업자라고 해도 과언이 아니다. 이 사실에 주목해야 한다. 중국을 두려워할 진짜 이유는 바로 사업가들이 미래가치에 몰두하는 창업자라는 사실이다. 그런데도 우리는 그런 점에 전혀 주목하지 않으면서 오히려 기득권 수호와 투자의 소극성에만 매달리고 있지 않은가. 그런데 기업도 시민도 정부도 이 사실에 주목하지 않는다. 관심도 없다. 이 대목을 놓치지 말아야 한다. 우리로서는 뼈아픈 대목이다. 미래 가치를 지속시킬 수 있는 힘은 바로 사람에 대한 태도에서 온다는 점 또한 명심해야 할 핵심이다.

자, 본격적으로 문제에 들어가 보자. 해마다 11월 11일 즈음이 되면 거의 모든 가게와 제과점에 막대과자가 넘친다. '빼빼로데이'에 막대과자를 선물하는 게 무슨 기념일처럼 굳어졌다. 소박하다면 소박하달 수 있지만 씁쓸하다. 그런데 같은 날 중국에서는 '쌍스이双+-'[2]라 칭하면서 엄청난 할인행사를 벌인다. 광군光棍이란 중국어로 독신자 혹은 애인이 없는 사람을 가리키는 말로 이 날을 독신절 혹은 솔로데이라고 칭한다고 한다.

---

2   우리나라에서는 흔히 '광군제光棍节'라고 부르지만 정작 중국인은 이제 광군제로 부르지 않고 쌍스이로 부른다. '11'이 겹치는(双, 쌍) 날이라는 뜻이다.

2020년에는 84조 원에 가까운 매출을 올렸다. 100조 원을 넘는 건 시간문제다. 거기에 물류비용까지 합치면 천문학적이다. 알리바바그룹이 이 행사를 시작한 게 2009년인데 짧은 시간에 미국의 최대 쇼핑 시즌인 블랙프라이데이나 사이버먼데이를 능가하는 최고의 행사로 만들었다.

이 행사는 1990년대 난징 지역 대학생들이 외로움을 상징하는 '1'이 네 개가 서 있는 모습이 애인이 없는 사람들의 모습과 비슷하다고 지칭하며 시작됐다고 한다. 그게 요즘 솽스이로 불리는 광군제였다. 중국이 급속도로 성장하고 있지만 젊은 청년에게는 아직 그 열매가 손에 쥐어지지 않은 경우가 많다. 농촌 출신 도시노동자, 이른바 농민공農民工 혹은 신공인新工人의 경우 박봉에 고향 가족에 송금하고 나면 생활이 빠듯하다. 연애할 엄두가 나지 않는다. 대학생은 그들보다 사정이 좀 나을지 모르지만 경제적으로 빠듯하기는 매한가지다. 남들은 이런저런 기념일에 서로 연인을 챙겨주는데 이들 독신자에게는 그림의 떡이고 차라리 없는 게 낫다고 여겼을 것이다. 그런데 11월 11일에 청년들 스스로가 독신자의 날로 정해 자기가 자신에게 선물해주는 날로 삼으며 즐긴 것이다. 그게 조금씩 퍼졌고 그걸 눈여겨본 마윈이 2009년에 솽스이라는 온라인쇼핑 특별 세일의 날로 만든 것이다. 지금이야 엄청난 규모지만 처음 시작할 때는 고작 5200만 위안(한화 약 85억 원)에 불과했다.

나는 쌍스이의 성공 배경에는 여러 가지가 있지만, 특별히 기업가의 철학과 비즈니스적 통찰력의 결합이라는 측면에 관심을 기울여야 한다고 생각한다. 사업가의 입장에서는 수익이 가장 큰 요소일 수밖에 없다. 그러나 다른 면이 있다는 걸 간과하지 말아야 한다. 마윈이 광군제를 눈여겨본 바탕에는 혼자 사는 사람에 대한 관심과 공감이 있다는 점에 주목해야 한다. 짝이 있는 사람들은 서로에게 선물하는 일이 많지만 혼자 사는 사람은 그런 기회와 즐거움이 드물다. 그런 이들에게 자신을 위해 선물할 수 있는 기회를 줄 뿐 아니라 엄청난 할인으로 즐거움을 누릴 수 있게 했다는 점에 주목해야 한다. 물론 그 독신자들이 주로 젊은이들이고 그들은 거의 모두가 인터넷 사용자라는 점도 간과할 수 없는 요인이었겠지만 우리가 주목해야 하는 건 바로 그의 마음일 것이다. 마윈 자신도 젊었을 때 여러 직업을 전전했고 고생했던 경험이 있어서 동병상련으로 공감하는 마음이 들었을 것이다. "힘들지? 이 날은 열심히 한 해 살아온 당신에게 당신이 선물하세요. 우리가 가장 싼값에 제공하겠습니다. 대신, 단 하루뿐입니다." 이 콘셉트가 가장 큰 모티프가 아닐까?

그런데 우리는 기껏해야 숫자와 막대과자가 시각적으로 유사하다는 점에만 주목했고 그 과자를 파는 데에만 몰두했던 건 아닌지 돌아볼 일이다. '가래떡 데이'도 마찬가지다. 아무 감동도 공감도 없는 공허한 메시지보다 '1+1+1+1=4'라는 시각화를 통해 농업이 제4차 산업혁명의 핵심이며 6차 산업으로 가는 전환점에 있는 점을 주목했어야 한다. 네 개의 '1'을 한 덩어리로 묶어 커다란 '1'로 시각화하여 농업이 새로운 미래의 근간인 동시에 식량의 자급 확보라는 게 필수적이라는 걸 강조하면서 농업에 대한 관심과 애정의 스토리로 이끌어냈더라면 훨씬 효과적이고 멋진 이벤트가 됐을 것이다. 형태적 유사성에만 매달리니 그것을 보지 못했다.

마음을 헤아리는 일에 관심을 갖는 게 먼저다. 비즈니스도 마찬가지다. 쑹스이는 바로 그것을 역설한다. 말로만 콘텐츠의 시대 운운해봐야 헛일이다. 마음, 사람, 공감, 사랑, 보편적 가치를 담지 못한 콘텐츠는 팥소 없는 찐빵이다. 결국 스토리텔링도, 콘텐츠도, 비즈니스도 사람을 어떻게 바라보느냐에 달렸다.

철학의 정립:
결과보다 가치를 보라

알리바바의 창업주 마윈의 전략과 태도에 대해 새삼 생각해볼 게 많다. 8500만 원으로 창업하여 14년 만에 170조 원 매출을 올리는 세계 최대 온라인 기업으로 성장시킨 알리바바의 마윈 회장은 공부에 딱히 흥미도 소질도 없었던 사람이었다. 진학

때마다 재수했고 항저우 사범대학에도 턱걸이로 입학했다. 전체로 따지면 세 번이나 재수한 셈이다. IT기업 회장의 이미지와는 어울리지 않지만 전형적인 수학 포기자였다. 그래도 열정은 대단해서 대학에서 학생회장과 항저우 학생연맹회장에 오르기도 했다. 일류대학이 아닌 학생이 학생연맹회장에 뽑히는 건 중국에서 매우 이례적인 일이었다. 대학을 졸업했지만 쉽게 취업하지 못했다. 30여 개의 회사에서 낙방했다. 결국 특기인 영어를 살려 영어 강사를 했고 나중에 작은 통역회사[3]를 운영하기도 했다. 1995년 중국의 첫 인터넷 기업인 차이나 옐로페이지를 만들었지만 너무 시대를 앞선 까닭에 곧 문을 닫았다.

내가 중국에 강연하러 갔을 때 중국에서 성공하기 위해서는 세 가지 조건 가운데 하나는 있어야 유리하다는 말을 여러 차례 들었다. 첫째, 이른바 5대 명문대학[4] 혹은 중국판 아이비리그에 속하는 명문대학을 졸업할 것. 둘째, 가족이나 친척 중에 공산당 간부가 있을 것. 셋째, 가능하면 대도시 출신일 것('관계'를 중

---

3 일설에는 이때 관광가이드 일도 병행해서 야후의 제리 양을 만나 조언을 듣기도 했다는데 조작된 일화라는 말이 많다. 아마도 야후가 알리바바에 투자한 것과 관련 짓기 위해 지어낸 말인 듯하다.

4 흔히 베이징의 베이징대北京大와 칭화대清華大, 상하이의 푸단대復旦大와 자오퉁대交通大, 항저우의 저장대浙江大를 일컫는다.

시하는 중국인으로서는 대도시 출신이 유리하다고 보기 때문이라고 한다). 마윈은 이것들 중 하나도 해당 사항이 없는 인물이었다. 아마도 그런 요인들 때문에 마윈이 초기에 성공하지 못하고 힘들게 살아야 했는지 모른다.

나는 두 가지 점에서 마윈에게 특별한 흥미를 느꼈다. 하나는 그가 중국 대외경제무역부에서 인터넷 네트워크 업무를 담당했는데 공공기관이다 보니 간섭도 심하고 대우가 좋지 않아 회사를 떠나기로 하자 동료 직원들도 5분 만에 함께 떠나기로 동의했다는 점이다. 이들이 알리바바의 창업 멤버가 됐다. 인간적인 매력이 없었다면 그런 일은 불가능했을 것이다. 이건 결코 가볍게 넘길 대목이 아니다. 또 다른 하나는 그가 무협소설 마니아라는 점이다. 성공한 이후 이 회사의 직원들이 무협소설을 무대로 한 카페나 테마파크에서 휴가를 즐기는 일도 많고 회사의 회의실마다 유명한 무협소설 이름이 붙어 있다고 한다.[5] 왜 하필이면 무협소설일까?

무협소설은 고대 중국의 강호江湖라는 가상적 시공간을 배경으로 의협義俠을 행하는 무사의 이야기를 그린 대중소설의 한 분야다. 대체로 장편소설 혹은 대하소설의 분량으로 쓰며, 그

---

5   그는 특히 진융金庸의 광팬으로 진융의 장례식에도 참석했을 정도였다. 그는 회의실에 '동방불패', '소호강호'의 제목을 그대로 따서 붙였다.

예술적 수준이 본격적인 '소설'에 미치지 못한다는 의미에서 무협지라는 경멸적인 명칭을 사용하기도 한다. 무협소설 독자 상당수는 학생과 청년이다. 이들은 아직 딱히 자리 잡은 것도 없고 미래도 보장되지 않았다. 대개는 상위 계층보다 상대적으로 하위 계층에 속하는 사람이 많이 읽는 편이다.

소설의 주인공은 이른바 금수저가 아니다. 처음부터 강호의 고수도 아니다. 어려운 처지에도 불구하고 의를 행하기 위해(물론 때로는 복수를 위해서) 내공을 키운다. 세속적 권세를 추구하지 않고 의를 추구하며 악인을 물리친다. 바닥에서 출발하지만 일정한 수련과 내공을 거치며 진정한 강자가 된다. 그리고 그 힘을 자기의 권세를 위해 쓰는 것이 아니라 대의를 위해 쓰고 때론 희생을 마다하지 않는다. 혼자만의 이익을 위해 불의도 마다하지 않는 건 악당이다. 그 희망과 꿈을 공유하는 게 무협소설의 매력이다. 무협소설을 낮춰 보는 이들은 소설의 구성이나 작법의 수준을 운운하지만 '의협'의 가치에 대해서 무협소설만큼 직설적인 작품을 찾기는 쉽지 않다. 마윈도 힘들고 어려웠을 때 무협소설을 많이 읽었다고 한다. 그것들을 읽으면서 사회적 의로움과 꿈을 키웠을 것이다. 나중에 그는 이렇게 말했다.

"사람은 물을 마시지 않고 10일을 이겨낼 수 있고, 음식을 먹지 않고 1주일을 견딜 수 있고, 숨을 쉬지 않고 2분을 버틸 수 있습니다. 그러나 꿈이 없다면 1분도 살 수 없습니다. 가난보다 무서운 것은 꿈이 없는 삶입니다. 꿈은 미래의 희망이기 때문입니다. 꿈이 있다면 누가 비웃거나 비난을 해도 신경 쓰지 않죠. 자신이 가야 할 길을, 자신이 지금 하고 있는 일의 본질을 잘 알아야 합니다. 자신이 무엇을 하고 있는지조차 모르는 삶보다 끔찍한 것은 없습니다."

그의 꿈은 그런 의협과 함께 자랐을 것이다. 힘든 사람, 고통의 질곡을 벗어나지 못하는 사람에게 도움을 줄 수 있는 일과 비즈니스를 연결할 수 있을 때 일의 보람을 얻을 수 있을 것이다. 그게 바로 무협지의 메시지가 아닌가! 나의 성공이 타인의 불행을 담보로 이루어진 게 아니라 타인을 행복하게 해줌으로써 나의 행복과 성공이 함께 성장한다는 믿음이 있는 것과 없는 것은 천지 차이다.

마윈은 여러 곳에서 수차례 투자를 거절당했으나 골드만 삭스로부터 500만 달러를 투자받으며 본격적으로 사업을 가동했다. 2000년에는 소프트뱅크의 손정의孫正義, Son Masayoshi 회장에게 2000만 달러를 투자받았다. 마윈이 설명할 시간은 20분으로 주어져 있었지만 손정의는 6분 만에 투자를 결정했고 4000만 달러를 제안했다. 그러나 마윈은 너무 많다며 2000만 달러로 줄여서 투자받았다고 한다. 손정의 회장이 짧은 면담에서 엄청난 돈을 투자하기로 마음먹은 건 단순히 투자 계획 때문만은 아니었을 것이다. 마윈의 꿈을 읽었기 때문이기도 했다. 그렇게 알리바바는 2001년에 적자를 벗어나 성장하기 시작했다. 이후 타오바오를 설립하고, 알리페이를 출시했으며, 야후 차이나 경영권을 인수했고, 2014년에는 뉴욕 주식시장에 상장하면서 세계인의 관심을 끌었다.

잘 생긴 외모도 아니고, IT 관련 전공자도 아니며, 집안이 좋은 것도 아니고, 일류 대학 출신도 아닌 그는 이미 전설이 됐다. 생소한 인터넷 사업에 투신하고 이후 적자 상태에서도 자신의 주관을 굽히지 않은 건 단순한 사업가 정신 때문만은 아닐 것이다. 그의 정신력과 끈기뿐만 아니라 그의 마음속에 박힌 무협소설의 대의가 그를 버틴 힘이었을 것이다. 그가 직원들에게 무협소설을 권하는 것도 단순히 꿈을 꾸라는 게 아니라 거기에 담긴 의협의 정신을 키우고 사업의 성공도 대의에 어긋나지 않는 방향성을 지킬 수 있도록 독려하자는 뜻이 아니었을까. 가치를 정립하는 건 단순한 관념의 문제가 아니다.

"제겐 세 가지 성공 비결이 있습니다. 첫째, 저는 돈이 없었기에 한 푼의 돈도 귀하게 사용했고, 둘째, IT기술에 무지했기에 이 분야의 최고 인재들을 고용해 그들의 의견에 귀 기울이며 나처럼 평범한 사람이 이해할 수 있도록 사이트를 만들었으며, 셋째, 계획을 세우지 않았기에 변화하는 세상에 발맞추어 변화해갈 수 있었습니다. 말하자면, 끊임없이 변화하는 것이 가장 좋은 계획이었던 셈이죠."

나는 이 말 속에 마원의 무협 정신이 들어 있다고 생각한다. 돈이, 권력이 전부가 아니다. 그걸 뛰어넘는 가치를 정립해야 한다. 마원이 성공한 '결과'만 보면 그게 보이지 않는다. 스토리도 콘텐츠도 결코 빠뜨려서는 안 되는 게 바로 '가치'다.

가치 혁명: 누구를 위한 콘텐츠인가

'사람과 가치'라는 스토리텔링과 콘텐츠의 핵심 요소를 생각할 때마다 나는 20대 초반에 경험했던 짜릿한 기억을 떠올린다. 짜릿함을 넘어 충격이었다. 그때도 그렇고 지금도 여전히 그렇다.

1970년대 후반에서 1980년대 초반 내가 대학 다닐 때는 여러 교양 과목이 필수였다. 국문학개론, 철학개론, 역사, 인간학 등은 전공학과를 막론하고 누구나 이수해야 했다. 그뿐 아니라 타 학부 과목도 하나 이상 이수해야 했다. 그래서 문과대학 영문과 학생이던 나는 수학, 컴퓨터, 경제원론, 경제사상사 등을 수강했다. 경제원론 수업 과제 가운데 영국에서 발행되는 〈이코노미스트〉를 참고해야 하는 게 있었는데 그때 나는 두 가지 점 때문에 충격을 받았다. 하나는 경제(제목부터 '이코노미스트'가 아닌가) 잡지라는데 비경제적(적어도 우리 눈으로 보면) 분야의 지면이 많아도 너무 많았다는 점이다. 환경과 생태에 관한 분야의 내용은 〈내셔널 지오그래픽〉에 버금갔다. '돈과 상관없는' 공연, 미술, 세계의 풍속, 책, 인물, 심지어 지질학 등에 대한 기사도 꽤 많았다. 그냥 구색을 맞추는 수준이 아니었다. 내용과 질적 수준이 꽤 높았다. 처음에는 매우 의아했으나 그 잡지를 읽어가면서 경제는 단순히 많은 이익을 추구하는 데 그치지 않는다는 것과 모든 것이 돈과 관련될 수 있다는 생각이 번쩍 들었다. 그리고 내가 느낀 또 하나의 충격은 스웨덴의 복지와 평생교육에 관한 기사에서 받은 것이다.

기획 특집이었는지 그 기사의 분량이 꽤 많았다. 내용도 세밀했다. 스웨덴의 어느 대기업 부회장(혹은 부사장)이 사표를 냈다는 이야기로 시작했다. 그의 나이 50세였다. 회사가 발칵 뒤집혔다. '일개' 임원이 사표를 낸 게 회사를 발칵 뒤집을 만한 일인가? 나는 의아해하며 계속 기사를 읽었고 읽으면서 왜 그랬는지 이해했다. 그는 그룹에서 미래의 회장으로 점찍어 키운 인물이었다. 그에게 많은 공을 들이고 투자했을 것이다. 그런 그가 사표를 냈으니 발칵 뒤집힐 만도 했을 것이다. 이사회에서 그를 불러 물었다. 왜 사표를 내는지, 혹시 다른 기업(특히 라이벌 기업)으로 가려는 것인지, 급여가 적어서 그런 건지 등을 물었다. 그러나 그는 그런 것은 결코 아니고 단지 자신은 입사할

때 50세까지만 회사에 다니며 가장으로서 책임을 다한 뒤 미련
없이 퇴직하여 자신이 정말 하고 싶은 걸 하며 살겠다고 계획했
을 뿐이라고 담담하게 대답했다. 아무리 그를 설득해도 그의 결
심은 단호했다. 당시의 나는 도무지 그의 플랜과 선택을 이해할
수 없었다.

결국 그는 퇴사했고 자신이 원하던 목공학교에 갔다. 사회
보장과 평생교육이 잘 갖춰진 시스템에서 가능한 일이었을 것
이다. 내가 또다시 놀랐던 것은 그 학교의 커리큘럼이었다. 2년
과정의 목공학교에서 첫 수업 과목은 환경 혹은 생태에 관한 것
이었다. 이 내용의 의미를 그때는 몰랐다. 그런데 시간이 지나
면서 그게 얼마나 대단하고 담대한 교과 과정인지 새삼 깨달았
다. 가구를 만드는 건 목재를 쓰는 것이다. 목재는 나무에서 온
다. 나무는 자연에 산다. 단순히 하나의 부자재로서 나무를 보
지 않고 생태의 중요한 축으로서 나무를 이해해야 한다는 뜻이
다. 아마도 스칸디나비아 가구 디자인이 단순한 것은 장식적 요
소로 인해 나무를 과소비하는 것을 막을 뿐 아니라 일정 기간이
지난 후 재활용할 수 있는 여지를 마련하기 위해서일지 모른다
는 생각에 미쳤다. 이런 게 바로 철학이다. 생태 이후의 과목은
숲에 관한 것, 그다음은 식물학과 목재 등등으로 이어졌다.

그런데 거기에서 끝이 아니었다. 놀랍게도 건축에 관한 과
정이 있었다. 왜 목공 기술을 배우는데 건축을 배우지? 당시 나

의 상식으로는 이해가 되지 않았다. 하지만 읽어가면서 점점 빠져들었다. 대부분의 가구는 건물 안에 들여놓는다. 따라서 건축과 가구의 상관관계를 잘 고려해야 한다. 그러니 건물과 건축에 대한 지식과 정보는 필수적이다. 놀라지 않을 수 없었다. 그다음에는 디자인 과목이 따랐다. 가구는 디자인과 밀접한 관련을 맺으니 당연한 과정이다. 그런데 디자인과 미술의 관계도 밀접하다. 그래서 미술 수업이 있고 당연히 그 안에는 미술사도 있었다. 미술의 역사는 또 사회의 역사나 생활의 역사와 관계를 맺는다. 이런 식으로 수강해야 할 과목들이 이어졌다. 그게 1년 동안의 과정이다. 그동안 목재의 설계나 재단, 가공과 조립 등에 치중하지 않는다. 2년 차에는 주로 목공 실습으로 짜였다. 아마 우리나라였다면 곧바로 실기 과정부터 들어가지 않았을까? 지금도 그렇게 하지 않을까?

잡지의 특집기사의 주인공은 마침내 학교를 마치고 작은 가구 공방을 차려서 마음껏 자신이 그토록 좋아하던 나무와 함께 두 번째 삶을 시작했다. 어느 날 그에게 유명한 대학의 총장이 책상을 주문했다. 그는 그 책상을 만들면서 스웨덴의 청년들에게 최고의 교육과 삶의 철학을 가르치도록 해달라는 염원을 담았다. 기사는 그가 자신이 스웨덴 교육에 참여하고 있다고 자부하는 글로 마무리한 내용이었다. 나는 지금도 그 기사를 읽었을 때의 충격을 잊을 수 없다. 목공의 기술 이전에 나무, 더 나아가 생태를 바라볼 수 있어야 하고 그 가구가 들어갈 건축물에 대해서도 공부해야 한다는 그들의 사회적·교육적 합의는 많은 것을 시사한다. 큰 그림을 그릴 수 있어야 한다는 것, 자신의 삶을 단계별로 설계하고 로드맵을 짤 수 있으며 준비해야 한다는 것, 일의 철학을 정립하는 것이 삶과 노동의 의미를 결정할 수 있다는 것 등이다. 같은 일을 하더라도 어떤 자세와 마음으로 하느냐에 따라 보람과 행복은 달라진다. 어설픈 자기계발이나 계량화된 성공에 대한 욕망이 결정하는 게 아니다. 콘텐츠는 이런 큰 그림을 그릴 수 있는 힘을 가져야 한다. 그걸 읽어낼 사람을 키워야 한다. 그게 맞아떨어질 때 제대로 된 콘텐츠 강국이 된다.

텍스트의 재구성: 추종하지 말고 도전하라

'코페르니쿠스적인 대전환'이라는 말은 사고방식이나 견해가 기존과 크게 달라지는 것 혹은 시대를 뒤바꿀 만큼의 큰 변화와 계기를 지칭할 때 쓰는 말이다. 사실 이 말은 철학자 칸트가 만들어낸 말이다. 칸트는 인식은 대상에 의거한다고 생각됐던 것을 뒤집어 주관의 선천적 형식이 대상의 인식을 성립한다고 주장하면서, 이러한 전환은 천체가 태양을 중심으로 운행한다는 태양중심설을 주장해서 기존 사회에 충격을 준 것처럼, 즉 천문학에서 코페르니쿠스의 태양중심설에 비견할 만한 인식론상의 전환을 가져온 것이라고 비유한 말에서 비롯된 것이다.[6]

코페르니쿠스의 태양중심설은 중세 유럽에 큰 충격을 주었다. 당연히 보수적인 사회는 그런 코페르니쿠스를 못마땅하게 여겼고 코페르니쿠스 자신도 종교적 박해가 두려워서 자신의 태양중심설, 즉 지동설을 살아 생전에는 발표조차 하지 못했다고 흔히들 생각한다. 훗날 갈릴레이 갈릴레오Galileo Galilei는 종교재판에 회부됐다가 자신의 이론을 제 입으로 부정해서 가까스로 목숨을 보전하면서도 "그래도 지구는 돈다"고 했다는 말까지 떠올리면 더더욱 그럴싸하다. 그래서 코페르니쿠스의《천구의 회전에 관하여De Revoluionibus Orbium Coelestium》도 죽을 때까지 발표를 미뤘다고 여긴다. 그가 죽은 해가 1543년이고 책의

---

6   칸트는 천문학에도 조예가 깊었다. 1775년 발표된 그의 학위 논문 제목이 「일반
    자연사와 천체 이론」이었다. 뉴턴의 영향을 받은 뷔퐁의 태양계 형성설을 이어받
    아 칸트는 태양계 생성에 관한 '성운설'을 발표했고 현대 천문학 교과서에도 '칸
    트의 성운설Kant's Nebula Hypothesis'로 당당하게 자리 잡고 있다. 일찍이 뉴턴
    역학에 매료되어 틈틈이 망원경으로 우주를 관측하고 천문학을 연구한 학자였으
    며 아리스토텔레스 세계관이 뉴턴에 의해 붕괴되는 것을 보고 새로운 시대의 우
    주론에 깊이 빠져들었다.

출간 역시 1543년이니 그럴 듯한 추측이다. 그러나 사실은 전혀 그렇지 않다. 이런 왜곡은 18세기 계몽주의 사상가들이 기존 체제를 타파의 대상으로 삼고, 특히 기존 체제의 주요 세력인 가톨릭교회를 비판하려는 의도로 코페르니쿠스의 순교자적인 모습을 그려냈던 데에 연유한다.

그렇다면 사실은 어땠을까? 먼저 코페르니쿠스의 신분에 주목해야 한다. 그는 폴란드 북쪽 지역의 교회의 사제로 참사위원으로 봉직했던 인물이다. 참사위원은 교회의 고위직이다. 대주교를 중심으로 교회와 교구의 중요 의사결정 권한을 가진 강력한 자리다. 특히 그는 재정 관련 업무를 담당했으니 교회 내 위상은 높은 편이었다. 그런 그가 교회와 맞설 생각을 했을까? 사실 이미 코페르니쿠스의 태양중심설은 책의 출간 전에 팸플릿 요약본으로 나와서 당시 유럽의 천문학자들 사이에서는 널리 알려져 있었다. 특이한 건 그가 재직하던 바르미아 지역의 교회 고위 성직자 가운데 여러 명이 그에게 《천구의 회전에 관하여》를 빨리 출간하라고 권유하고 재촉하기도 했다는 점이다. 당시 바르미아는 주변 강국인 폴란드와 프로이센 등으로부터 위협을 받는 작은 공국이었다. 그런데 유럽 최고의 천문학자인 코페르니쿠스가 기존의 천문학을 뒤집어엎는 역작을 발표한다면 일거에 명성을 떨칠 수 있을 것이라고 여겼다고 한다.

코페르니쿠스는 죽기 직전까지 교회의 탄압이 두려워서 출간을 미룬 게 아니다.[7] 오히려 그는 죽어가는 병상에서도 마지막 교정쇄를 손에 쥐고 있었다. 교정쇄가 늦게 전달된 것이다. 그가 머뭇거린 건 사실인 듯하다. 그러나 교회의 탄압이 두려워서 망설인 게 아니라 동료 천문학자들의 비웃음을 살지 모른다는 두려움 때문이었다. 코페르니쿠스 자신이 자기 이론에서 설명하지 못하는 부분이 있고, 이는 치명적인 결함임을 너무나 잘 알고 있었기 때문에 섣불리 책으로 펴내지 못했던 것이다. 아직 뉴턴이 출현하기 이전이다. 이 결함은 뉴턴이 발견한 중력 개념이 없이는 설명하지 못한다. 코페르니쿠스는 그 점이 해결되지 않았기 때문에 다른 천문학자의 비판을 두려워하며 책의 출간을 주저했던 것이다.

우리의 통념이 18세기 계몽주의 사상가의 각색에 의한 오류라는 걸 아는 사람이 얼마나 될까? 이미 굳어진 '전설'은 그대로 진실이 되는 경우가 얼마나 많은가. 과거에만 있는 일이 아니다. 지금도 현재진행형이다.[8] 그러니 내가 알고 있는 것을 맹신

---

7 흥미롭게도 코페르니쿠스의 이론을 가장 강력하게 비판한 건 마르틴 루터와 개신교회였다. 성서 내용과 불일치할 가능성이 높다고 판단했기 때문이다.

8 이런 사례의 대표적인 게 '건강한 신체에 건전한 정신Sound Body Sound Mind'과 '인생은 짧고 예술은 길다Life is short, Art is long'이다. 그 뜻 자체로 의미가 있으니 여전히 쓰이지만 사실은 우리가 알고 쓰는 의도와는 크게 다르다. 고대 그리스에서 시민은 노동하지 않았다. 4년마다 열린 올림픽의 선수도 관객도 모두

하지는 말아야 한다. 통념과 통설에 쉽게 판단의 권리를 송두리째 넘겨서는 안 될 일이다. 그것은 스스로 콘텐츠 확장을 포기하거나 망가뜨리는 일이다.

통설과 오류 정보에 휘둘리는 건 텍스트의 그릇된 틀에 갇혀 스스로 목줄을 걸고 있는 것과 같다. 새로운 텍스트의 오류를 찾아내는 것은 생각보다 쉽지 않다. 그러나 기존의 텍스트 가운데 제대로 분석하고 자료를 추적해보면 오류나 왜곡된 통설을 가려낼 수 있다. 그런 발견을 통해 텍스트를 무비판적으로 추종하는 게 얼마나 어처구니없고 위험한 것인지 자각할 수 있

남자였고 나체였다. 당연히 몸매에 크게 신경을 썼고 많은 시간과 에너지를 거기에 쏟았다. 당대 현자 가운데 한 사람이 그걸 개탄한 것이다. "이놈들아, 몸만 멋지면 뭐하는가! 제대로 된 정신이 먼저 박혀 있어야지!"라는 통박이었다. 그게 회자되고 관용적으로 굳어지게 된 것이다. 격언이라는 건 당대인들이 문맥을 공유하고 있기에 최대한 간략하게 줄여서 쓰는 법이다. '건강한 신체, (그러나 그 이전에) 건강한 정신'이라는 말이었을 것이다. 그게 그리스어로 'anima sana in corpore sano'다. 일본의 스포츠 용품 기업 아식스 ASICS는 그 머리글자를 모아서 만든 이름이다. '인생은 짧고 예술은 길다'는 말의 주인공은 히포크라테스다. 예술가가 아닌 의사다. 자기 제자들이 의술 수업을 마치고 본격적인 의사 생활을 시작할 때 했던 말이다. 인간의 신체는 너무나 신비롭고 복잡해서 그걸 다 배우기에는 인생이 너무 짧다. 그 기술 arte을 완전히 익히는 데에는 시간이 너무 오래 걸린다. 그러니 좀 배웠다고 우쭐대거나 과신하지 말고 환자를 대할 때 늘 겸손한 자세로 대해야 한다는 의미로 했던 말이다('art'라는 말에는 '예술'과 '기술' 두 가지 뜻이 다 담겼다). 이 말이 예술의 영역에서 자주 쓰이면서 굳어졌다. 통용하면서 본디 뜻을 헤아릴 까닭이 없어지면서 엉뚱하게 쓰이는 경우다.

다는 점에서 좋은 반면교사일 수 있다. 기성세대뿐 아니라 젊은 세대도 텍스트를 추종하고, 그것에 충성하는 교육을 받았고, 사회생활도 그렇게 해왔기 때문에 쉽게 텍스트의 벽을 깨뜨리지 못한다. 그러나 텍스트는 이미 과거의 것이다. 그것이 새로운 시도나 방법의 모색을 방해하는 것은 이미 제도로 정착됐을 뿐 아니라 거기에 순응한 사람이 그 체제의 혜택을 받고 있다고 여기기 때문에 허물지 못하는 것이다. 그것이 보수화되는 삶이다.

텍스트만 추종하면 교조주의dogmatism에 빠지기 쉽고 물음과 비판을 허용하지 않는다. 성을 쌓고 사는 건 안전하다. 성은 밖의 적으로부터 나를 지켜준다. 그러나 다른 눈으로 보면 그것은 성 안에 갇힌 상태다. 영토를 넓히기 위해서는 성 밖으로 나갈 수 있어야 한다. 안전과 보호가 전부가 아니다. 그건 '시간을 끌면서 안전하게 굶어 죽는 것'과 다르지 않다. 텍스트에서 콘텍스트로 확장하는 것은 21세기 지식과 정보의 유목민nomad의 기본이다. 텍스트에 대한 무조건적 추종이 아니라 도전과 질문을 통한 텍스트의 재구성이 다양한 콘텍스트로 진화하는 것을 경험하는 것은 그래서 중요하다. 그게 바로 큰 그림, 이른바 빅픽처big picture의 발화점이다. 시선과 관점을 확장하기만 해도 콘텍스트의 영토가 확장된다.

그러나 무조건 콘텍스트로의 확장이 능사가 아니다. 텍스트와 콘텍스트를 관통하는 거의 유일한 주제는 바로 사람이다. 마원이 무협소설을 통해 간직하려는 꿈은 의협의 정신이다. 의협은 사람을 억누르는 게 아니라 모든 사람의 존엄과 가치를 바로 세우는 일이다. 사업가이기 때문에 이익이 우선이지만 그 돈을 벌게 하는 사람과 그 제품을 쓰는 사람 모두에게 도움이 될 수 있는 것을 마음에서 놓치지 말아야 한다. 그래서 어떠한 일이든 가치의 설정이 중요하다. 아무리 좋은 텍스트와 그것을 기초로 확장된 콘텍스트라 해도 거기에 인간의 존엄성, 인간에 대한 예의와 배려, 공동선에 대한 공감과 열정이 없다면 무의미하다. 아무리 많은 이익을 만들어내는 것이라 해도 그것이 인간의 존엄성과 도덕성, 인격의 독립성을 훼손하거나 억압하고 착취하는 것이라면 의연하게 거부할 수 있어야 한다. 그것이 정의다. 텍스트의 울타리를 벗어나 콘텍스트의 다양한 영토로 확장하려는 근본적 이유는 확장된 영토에서 인격과 정의가 더욱 크게 발현될 수 있기 때문이라는 사회적 공감과 연대에 있다. 이 점이 강력하게 천명되지 않으면 더 큰 전제적 힘(구체적으로는 더 커지고 독점화되는 자본과 기술, 데이터 등)에 휘둘릴 수 있다는 점을 경계해야 한다.

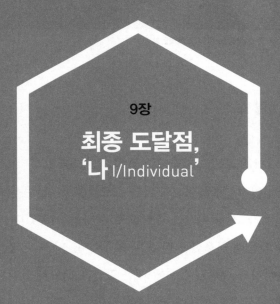

9장

**최종 도달점,
'나** I/Individual**'**

그림 16_'나'로 생각하는 방법은 무엇인가?

근대의 시작, 나

자, 이제 우리는 마지막 종착점에 거의 다다랐다. 그 역의 이름은 무엇인가? 바로 직전에 나는 스토리텔링이건 콘텐츠건 그 핵심 가치가 '사람'이라는 결론으로 독자를 이끌었다. 그런데 그 사람 가운데 최우선은 바로 나 자신이다. '나'를 어떻게 정립하느냐에 따라 사람과 사회에 대한 판단과 태도가 달라지고 미래에 대한 선택과 행동이 달라진다. '나'는 어떤 존재일까? 이물음은 자기정체성self-identity을 묻는 근원적 질문이자 궁극의 목표점이다. 자유로운 개인individual으로서의 나의 정체성이 생략되거나 무시되면 어떠한 인식도 가치도 무의미하고 무기력해진다.

인간은 독립적이며 필연적으로 고독한 존재이다. 인간은 사회적 존재라는 아리스토텔레스의 말을 거부하는 게 아니다. 그러나 그 사회적 존재조차 독립적인 존재로서 자아를 토대로 이루어지지 않으면 무의미하다. 그렇지 않으면 전체주의의 폭력에 휩쓸려 나의 삶은 존재할 수 없다. 어떤 상황에서건 가장 중요한 건 나 자신이다. 누구나 나를 위해 산다. 그게 오로지 자신의 이익에만 향할 때 이기적인 존재가 된다. 그런데 나는 과연 '어떤 나'인가?

인류의 역사에서 호모사피엔스의 출현 이후 20만 년 동안 보편적 가치를 지닌 독립적 개인의 지위를 누린 건 언제부터였을까? 생각보다 그리 오래되지 않았다. 관점에 따라 차이가 있지만 적어도 서양 문화에서는 근대 이후로 보는 게 정설이다. 그리고 근대와 현대를 관통하는 가장 큰 주제는 '자유로운 개인'이었다. '자유로운 개인'은 현재도 계속 진화하고 있는 중이다. 달리 말하자면 여전히 미완성 상태라는 뜻이고 당연히 이 문제를 적극적으로 먼저 풀어내는 사람이 자신의 시대와 삶에 충실하게 살 수 있다는 뜻이기도 하다.

서양사에서 중세에서 근대로 넘어가는 중요한 분기점을 철학과 사상의 영역에서 언급할 때 데카르트René Descarte의 철학을 꼽는 경우가 일반적이다. 왜 데카르트일까? 가장 큰 이유는 교회가 지배하던 중세 사상의 흐름을 완전히 바꿔놓았기 때문이다. 중세 사상에 따르면 진리는 완전한 것이기 때문에 불완전한 존재인 피조물인 인간으로서는 완전한 진리를 파악할 수 없다. 그래서 신의 은총이 필요하다. 그 논리가 교회와 신학이 철학과 사회를 지배할 수 있는 근거였다. 그러나 데카르트는 감히 '의심'했다.

이전까지는 피조물로서 불완전한 존재인 인간은 확실한 것을 인식할 수 없다고 여겼다. 인간의 감각은 도대체 믿을 게 못 된다. 같은 온도인데 겨울과 여름에 느끼는 감도가 다르고 같은 중량인데 아이일 때와 어른일 때 느끼는 무게의 느낌이 다르다. 착시가 다반사니 시각도 믿을 게 못 된다. 모든 감각이 다 그렇다. 그러면 이성은 어떤가? 지각과 이성의 가장 이상적인 모델이 유클리드기하학이다. 각각의 공리와 공준은 필연적이고 보편적이다. 삼각형 내각의 합은 언제나 180도다. 과거에도 현재도 그렇고 미래에도 영원히 그럴 것이다. 가장 완벽하다. 오죽하면 플라톤의 아카데미 입구에 기하학을 모르는 자는 들어오지 말라고 했으며 모든 학문의 모델이 기하학이라고 했을까. 그런데 데카르트는 대담하게 도발한다.[1] 각각의 공리와 공준은 완

---

1   데카르트 자신이 기하학을 대수화하는 데에 큰 기여를 한 사람이다. 예를 들어 공간에 표현되는 점과 직선, 곡선을 좌표계에 표현하는 방법을 만듦으로써 공간을 대수로 표현하는 기초를 만들었다. 그의 이전에도 선형대수학을 시도한 수학

벽하게 들어맞는다. 하지만 만약 악마가 개입해서 각 공리·공준은 맞는데 전체 체제는 거짓으로 조작한다면 어떻게 할까? 결코 그런 일은 없다고 100퍼센트 장담할 수 있을까? 그러니 일단 유보한다. 그런데 분명하고 확실한 게 하나 있다. 바로 내가 계속해서 의심하고 있다는 사실이다! 내가 신에게 기도하고 간청해서 얻은 인식이 아니다. 명증하고 확실한clara et distincta 사실이다. 확실성을 확보했다는 건 의미심장한 일이다. 데카르트는 바로 이 초석을 마련한 것이다. 그것은 중세와의 결별이고 독립선언이었다.

"나는 생각한다. 고로 나는 존재한다Cogito ergo sum"는 데카르트의 명제는 그저 그런 상투어가 아니다. 바로 이 중세에 대한 독립선언의 고갱이다. 그런데 여기에서 주목해야 할 게 있다. 바로 '내가' 생각한다는 사실이다. 생각하는 존재res cogitans로서의 '나'의 주체적 선언이다. 그때까지 철학에서 '나'라는 주어는 중요하지 않았다. 그러나 데카르트는 생각의 주어로서의 '나'를 분명하게 드러냈다. 결국 '나'의 발견이 근대의 출발점인 셈이다.[2] 우리는 이 중요한 점을 간과하는 듯하다.

자가 있었지만 본격적으로 개척한 사람은 데카르트였다.

[2]　'나'의 발견이 없었다면 심리학의 성립도 불가능했을 것이고 정치적 발전도 없었을 것이다. 데카르트를 심리학의 아버지라고 부르는 건 그 때문이다.

'나'의 발견이 데카르트만의 전유물은 아니다. 영국의 경험론자들은 데카르트와는 전혀 다른 방식으로 '나'를 발견했다. 영국 경험론은 대륙의 합리론을 거부했다. 영국의 경험론자들은 인간은 누구나 보편 지성을 갖고 태어난다는 '생득관념 innate idea'에 동의할 수 없었다. 만약 그런 게 있다면 세 살짜리 어린 아이와 여든 살이 된 옥스퍼드 박사의 지성이 동일해야 한다. 그들은 지식이 어떻게 '발생'하는가를 따졌다. 영국 특유의 발생론적 사유의 전형적 케이스다.[3] 지식은 경험을 통해 형성된다. 누구나 태어날 때는 백지상태 tabula rasa다. 그 백지에 경험이 흔적을 남기고 축적된다. 경험은 감각기관을 통해 입력된다. 그런데 그 감각기관, 즉 인체는 인간 보편의 감각기관이 아니라 바로 '나 자신의 몸 my own sense organ'이다. 데카르트는 감각적 지식을 가변적이어서 믿을 수 없다고 일축했지만 영국의 경험론자들은 오히려 확실한 건 내 몸이 감각한 자료 sense data뿐이라고 선언했다. 보편 지식이 중요한 게 아니라 '내가' 경험한 지식이 중심이다. 결국 모든 인식의 중심과 주체는 바로 '나'인 셈이다.[4]

---

3   이런 발생론적 사유의 대표적 사례 중 하나가 바로 다윈의 진화론이었다.

4   영국에서 입헌군주제가 시작된 것은 당시의 정치사회적 상황 때문이기도 하지만 이런 사고의 대전환도 크게 영향을 미쳤을 것이다.

놀랍지 않은가? 비록 접근의 방식과 결론은 서로 전혀 달랐지만 데카르트도 로크John Locke도 같은 17세기에 주체적 '나'를 각각의 방식으로 정립한 것이다. 그게 바로 시대정신의 발로라고 할 수 있을 것이다. 그 '나'의 발견과 정립이 바로 근대정신의 뿌리가 됐다. 지금은 당연한 것으로 여기지만 '나'의 발견과 독립까지 엄청난 시간이 걸렸다. 그러니 '나'는 얼마나 소중한 것인가! 미술에서도 이전에는 흔하지 않던 자화상의 출현[5]이 화가의 자아의식의 발로라는 점에서 크게 다르지 않다. '나'는 이렇게 인류 역사에서 엄청난 요소다. 그냥 그렇게 주어진 'one of mankind'가 아니다. '나의 나'는 어떤 존재인가.

나의 발견에서
자아의 실현으로

근대가 '나'의 발견과 정립으로 열린 건 명백하다. 그러나 그것이 아직은 일반화된 것은 아니었다. 학자들의 이론적 견해에 국한됐다. 물론 그 여파가 천천히, 조금씩 퍼지고 영향을 미친

---

5   자화상을 가장 많이 그린 대표적 화가의 하나가 바로 렘브란트Harmensz van Rijn Rembrandt였다.

건 분명하다. 닫힌 문이 열리고 빛이 들어오면 점점 더 밝아지는 것처럼 다른 모든 분야로 서서히 그 영역이 확장됐다. 무엇보다 인식의 주체로서 '나'의 존재가 시발점을 마련한 셈이다.

나는 '흐름'을 파악하는 주체여야 한다. 역사학자 전우용은 "축구에서 하수는 공을 보고, 그다음 단계의 선수는 사람을 보며, 고수는 공간을 본다. 그리고 최고의 고수는 경기의 흐름을 본다"라고 말했다. 무릎을 치게 하는 혜안이다. 생물학적 개별자인 '나'는 존재론적·의미론적·실존적·가치론적 주체이기도 하다. 다양한 면목의 자아는 큰 흐름 속에서 도도하게 진화하고 발현되는 존재다. 각각의 발견이 이어지고 엮이고 묶이며 통합되기 위해서는 그 흐름을 파악해야 한다.

리하르트 반 뒬멘Richard van Dülmen은 《개인의 발견》에서 인간을 개인으로 파악하는 현대적 의식이 형성되는 과정을 추적하면서 자화상, 자서전, 일기, 개인적 서신과 교양소설뿐 아니라 해부학, 골상학,[6] 인류학, 심리학 등의 학문과 고백성사의 종교 규율, 학교와 가정의 자녀 양육, 형벌과 법정 제도까지 폭넓

---

6 괴테Johann Wolfgang von Goethe는 추밀참사관, 추밀고문관, 내각 수반으로 치적을 쌓으면서도 광물학·식물학·골상학·해부학 등의 연구에도 힘썼다. 특히 골상학의 연구는 인체 형상 연구와 묘사에 도움을 주었으며 당대 골상학의 대가로 평가되기도 했다.

게 다뤘다. 다양한 측면에서 개인의 자기 발견과 자기 인식의 흔적을 탐구한 이 책은 종교개혁 및 르네상스부터 계몽주의까지의 시기를 대상으로 하는데, 이미 16세기의 화두는 개인이었다고 평가했다. 중세에도 개인은 있었으며 종교개혁은 개인의 결단을 요구했다고 분석했다. 그 이전에 르네상스는 속세에서 개인을 발견했다는 것을 '글로 쓰인 나'를 통해 입증했고 16세기의 자화상은 그림으로 나를 그려낸 것이라고 평가했다. 결정적인 것은 학교교육이었다. 아직 교육이 일반화된 것은 아니었지만 사회교육이 자아의식과 개성을 만들었다는 점에서 학문의 중심이 인간으로 옮겨간 것 또한 근대의 중요한 지표라고 평가했다. 18세기 소설의 주제가 한 개인으로 집약되는 것은 그런 것들의 결정체다. 지식과 인식이 널리 퍼지는 계기가 구텐베르크의 인쇄술 덕분에 마련됐다. 극소수의 식자층에 국한됐던 지식의 영역에 글을 읽을 수 있는 사람이 마음만 먹으면 저렴해진 책을 통해 접근할 수 있는 세상이 됐다. '서재의 출현'이 근대에 비로소 일반화되기 시작했다는 점에 주목할 필요가 있다. 서재는 '내'가 독립적으로 지식과 정보를 습득할 수 있는 상징적 산물이다.

이와 더불어 종교에서도 큰 변화가 일어났다. 종교가 선택의 여지없는 절대적 권위를 과시했던 중세에는 꿈도 꾸지 못하던 일이다. 흔히 종교개혁(1517년)이라 부르는 유럽 교회의 개혁은 상당한 대가를 치르기는 했지만 1555년 아우크스부르크 종교화의를 거쳐 종교를 선택할 수 있게 됐다는 것은 놀라운 일이었다. 물론 당시 종교의 선택권이라 해봤자 가톨릭교와 개신교 가운데 하나를 고르는 것이었지만. 교회 개혁의 여진으로 유럽이 몸살을 앓는 동안 초기에는 영주의 종교가 백성의 종교였다. 그러나 30년 전쟁의 피를 흘린 뒤 1648년 베스트팔렌조약에 의해 (완전하지는 않지만) 각 개인이 종교를 선택할 권리를 보장받았다. 아마도 일반 시민으로서 '나의 선택' 가능성에 대해 실감한 것은 이것이 훨씬 더 컸을 것이다. 놀랍게도 이 시기는 데카르트의 활동 시기와 거의 일치한다. 그러므로 '나'의 발견이 단순히 철학과 사상의 영역에 갇힌 것은 아니고 사회적 변화에서도 이미 그 조짐이 나타난 셈이다. 결국 '나'의 발견과 정립은 시대적 필연이었다.

그러나 여전히 기존의 권력은 강고했고 '나'의 실현은 요원했다. 하지만 시간이 흐르면서 자아의식의 각성이 쌓이고 그 계기는 놀랍게도 혁명으로 폭발했다. 그 혁명의 시발도 사실은 사고의 변화와 확장, 즉 개인의 발견에서 비롯된 것이라고 할 수 있다. 계몽주의자들의 많은 저작도 큰 영향을 미쳤다. 사실 그 저작을 읽은 일반 시민은 그리 많지 않았다. 하지만 그걸 읽은 소수의 시민이 그 사상을 전파했고 조금씩 각성이 커졌다. 여기서 자세하게 서술할 수는 없지만 프랑스혁명(1789)은 정치적 자아의 발견과 실현의 상징이었다. 분명한 것은 혁명이 절대 권력에 대해서도 비판하고 저항할 수 있는 의식이 확장된 결과물이라는 사실이다. 기존의 부패하고 비합리적인 질서와 체제를 전복한 것은 계급의 힘이 아니라 시민 각자가 개인의 권리에 대해 자각한 힘에서 비롯한 것이다. 이후 다시 왕정복고를 반복하면서 불완전하게 유지됐지만 '정치적 주체로서의 나'라는 개념은 분명히 혁명이 준 선물이었다.

혁명을 통해 정치적 주체로서의 '나'의 개념을 경험했다고 하지만 여전히 '자유로운 개인으로서의 나'는 아니었다. 혁명은 부르주아와 전문가 시민계급의 출현을 알렸지만 일반 시민에게 자유로운 개인은 그저 남의 일이었다. 신분의 변화는 거의 무망했다. 자유로운 개인의 실현의 구체적 변화는 경제 환경의 변화에서 구체화되는 것이라는 걸 분명하게 깨우쳐준 것은 바로 19세기에 본격화된 영국의 산업혁명이었다. 정치적 주체로서의 자아를 일시적으로 획득했다 해도 결국 현실적으로는 경제적 독립이 가능할 때 비로소 자유로운 개인이 가능해진다. 산업혁명이 모든 계급을 자유로운 개인으로 해방시킨 건 아니다. 착취와 가난이 더 가속된 경우도 많았다. 그러나 기존의 신분 질서가 새로운 경제구조로 인해 혁신적으로 변했다. 점점 더 경제적으로 풍요로워진 개인은 자유로운 개인으로 한 걸음 크게 다가섰다.

서구 사회에서 근대와 현대를 관통하는 가장 큰 힘인 '자유
로운 개인'이 늘 순조롭게 얻어진 건 결코 아니다. 늘 핍박과 억
압이 있었고 지속적인 저항으로 맞섰으며 때로는 처절하게 싸
웠고 피 흘리고 목숨을 제물로 바쳤다. 20세기에 그 투쟁과 진
화가 두 차례의 세계대전으로 인해 잠시 유보됐지만 전쟁이 끝
난 후, 1960년대에 들어서면서 봇물처럼 도처에서 솟아오른 저
항은 막을 수 없었다. 이 시기의 저항 또한 자유로운 개인의 전
방위적 실현의 요구였다. 현재에 이르기까지 인류는 끊임없이
자유로운 개인의 완성을 향해 치열하게 싸우고 있다. 이것이 인
류사에서 현대의 가장 도도한 혁명의 산물이다.

　　단순화의 오류에 빠질 위험은 있지만, 그 시작은 사상의 전
환이었다. '나'를 주어로, 중심으로 삼는 근대사상의 큰 물꼬가
흐름을 잡았다. 그리고 여러 종교와 사회의 변화 과정을 겪었고
끝내는 정치적 혁명으로 이어졌다. 그것은 일종의 제도의 변화
였다. 그리고 산업혁명은 경제가 그다음에 이어진다는 표본으
로 대두됐다. 이들은 모두 독립적 사건이지만 큰 틀에서 본다면
연쇄적 흐름이다. 생각이 먼저고, 제도가 그다음이며, 경제가 마
지막이다. 이러한 흐름이 압축적으로 단기적으로 나타나는 사
례가 20세기 중반 이후의 여러 독립 국가에서 나타났다. 우리
도 마찬가지였다. 자, 이제 그 흐름을 역순으로 따져 보자. 경제
적 상황의 변화가 나타난 결과물 이전에 정치적 자각과 변화가

388　　　　　　　　　　　　　3부 • 여섯 번째 I, 그리고 새로운 길

있다. 그리고 그것들을 가능하게 한 근원적 계기가 바로 생각의 변화였다. 이 연쇄 고리의 선후 관계를 주목해야 한다. 이 관계는 늘 이어진다는 점에서 지금 우리가 무엇을 어떻게 해야 할지 성찰하는 중요한 계기를 마련해줄 수 있을 것이다. 지금 당장의 지갑에만 골몰하는 게 능사가 아니다.

나, 겉이 같다고 속도 같은 건 아니다

상식은 중요하다. 누구나 수긍하고 이해할 수 있으며 교환 가능한 지식과 정보의 보편적 동의에서 크게 벗어나지 않는다는 점에서 상식은 유용하다. 그러나 자칫 거죽만 보고 속은 보지 못하는 우려를 완전히 씻을 수는 없다.

"산은 산이고 물은 물이다"라는 문장을 만나면 대부분 사람들은 해인총림 초대 방장과 조계종 종정을 지낸 성철性徹스님을 떠올린다. 스님이 자주 대중에게 들려준 법문이기 때문일 것이다. 쓸데없는 시시비비에 매달리지 말고 상식적으로 이해하고 판단하라며 실천을 강조하며 언급했던 말이다. 대부분 그렇게 이해하고 받아들였다. 그러나 이 법문은 그렇게 단순한 뜻이 아니다. 원문을 읽어보면 분명하게 알 수 있다.

본디 이 구절은 송나라 고승인 청원선사靑原禪師의 법문에서 나온 것이다. 청원선사는 송대 청원산 정거사에 주석했던 임제종 황룡파의 고승이다. 내용은 이렇다. "이 노승이 30년 전 아직 참선을 하기 전에는, 산을 보면 곧 산이고 물을 보면 곧 물이었다看見山就是山 看見水就是水. 그 후 어진 스님을 만나 선법禪法을 깨치고 나니, 산은 산이 아니고 물은 물이 아니었다見山不是山 見水不是水. 그러나 더욱 정진해 불법 도리를 크게 깨달은 지금은, 그전처럼 역시 산은 산이고 물은 물이다依前見山只是山 見水只是水. 대중이여, 이 세 가지 견해三般見解가 서로 같은 것이냐, 아니면 각기 다른 것이냐. 만약 이를 명확히 설명할 수 있는 사람이 있으면 이 노승은 그에게 배복拜服하겠다."

이 법문은 4행시의 형태로도 전해졌다.

산은 산이고 물은 물이다山是山 水是水
산은 산이 아니고 물은 물이 아니다山不是山 水不是水
산이 곧 물이고 물이 곧 산이다山是水 水是山
산은 산이고 물은 물이다山是山 水是水

"산은 산이고 물은 물이다"라는 첫 번째 단계는 상식적 이해다. 달리 말하자면 기계적이고 직관적인instinctive 인식의 단계다. 누구나 어떤 대상을 감각하면서 습득하는 인식이다. 어린아이의 인식 형성이 이렇게 이루어진다. 물론 어른은 이러한 인식을 좀 더 세련되고 체계적으로 구축한다. 비약은 없다. 우리의 인식은 어떤 기준을 근거로 형성된다. 그 기준이 정의definition다. 정의는 어떤 말이나 사물의 뜻을 명백히 밝혀 규정하는 것이다. 그 규정에 따라 우리는 인식을 쌓고 판단한다. 다만 이때 명심해야 할 것이 있는데 영어 단어 'define'(정의하다)의 본디 뜻은 '제한하다' 혹은 '한정하다'라는 점이다. 제한의 폭을 어떻게 잡느냐에 따라 정의의 규준과 내용이 달라진다. 궁극적으로 그 제한이 사라지면 내용은 무궁해진다. 물론 이런 경지는 쉽지 않다. 오히려 혼란스럽다. 내가 지닌 잣대나 대롱과 다르면 일단 배척한다. 그런 정의를 인정할 수 없는 건 두 가지 이유 때문이다. 하나는 내가 경험하지 못했기 때문에 쉽게 동의하기 어렵기 때문이고, 다른 하나는 어렵게 획득한 내 잣대를 버려야 할지 모른다는 두려움 때문이다. 선입견이나 편견은 그런 식으로 자라난다. 하지만 서로 특별하게 충돌할 게 없는 이상 상식적으로 시비를 가리고 생각과 지식을 교환할 수 있으니 살아가는 데에는 이것만 있어도 충분하다고 여긴다. 다만 새로운 것을 얻기는 어렵다.

"산은 산이 아니고 물은 물이 아니다"라는 두 번째 단계는 이 정의를 따지는 데서 온다. 합리적 의심과 탐구의 과정이다. 산의 정의는 다른 곳보다 도드라지게 융기된 것이다. 거대한 산에는 봉우리만 있는 게 아니다. 계곡도 있고 꺼진 곳도 있다. 그곳만 좁혀서 본다면 산의 정의에서 벗어날 수 있다. 그렇다면 그것은 산이 '아니다'. 계곡과 물은 거대한 산에서는 산의 일부다. 그러므로 그런 시야에서는 물이 '아니다'. 상식의 함정을 벗어나는 단계다. 때로는 정의가 제대로 적용됐는지를 따져 묻기만 해도 내용이 달라질 수 있다. 앞서 말한 'define'의 범위를 어디에 두느냐에 따라 달라지기도 한다. 이런 발견은 즐겁기도 하다. 상식을 깨뜨리고 이면의 문을 여는 것만큼 지적 즐거움을 찾기는 어렵다. 만족감도 높다. 자신의 지적인 능력으로 그 틀을 깨봤다는 자신감, 새로운 것을 발견했다는 신선함, 일탈의 즐거움 등을 누린다. 물론 때로는 지적 우월감으로 그렇지 못한 사람을 낮춰보거나 무시하는 위험도 존재한다. 모두가 이 단계를 즐기는 건 아니다. 어떤 사람은 자신의 기존 지식과 정보, 상식이 흔들리는 불안감이 새로운 것을 발견했다는 즐거움보다 더 크다고 느낀다. 얻는 것보다 잃는 게 많다고 여기는 이는 다시 1단계로 미련 없이 돌아간다. 그리고 이후에도 특별한 계기가 없다면 얼씬도 하지 않을 뿐 아니라 이런 시도 자체를 비판하는 우물 안 개구리를 자처한다. 이러한 2단계를 다른 시선으로 정의하자면 이른바 창조적 파괴 creative destruction다. 슘페터 Joseph A. Schumpeter가 자본주의의 역동성을 가져오는 가장 큰 요인으로 창조적 혁신을 주창하고 그 과정에서 창조적 파괴를 강조했던 것도, 굳이 비유하자면 이 단계일 것이다. 낡은 틀을 깨뜨리고 새로운 시스템과 사고의 혁명을 요구하는 단계다.

"산이 곧 물이고 물이 곧 산이다." 이 세 번째 단계는 완전한 전복이다. 혼돈의 극치다. 어렵사리 두 번째 단계에 들어왔던 사람도 이 단계에 오면 갈등하고 혼란스럽다. 왜냐하면 그것은 기존의 모든 것을 버리고 포기할 수 있기를 요구하기 때문이다. 힘들게 쌓은 첫 단계, 새로운 발견의 기쁨과 더불어 불안의 두 번째 단계를 겨우 넘어서며 적당한 지적 만족감을 느끼고 있었는데 그것들이 송두리째 흔들린다. 도대체 분별이 없는 지식이 가능한가? 경계가 무너지고 정의할 수 없는 지식이라면 소유나 교환이 가능한가? 피아의 구별이 없는데 무엇을 가리고 무엇을 뽑을 것인가. 그러나 이것은 이미 앞선 두 번째 단계에서 어느 정도 예감할 수 있었다. 계곡(물)도 산이고 산의 부분인 그 계곡만 떼놓고 보면 물이다. 기존의 정의와 구분을 버리면 가능하다. 기존의 질서와 체제에 휘둘리지 않고 마음껏 넘나들 수 있는 경지다. 원효元曉의 대롱[7]조차 버리면 하늘은 무한하다. 어떠한 경계도 없다. 그러나 여전히 혼돈스럽기는 하다. 이 단계가 가장 힘든 구간이다. 우월감이 지나친 사람은 자신은 그렇지 못

---

7 원효가 대롱을 통해 하늘을 바라볼 때 작고 긴 대롱으로 보면 작은 동전 크기의 하늘에 불과하고 큰 대롱으로 보면 훨씬 큰 하늘이 보인다고 한 관견管見의 대롱.

한 사람과 마치 '종種'이 다른 것처럼 여긴다. 오만과 편견의 극치가 되면 인간관계에서 위험한 사람이 된다. 어쨌든 이 단계에 이르기까지도 쉽지 않다.

혁명은 바로 이 세 번째 단계를 거쳤을 때 가능하다. 어쩌면 그래서 혁명이 성공하기 힘든 건지도 모른다. 이 단계에서 확신이 없거나 포용의 능력이 없으면 결국 회의에 가득하다 원 상태로 복귀할 가능성이 크다. 혁명의 반동이 거세서 혁명 자체를 거부하는 경우도 이런 상황에 가깝다. 그만큼 절망과 배신의 감정은 커진다. 그나마 세 번째 단계를 거부한 사람이 이해의 여지를 남겨두고 돌아가면 모를까 이 단계를 무조건 무의미하고 혼란을 야기할 뿐이라고 단언한다. 진보 진영의 물에서 놀다 보수 진영으로 넘어가면 오히려 더 맹렬하게 진보 세력을 비판하는 경우도 이런 방식일 것이다. "내가 해봐서 아는데" 운운하면서 무조건 무시하고 억누른다. 그러나 진정한 물아일체物我一體는 이 단계에서 비로소 가능하다. 경계의 잣대에 매달리지 않고 그것을 넘는 혜안을 갖느냐 여부에 달렸다.

"산은 산이고 물은 물이다." 마지막 네 번째 단계는 단순한 회귀와 반복이 아니다. 문장의 거죽은 첫 번째 단계와 동일하지만 속내는 천지 차이다. 지식의 해탈과 해방의 경지다. 모든 것을 아우르고 품을 수 있는 단계다. 현상과 본질을 모두 꿰뚫어 본 경지다. 상식의 수준을 무시하지 않는다. 상식에서 본질을 보고 본질에서 상식의 보편성을 살려낸다. 편견이나 독선이 없다. 그러면서 본질을 놓치지 않고 때로는 초월을 꿈꾸기도 한다. 남을 억누르려 하지도 않고 오만하지도 않다. 청원선사나 성철스님이 말한 "산은 산이고 물은 물이다"라는 선문禪文은 바로 이 단계를 함축한다. 그런데 흔히 상식의 보편성과 일상성에만 방점을 찍는다. 그런 이해만으로도 사는 데에 큰 지장은 없지만 그 단계에 갇히면 진화는 어렵다. 지식, 탐구, 직관, 영감, 통찰, 상상력, 자유로운 개인의 성숙한 자아는 이런 진화의 단계 속에서 이루어지는 것이어야 한다. 진화하지 못하는 콘텐츠는 이미 죽은 것이나 다름없다. 그걸 자산이라고 붙들고 있는 것만큼 어리석은 일도 없다. 콘텐츠는 늘 살아 있어야 하고 한 뼘이라도 앞으로 진화하는 것이어야 한다.

주체로서의 나: '어떻게'가 아닌 '왜'

20세기 산업화시대에 많이 들었던 단어 중 하나가 바로 '노하우know how'였다. 실행 방법을 알아야 작업을 수행할 수 있으니 당연한 일이었다. 그래서 우리의 학습과 업무는 늘 '어떻게'에 관한 것이었다. 그리고 어느 정도 성공했다. 덕분에 이만큼 발전할 수 있었다. '모로 가도 서울만 가면 된다'는 식의 사고도 흔했다. 성과만 달성할 수 있으면 수단과 방법을 가리지 않는 일도 서슴지 않았다. 그 과정에서 도덕성이나 인격성 따위는 가볍게 무시되기도 했다. 목적을 이루면 그 혜택으로 모든 것을 보상받고 다른 이의 부러움까지 받을 수 있으니 그것으로 족했다. 불행히도 지금도 그렇다. 아니 갈수록 더 심해진다. 이것을 두려워해야 한다. 그것이 모두의 파멸로 귀결될 것이라는 걸 심각하게 받아들여야 한다.

물론 노하우는 여전히 중요하다. 일머리 없는 사람에게는 작업을 수행할 수 있는 매뉴얼이 필요하다. 누구에게나 자기 나름의 노하우는 있다. 어떤 일을 오래 함에 따라 자연스럽게 터득한 방법이나 요령인 노하우다. 선배가 후배에게 힘과 권위를 보여주는 것도 바로 그런 노하우 덕택이다. 그러나 이제 노하우의 시대는 사위고 있다. '방법의 정보'는 더 이상 독점적이지 않다. 검색만 하면 찾을 수 있고 다운로드해서 소유할 수도 있으며 내가 그것을 응용할 수도 있다. 나의 경험이 축적되어 구축된 노하우라고 크게 다르지 않다. 경험의 주체가 '나'라는 건 부인할 수 없지만 누구나 비슷한 경험을 가질 수 있다. 그런 경우 대부분 노하우의 주체는 '내'가 아니라 그것을 만들어낸 타인이다. 물론 노하우를 수용하고 활용하는 주체는 나이지만 나만의 독창적이고 고유한 것은 아니다.

우리는 '어떻게'의 답을 직선적으로 찾는 데에만 골몰했다. 속도와 효율의 시대였으니 더 그랬다. 그게 몸에 밴 까닭에 남이 해놓은 걸 배우거나 베끼는 일에 매달렸다. 이른바 '추격사회' 유형이다. 이제 그런 시대는 지나가고 '탈추격사회'로 접어들었다. '창조·혁신·융합'의 시대다. 그런데도 여전히 '어떻게' 창조하고 혁신하며 융합하는지에 대해 남의 생각과 정보를 주워 담는 데에 급급하다. 내가 주체가 되어 해본 적이 없기 때문이다. 그렇다면 어떻게 해야 할 것인가? 이 문제를 동시에 해결할 수 있는 게 바로 '왜'를 묻는 것이다. '묻는 나'에서 시작된다. 당연히 내가 주체다. 주체적 자아로서의 '내'가 없는 삶이 가능한가의 물음은 일과 행동에도 그대로 적용될 수 있고 또한 적용되어야 한다. 조직의 구성원으로서 수행해야 하는 객체로서의 나는 단순히 작업자에 불과하다. 그런데 이제는 그마저도 AI 등의 영역으로 대체되기 시작한다. 노하우만 소유한 사람은 그걸 써먹을 때까지만 이용되다가 더 이상 효용이 없으면 가볍고 쉽게 버려진다. 그게 지금 우리에게 던져진 차가운 현실이다. 단순 작업자가 아니라 주체적이며 창조적인 사람이 되기 위해서는 타인의 노하우를 습득하는 데에 급급해서는 안 된다.

창의적인 사람은 '왜'를 묻는다. 또한 그렇게 '왜'를 묻는 사람은 과학적 사실을 제대로 파악하고 탐구하면서 궁극적 물음과 관심을 '왜'로 귀결시킨다. '왜'는 인과관계와 이유를 따진다는 점에서 논리적이며 동시에 근원적이다. 단순히 일을 잘 수행하고 그에 따른 보상이 있어서 하는 것이 아니라 내가 왜 그일을 해야 하는지, 그렇게 하면 내 삶이 그리고 사회가 어떻게더 나아지는지를 묻는 것은 결코 쓸데없는 짓이 아니다. 이른바'가치' 비즈니스는 왜를 묻는 것에서 비롯된다. 최근 많은 기업들이 '가치 경영'의 기치를 내걸고 있는데 거기에 '왜'라는 근원적 물음이 빠졌다면 겉치레일 확률이 크다. 당당하게 그리고 꼼꼼하게 '왜'를 물어야 한다. 지금까지 그런 물음을 묵살하고 심지어 조롱했지만 21세기 콘텐츠의 시대에는 그걸 묻는 사람이위너다.

물론 '왜'를 묻는 것이 '어떻게'를 추적하는 것보다 때론 더어렵다. 왜냐하면 '어떻게'는 양태적으로 쉽게 설명되고 묘사되는 답을 찾아낼 수 있지만 '왜'는 그렇게 딱 떨어진 답을 구하기가 쉽지도 않을 뿐 아니라 때론 모호하고 막연하며 구체적이지않아서 자칫 뜬구름 잡는 느낌이 들 수도 있기 때문이다. 게다가 '왜'는 본질적으로 존재론적인 질문이라서 철학적 사유와 성찰, 고민이 수반되는 데다 정해진 답이 없기 때문에 막막할 수있다. 그러나 '정해진 답이 없다'는 건 무한한 가능성과 변용성을 함축하는 것이기도 하다. 그러므로 어떤 현상을 바라볼 때그 현상이 어떻게 작동하는가를 파악하기 전에 왜 그렇게 나타나는지, 그 현상의 주체는 왜 그 현상을 드러내거나 행동하는지를 묻는 것이 선행되어야 한다. 이러한 물음은 심지어 과학에도 적용될 수 있다.

예를 들어 물의 표면이 수평인 것을 바라보고 '왜 물이 수평이지?'라고 물으면 물 분자가 중력을 받고 대기압으로 눌리면서 물 분자들끼리는 수소결합을 해서 서로 엮이지만 유동성이 있는 액체라서 수평을 유지한다는 답을 얻는다. 그러므로 '왜'의 물음은 '어떻게'의 질문도 함축한다. 다시 말해서 '왜'에는 '어떻게'를 담을 수 있지만 '어떻게'에는 '왜'의 물음을 담아내지 못하거나 그 필요성이 없을 수 있다. 모든 '왜'라는 물음은 '어떻게'로 대체 가능하다. 그러니 이제는 '어떻게'가 아니라 내가 물음의 주체가 되어 무한한 가능성으로 열려 있는 '왜'로 전환해야 한다. 그래야 비로소 내가 주체가 되어 창조적인 새로운 콘텐츠 혹은 부가가치가 더 높은 콘텐츠의 생산이 가능해진다.

어떤 조직이건 진정성 있는 충성도는 '왜'를 묻는 사람과 조직에서 생겨난다. 내가 왜 그 일을 해야 하는지, 내 삶의 의미에 어떻게 작용할지, 세상에 어떤 도움이 될지 등을 물은 뒤에 그 일을 수행하는 사람의 충성도와 일의 이해도가 훨씬 더 높다. 더 높은 가치를 추구하기 위해서 '왜 그것을 해야 하지?'를 묻는 건 당연한 일이다. 자부심, 몰입, 즐거움, 성취감 등은 노하우보다 노와이Know-Why에서 나오는 것들이다. P&G의 글로벌 마케팅 책임자였으며 앤더슨 경영대학원 교수인 짐 스텐겔Jim

Stengel은《미래기업은 무엇으로 성장하는가》에서 지금의 세계 경제는 이미 공급 과잉 상태며 따라서 고객이 삶에서 기능적으로 유용한 것을 추구하는 게 아니라 더 가치 있는 것을 추구할 것이라고 주장한다. 갈수록 경쟁은 더 치열해지고 안정과 저성장의 시대가 지속됨에 따라 구조적으로 공급 과잉이 되는 현실에서 가치의 중심을 본질적으로 따지지 않으면 안 된다. 그래서 가치의 중심은 이미 노하우에서 노와이로 옮겨가고 있다. 변화 디자이너 허일무는《노와이》에서 행복과 몰입, 차별화와 혁신을 위한 새로운 통찰로서의 '노와이'를 언급하면서 '평범한 자판기 운영자'와 탁월한 기업의 차별화와 혁신의 핵심을 비교하며 그 중요성을 강조한다. 차별화를 통해 경쟁 우위를 만드는 것이 가장 중요한 지향점인데, 그것을 관통하는 힘이 바로 노와이라는 것이다. 적절한 수익과 의미의 균형, 주변의 인정과 존경, 하는 일에서 자부심과 행복의 중요성이 강조되는 시대다. 노하우에 비해 노와이는 그 중심에 '내'가 있다.

이제는 예전처럼 일방적 수용자와 추격형 수행자로서 노하우에만 매달리는 것이 아니라 '왜'를 묻고 따지고 캐는 주체로서의 '나'를 먼저 발견하고 정립해야 한다. 탈추격사회는 '왜'를 묻는 사회일 때 비로소 가능하다. 그리고 그 '왜'를 묻는 주체로서의 '나'를 명확하게 정립하고 인식하는 건 당연한 전제가 된다. 앞서 말한 다섯 가지의 'I'를 다 수행한다 하더라도 '왜'를 묻는 '나 I/Individual'가 없다면 사상누각에 불과하다.

나는 어디에?

많은 이가 철학에 관심을 갖는다. 철학은 고상하고 심오하며 삶과 세상을 바라보는 논리적이고 체계적인 탐구에서 비롯된 것이다. 수많은 철학의 대가의 이론을 섭렵한다. 그들의 존재론, 인식론, 가치론 등을 탐색한다. 그런데 철학은 쉽게 이해되지 않는 경우가 많다. 그래서 어려워한다. 대가들의 설명을 따라갈수록 복잡하고 어렵게 느끼는 경우가 많은 건 삶과 세상이 그만큼 다양하고 복잡하기 때문일 것이다. 그런데 정작 '나'를 놓치면 만사휴의萬事休矣다. 왜 내가 그런 인식을 선택해야 하는지, 존재를 어떻게 바라봐야 하는지, 어떻게 가치를 실천할 수 있는지 등을 먼저 묻고 나에게 적합한 철학을 탐색해야 한다. 그런데 종종 그걸 놓친다. 그러니 플라톤, 공자, 칸트를 줄줄 외고 꿰뚫어도 정작 나의 삶으로 들어오지 않는다. 그러므로 가장 순수하고 심오하다는 일반적 평가를 부여하는 철학에서야말로 먼저 '나'를 바라보고, '내가' 먼저 묻고, '나'에게 맞는 사상과 이론을 짚어낼 수 있어야 한다.

새가 알에서 깨어나 처음 보는 존재를 어미로 각인하는 것처럼 가장 먼저 만나고 배우거나 꽂히면 모든 걸 그 학자의 이론에 올인하는 경우가 많다. 그게 플라톤이나 공자일 수도 있고, 칸트거나 퇴계 이황일 수도 있다. 그러나 예를 들어 칸트가 아무리 뛰어난 철학자라 해도 모든 것을 완벽하게 설명할 수 없고 때론 그게 나의 모든 기질과 일치하는 것도 아니다. 또한 나의 '현재성'의 토대인 시공간과 시대적 맥락에 대한 충분한 성찰이 수반되어야 한다. 존재의 영역이건 인식이나 가치의 영역이건 먼저 내가 물어야 한다. 나의 물음에 대답할 수 있는 철학자들의 답변을 두루 살피면서 선택해야 한다. 나의 기질과 사유의 방식에 맞아야 그 가르침을 제대로 체화하고 실천할 수 있다. 그게 빠지면 관념의 놀이에 빠지기 쉽다. 지행합일이 되지 않는 수많은 학자를 보면 대부분 그 단계에서 오류가 발생한 경우가 많다. 각 영역에서의 나의 물음은 당연히 나 자신의 해법의 추구를 형성한다. 그래서 내가 먼저 그것을 고민하고 탐구하며 다른 해법을 모색한다. 그게 제대로 된 철학을 비롯한 대부분 영역에서의 공부의 핵심이다. 그게 바로 한 단계 진화한 자기정체성의 본질이다. 그런 토대 위에서 '나'를 발견하고 구성해야 한다.

세계적 고전인 《나와 너 Ich und Du》의 저자 마르틴 부버 Martin Buber는 인간 본질에 대한 통찰로 많은 영향을 끼쳤다. 그에 따르면 세상에는 '나와 너 Ich-Du'의 관계와 '나와 그것 Ich-er/es/sie'

의 관계가 존재한다. 그런데 참다운 삶을 살기 위해서는 '나와 너'의 관계를 맺어야 한다. '나와 그것'의 관계는 도구적인 관점에서 세상을 바라보며 대상이 언제든지 대체될 수 있는 일시적이고 기계적인 관계이다. 반면 '나와 너'의 관계는 서로가 인격적으로 마주하는 관계다. 무엇과도 대체될 수 없는 유일한 '나'를 도구적 대상과 관계를 맺게 하는 것은 결국은 나 자신과 나의 삶을 대상화하는 것이다. 나를 물질(돈)과 관계 짓게 하는 삶은 물질적으로 풍요로울지 모르지만 삶의 본질에서 빈곤한 삶이다. 돈으로는 편안함convenience을 살 수 있을지 몰라도 평안equability, peace과 삶의 가치 value of life를 살 수는 없다. 나의 존엄성은 누가 주는 것이 아니고 하물며 사물·돈이 채워주는 것도 아니다.

부버가 말하는 '너'는 스스로 '나'인 주체다. 부버가 "모든 참된 삶은 만남이다"라고 말한 것은 대체 불가능한 '너'와의 관계 속에서 진정한 자아를 찾을 수 있음을 함축한다. 인간으로서의 가치와 존엄성을 잃어버리는 현대의 비극을 극복하고 참다운 자신의 내면을 발견하기 위해서는 반드시 '나'의 존재와 위상을 정립해야 한다. 우리가 지향하는 콘텐츠의 방향성은 그런 인격적 공동체에서 나의 가치와 존재 이유를 마련하는 가운데 이루어진다. 부버의 '나'를 관념적으로 이해할 것이 아니다. '나'는 누군가에게 '너'일 수 있는 '나'여야 한다. 그래야 비로소 '나와 너'의 관계가 성립된다.

　부버의 '나와 너'의 관계를 현재의 팀제에 적용해보자. 이전의 조직은 수직적이었다. 명령자와 수행자, 상급자와 하급자의 구조였다. 인격적 관계, 파트너십을 공유한 관계는 아니었다. 일방적 구조였다. 그러나 기존의 조직이나 구조로는 더 이상 새로운 시대, 기본적으로 기획력과 조정력으로 최고의 팀워크를 발휘하며 창조적 힘을 발휘해서 최상의 콘텐츠를 만듦으로써 함께 좋은 결과를 분배하는 환경을 감당할 수 없다. 팀제는 이미 언급한 것처럼 기초적으로 수평적 조직의 파트너십이 마련됐을 때 가능하고 최적의 결실을 생산한다. 명령자와 수행자의 수직적 관계는 '나와 너'의 관계가 아니라 '나와 그것'의 관계다. 그것은 상대를 인격적으로 대하는 것이 아니라 수단의 대상으로 삼는다. 수행자가 명령자를 바라보는 것도 마찬가지다. '나'가 '너'를 직급이나 지위에 상관없이 대등한 인격으로 대할 때 그도 나를 마찬가지로 대한다. 그러므로 '나와 너'의 관계는 서로가 서로에게 주체적이고 인격적이며 수단으로서가 아니라 목적으로 대할 때 비로소 가능하다. 난해한 철학적 서술이 아니다. 가족이나 친구 관계에서나 가능한 '나와 너'의 관계를 일상적·사회적 삶에서 요구하는 것을 이상ideal이라고 여기는 한 끝내 접근하지 못한다. '나와 너'의 관계는 매우 현실적이고 실존적이며 생산적인 관계다. 그러기 위해서는 먼저 '나'의 정체성을 명확히 인식하고 설정하는 일을 살펴야 한다. '나'의 정체성이 정립되지 않거나 인식되지 않는 사람은 '나와 너'의 관계의 설정이 근원적으로 불가능하다. 그러므로 '나'의 정립이 먼저다.

그런데 핵심인 '나'는 어디에 있는가? 사유와 행위의 주체로서의 나는 주체적으로 살고 일하고 있는지, 자아의 실현을 어떤 방식으로 구현하고자 하는지, 나의 인격성과 존엄성은 나에게서 어떻게 발현되는지 등을 꼼꼼하게 자문하고 세밀하게 따져 봐야 한다. 지위, 돈, 학식, 외모 등 외형적 가치로 나의 존재감과 위상을 평가하고 평가되는 존재로서가 아니라 사유, 탐구, 직관, 영감, 통찰, 상상 등의 내면적 가치를 주체적으로 발휘하는 도덕적이고 창의적인 존재로서의 '나'로 수렴될 수 있어야 한다. 아무리 지위가 높아도 나의 우월감을 과시하기 위해 다른 사람을 억누르거나 멸시하는 '나'는 비인격적이고, 아무리 돈이 많고 많이 벌어도 타인의 고통을 담보로 그것을 획득하는 '나'는 비도덕적이며 반사회적이다. 학식이 많아도 지행합일知行合一이 되지 않고 명예만 탐하는 '나'는 분열적이고, 외모가 뛰어난 건 행운이지만 그것만 믿고 우쭐한 '나'는 유아적이다.

스스로 '나'의 존재성을 인식할 수 있으려면 매사에 그것이 나에게 어떤 의미인지 물어야 한다("What does it mean TO ME?"). '나에게' 어떤 의미인지 묻고 따지지 않으면 다른 사람이 결정한 것에 끌려갈 수밖에 없다. 물론 '자발적으로' 그렇게 끌려가는 데에 대한 대가를 얻는다. 흔히 '자발적'으로 수행하기 때문에 주체적이라고 착각하기 쉽다. 그러나 그건 나의 주체성을 담보하는 게 아니다. 예를 들어 우리가 일해서 돈을 버는 건 자연스러운 일이지만 돈 그 자체가 내 삶의 목적이라면 자칫 돈의 노예가 되기 쉽다. 경제적 주체로서의 '내'가 화폐를 쫓는 '나'인지 나의 행복이 사회적 가치와 연결되고 실현되는 존재로서의 '나'인지에 따라 크게 달라진다. 나는 경제적 주체로서의 '나'이다. 그러나 나에게 경제적 측면이 사회적 안정과 개인의 행복으로서의 의미로 실현되는 것인지를 함께 물을 때 '나'의 존재성은 달라질 수 있다. '나와 너'의 관계에서의 '나'와 '너'는 자신의 정체성 identity을 묻는 존재다. 그것을 묻는 데에 '나'가 존재한다. 자기정체성조차 제대로 인식하지 못하거나 정립되지 않은 상태에서 '나와 너의 관계'는 불가능하다. 그러므로 어떠한 관계건 '나' 그리고 '나와 너'의 동반자로서의 '너'에 대한 지속적인 이해와 점검은 필수적이다. 그리고 관계라는 게 한 번 형성되면 영구하게 지속되는 게 아닌 만큼 지속적으로 점검하고 정비해야 한다. 막역한 사이일수록 예의를 지키라고 하는 충고는 바로 이런 의미를 함축하는 것이다.

부버가 말하는 '나'는 존재론적·의미론적 자아에 대한 실존적 물음에 대한 답 중 하나다. 그런데 일상 속의 '나'는 환경의 지배를 받는다. 흥미로운 사례로, 공항 근처에 사는 아이들 상당수가 '바퀴'가 달린 비행기를 그려서 선생님들이 처음에는 의아했다고 한다. 땅 위의 자동차와 달리 하늘을 나는 비행기를 그리면서 바퀴를 그리는 아이들은 거의 없다. 그런데 공항 근처에서 보는 비행기가 이착륙할 때 바퀴(랜딩기어)가 내려와 있는 상태임을 보고 깨달았다고 한다. 일상의 '나'는 구체적 상황 속에 있다. 흔히 '금자탑金字塔'[8]이라고 하면 위대한 업적을 달성했거나 상당한 의미가 담긴 어떤 일을 완수했을 때 '금자탑을 쌓았다'고 하는 식으로 이해한다. 마치 동양의 용이나 서양의 황금산처럼 일종의 관념적 추상으로 안다. 그러나 금자탑은 가상의 대상이 아니다. 실제로 존재하는 사물이다. 바로 피라미드다. 중국인이 피라미드를 한자로 옮기면서 음보다는 뜻, 더 정확하게 말하자면 '모양'을 따서 만든 말이다. '금金'이라는 글자에서 갓을 길게 내리고 받침을 옆으로 늘이면 정확하게 삼각형 모습이다. 피라미드 생김새가 딱 그렇지 않은가? 피라미드가 예사로운 구조물이 아니라 크기도 엄청나고 왕이나 왕족의 무덤이기도 해서 중국 사람들의 관심을 불러일으키기에 충분했을 것이다. 게다가 모든 광물 가운데 으뜸인 금gold의 뜻을 담아도 썩

---

8   금자字 모양의 탑이니 발음도 '금자탑'이 아니라 '금짜탑'이어야 하지만 어느 누구도 그렇게 읽지 않는다. 중국 사람들은 금자탑을 줄여 흔히 '금탑金塔'이라고 부른다. 그 명칭도 피라미드를 의미하는 경우가 많다.

어울린다. 모양으로나 얼추 뜻으로나 제법 근사한 번역어가 된 게 바로 금자탑이다. 변형되거나 왜곡된 구체적 상황 속에 있는 것 또한 일상의 나다. 내가 살고 있는 구체적 환경뿐 아니라 수입되었건 번안되었건 다른 문화에서 들어와 나의 일상에서 존재하는 수많은 요인이 나의 사고와 판단에 영향을 미친다. 그러므로 주기적으로 내가 어디에 어떻게 살고 있는지 살펴보는 것이 좋다. 그걸 무시하고 나의 좁은 사고에 비춰 판단하고 행동하는 건 어리석은 일이다. 나는 혼자 살아가는 존재가 아니라는 게 꼭 '함께 사는 사람'을 전제하는 말이 아니다.

인간은 누구나 환경의 지배를 받는다. 모든 환경이 동일하지 않다. 지배하는 환경이 나를 억누르고 지배할 때 실존적 자아는 위협을 받는다. 그 간극에서 느끼는 갈등이 부담스러우면 쉽게 환경에 굴복하고 합리화한다. 그러나 적어도 '나의 삶'이고 내가 주인이라는 점을 따지면 그 간극을 과장하거나 쉽게 수긍하고 복종하는 것을 경계해야 한다. 그 간극이 주는 갈등을 극복하는 것 또한 '나'이다. 실존적 의미의 나와 구체적 상황 속의 나, 게다가 환경의 지배를 받거나 변형되고 심지어 왜곡된 인식 속에 살고 있는 나의 간극을 어떻게 좁히느냐 하는 것 또한 '나'의 존재에 대한 성찰의 요소 가운데 하나다. 아무리 철학적으로나 관념적으로 '나'를 정립했다 하더라도 구체적 상황 속의 '나'는 전혀 다른 모습으로 존재한다면 그것은 자칫 허위나 불일치, 즉 동일성의 분열이나 왜곡으로 이어질 수 있기 때문이다. '나'를 지키고 '나'를 실현한다는 게 생각보다 쉬운 일이 아니다. 그래서 더 가치 있는 일이고 멋진 삶이다. 우리가 시시하게 살려고 세상에 태어난 것은 아니지 않은가! 나도 당신도 멋지게 살아야 하는 존엄한 존재다.

연출가의 시선으로 바라보는 '나'

텍스트에 갇히고 노하우의 매뉴얼만 추종하는 것을 벗어나기 위해 취할 수 있는, 그러면서 매우 큰 효과를 얻을 수 있는 방법이 있을까? 텍스트에서 벗어나 콘텍스트로 확장하고 '자유로운 개인'으로서의 모든 인간관계를 농밀하게 만들며 최상의 결실을 얻을 수 있는 대안이 있다면 그 자체로 최고가 될 것이다. 나는 그 확실한 대안으로 '연출 노트'로 희곡 읽기를 권한다. 어떤 작업이건 매뉴얼[9]이 있다. 일을 지휘하는 사람은 그 매뉴얼을 가장 합리적이고 전체적으로 조망하고 수행하도록 이끌 수 있는 사람이다.

---

9 흔히 'FM대로 한다'고 할 때 그것은 야전교범이나 현장안내서 등을 뜻하는 'Field Manual'의 약자이다. 매뉴얼은 교범 혹은 공정도라고 할 수 있다.

일을 수행할 때 흔히 우리는 '매뉴얼'을 따른다. 그 일을 할 때 가장 효율적이고 합리적이며 체계적인 공정이라는 점에서 이의가 없다. 매뉴얼은 '해석된' 일의 수행 공정이다. 내가 '해석하는' 게 아니다. 같은 일을 하더라도 내가 해석할 때 훨씬 더 창의적인 콘텐츠를 생산할 수 있다. 그 능력을 증강할 수 있는 좋은 훈련이 바로 희곡의 해석이다. 희곡은 최고의 연습대본이고 창의성의 매뉴얼이다. 각자의 배우가 주어진 대사를 수행한다. 그러나 단순히 주어진 대사를 수행하는 극은 무미하고 건조한 드라마에 불과하다.

희곡은 소설과 달리 작가가 모든 것에 개입하지 못한다(적어도 표면상으로는). 오직 대사뿐이다. 그 대사를 통해 맥락과 인과관계, 심리까지 모두 담아내야 한다. 희곡은 시간과 장소의 제약이 빡빡하다. '무대stage'를 전제하기 때문이다. 그래서 얼핏 희곡 읽기는 따분하게 느껴질 수도 있다. 그러나 희곡은 내가 해석하며 읽을 수 있기 때문에 매우 주체적일 뿐 아니라 상상력을 최대한 발휘할 수 있고 그런 점에서 매우 창의적이고 생산적이다. 희곡의 맨 앞머리에는 배경이 나온다. 대부분 간략한 설명에 불과하다. 예를 들어 '어느 한적한 바닷가 마을' 이런 식이다. 내가 가봤거나 TV에서 본 모든 바닷가 마을을 떠올린다. 아무 장소나 고르면 되는 게 아니다. 그 장소를 그려내야 한다. 이른바 로케이션 헌팅이다. 극에 적합한 매우 다양한 경험된 공간을 소환한다. 그리고 그 가운데 고르거나 새롭게 재구성한다. 공간은 단순한 배경이 아니다. 그 공간은 극의 흐름과 일관성에 매우 밀접한 상징적 '장소'가 되기 때문에 무대감독이 되어 그에 맞는 무대를 그려낸다. 시작부터 만만하지 않다. 그러나 그걸 수행하는 '나'는 이미 연출가고 무대감독이 된다.[10]

그다음 등장인물이 나온다. 각 배역의 이름과 간단한 신상이 소개된다. 독자는 곧바로 누군가를 떠올리게 된다. 달리 말하자면 각 배역에 누구를 캐스팅할 것인가 고민해야 한다. 그 배역에 가장 적합한 배우를 소환하여 꼼꼼하게 따진다. 그가 출연했던 작품에서 어떻게 연기했는지 면밀하게 살피고 비교한다. 심지어 배우 자신도 모르는 잠재적 연기와 표현 능력을 연출가가 찾아내야 한다. 그렇게 면밀하게 검토해서 낙점한다. 그걸 하는 나는 캐스팅 디렉터casting director다. 기업으로 따지면 인사 담당자다. 그냥 스펙specification을 보고 뽑는 기업이나 조직은 스펙으로 보는 지표 외에는 지원자의 능력과 잠재력을 파악하지 못하고, 그에 맞는 일을 연결하는 통찰력이 없음을 드러낼 뿐이다. 우리나라에서 재정이나 회계 전문가 혹은 기술 전문가는 퇴직 후 다른 직장을 찾는 일이 흔하지만 인사 담당자의

---

10 영화나 드라마라면 로케이션 헌터location hunter의 역할이다. 단순히 '멋진' 장소가 아니라 극에 최적화된 장소를 물색해야 한다.

경우 퇴직 후 재취업이 만만하지 않다. 그의 능력이 전문가의 수준에 미치지 못하거나 그 조직이 전문가로 키워내지 못했기 때문일 것이다. 혹은 이른바 학벌 등의 스펙에 의존하면서 그것을 객관적 지표라고 여기는 수준에 그치기 때문이기도 하다. 외국 기업에서는 딱 한 사람의 임원만 스카우트해야 하는 경우 1순위가 인사 전문가라고 한다. 조직과 구성원의 장점과 잠재력의 최대치를 이끌어낼 수 있기 때문이다. 이 차이는 매우 중요한 함의를 담고 있다. 그것에 주목해야 한다.

어쨌거나 이런 방식으로 각 배역을 하나씩 찾아가는 것도 매우 흥미롭고 생산적이다. 아마 이런 방식으로 희곡을 읽어본 적은 거의 없을 것이다. 나중에 그 희곡을 다시 읽을 때 내가 예전에 캐스팅했던 배우가 완벽했는지, 만약 그렇지 않다면 왜 그런 판단을 내렸었는지, 새로운 배우를 물색한다면 누구를 선택할 것인지 등을 따져 보는 것도 매우 큰 도움이 된다. 그러니 희곡을 읽을 때는 매우 가는 연필로 연출 노트를 쓰는 게 좋다. 다음에 읽을 때 이전의 선택이 최상이었는지 확인해볼 수 있고 다른 대안을 찾아볼 수도 있다는 점에서 기록하고 지우는 반복이 도움이 된다.

배역에 따른 배우를 선정했으면 그다음 어떤 의상을 선택할 것인지 고려해야 한다. 희곡은 단순히 대사만 따라가면서 읽는 게 아니다. 옷은 단순한 소품이 아니라 배역을 표현하는 또 다른 방식의 연출이다. 의상 담당자가 되어 하나하나 옷을 골라본다. 때로는 옷의 선택에 따라 시대가 달라지거나 말투가 달라질 수 있다. 예를 들어 햄릿이 청바지를 입게 되면 극 전체가 완전히 새로운 방식으로 해석되고 연기되어야 한다. 심지어 말투와 어조도 달라진다. 어느 하나 가벼운 게 없다. 이런 모든 것을 조율하고 해석하는 것이 연출가의 역할이다. 1막 1장의 첫 장면에서 조명은 어떻게 할 것인지(조명감독), 무대미술(미술감독)도 바뀌고 배경음악도 변하며 심지어 배우의 말투도 바뀌어야 한다. 의상을 결정했으면 극을 진행하면서 어떤 효과음과 배경음악을 깔 것인지(음향·음악감독), 동선은 어떻게 짤지, 배우는 어떤 톤으로 말할지 등도 살펴본다. 마지막으로 내가 배우가 되어 직접 소리 내어 읽어본다. 최종적으로 무대 위에서 극을 완성하는 것은 배우의 몫이다. 발성 하나도 가볍거나 단순하지 않다. 그러므로 연출가는 배우와 끊임없는 소통을 통해 완성도를 높여 간다.

연출가의 시선으로 희곡을 읽으면 자연스럽게 각 분야의 전문가 시선으로 읽게 된다. 종합적 사유와 판단에 이보다 나은 것이 있을까? 총감독으로서의 연출가는 자기 독선으로 결정하는 것이 아니라 각 파트를 책임진 전문가와 소통하며 협업함으로써 보다 나은 연출을 창조할 수 있다. 그 소통의 과정에서 서로의 존재를 인정하고 개선하는 경험이 그 작품에 참가하는 모든 사람에게 많은 혜택을 제공하게 된다. 팀워크는 바로 이런 것이다. 무대감독, 배우, 음악감독, 조명감독 등은 연출가의 수족이 아니다. 그런 상하 관계의 강요에서는 소통도, 협업도, 창조도 얻기 어렵다. 상대를 전문가로 키워주고 그의 의견을 경청하며 나의 생각을 설득하고 교환할 수 있는 사람이 진정한 리더다. 그게 바로 연출가 리더십이다.

이렇게 모든 사항을 챙겨 읽는 희곡은 상상 외로 많은 것을 선물한다. 연출가의 종합적 관찰과 판단력을 나의 것으로 흡수할 수 있다. 그리고 각자 주어진 역할이나 배역을 연출가와 소통하고 교류하면서 최적의 시너지 효과를 이끌어낸다. 무엇보다 극 전체를 '나'의 주체적이고 창의적인 해석으로 소화하게 된다.

희곡은 한정된 장소와 시간, 배우라는 제약을 받지만 그렇기에 오히려 더 심층적이고 복합적이며 함축적인 해석과 연출이 가능하다. 이른바 선택과 집중의 훈련에서 이보다 더 좋은 텍스트를 찾기 어렵다. 단적으로 말해 '리더십과 멤버십'을 동시에 극대화시키기에 이보다 더 나은 것을 찾기 어려울 것이다. 흔히 리더의 이상적 모델로 오케스트라의 지휘자를 예로 들기도 하지만 나는 그보다 이런 연출가 방식이 훨씬 더 효과적이라고 단언한다.

공부든 일이든 이렇게 연출가의 시선으로 바라보고 해석하고 판단하는 능력은 단순히 능력의 발휘 또는 발현으로 그치는 게 아니라 아무리 복잡한 문제라도 '나'의 이성과 감성으로 꼼꼼하게 짚어보는 매력적인 경험이 된다. 세부 사항부터 전체까지, 그리고 다양한 관계를 파악하는 데 이르기까지 내가 주체적으로 개입하고 대응할 때 콘텐츠의 가치를 극대화할 수 있는 점에서도 이상적이다. 희곡을 읽는 일은 우리가 지금까지 하나하나 살펴본 요소, 즉 지식과 정보·탐구·직관·영감·통찰·상상력 등을 모두 동원하면서 기존의 독법讀法을 뛰어넘는 생산적이고 창의적인 콘텐츠로 이끌어내는 가장 완벽한 샘플이 될 수 있다. 그리고 이러한 방식을 다른 경우에 다양하게 변용하면서 사용할 수 있는 못자리로 만들 수 있다.

조금만 눈을 돌려도, 조금만 관심을 기울여도 깊고 넓은 콘텐츠, 사람과 삶에 최대한 많은 이익을 줄 수 있는 콘텐츠, 미래 가치를 선도하는 콘텐츠를 창조하고 생산할 수 있다. 무엇보다 그것은 기술, 자본, 지식에 일방적으로 좌우되는 것이 아니다. 이보다 더 큰 투자가 있을까?

그림 17. 김홍도의 씨름도

연출하는 그림 읽기

이제 이 책을 마무리해야 할 때가 되었다. 앞서 다룬 내용을 종합할 수 있는, 흥미로운 그림 여행을 잠깐 떠나보자. 여섯 개의 'I'가 서로 다양한 방식으로 결합하고 많은 경우의 수를 통해 다양한 콘텐츠를 만들어낼 수 있다는 것을 확인할 뿐 아니라 궁극적 '가치'가 어디에 설정되어야 하는지를 압축적으로 보여줄 수 있는 그림이다.

김홍도의 〈씨름도〉를 모르는 사람은 거의 없다. 그 그림을 보여주며 1분 동안 아무거나 머릿속에 떠오르는 걸 꺼내보라고 요구하면 수많은 대답이 나온다. 풍속화, 단원, 단오, 원 구도와 삼각 구도, 보물 527호, 조선 후기 회화 등등 비슷비슷한 대답이 쏟아진다. 이 대답들의 공통점을 눈치챘는가? 거의 다 명사다. 이 명사들은 그 그림과 화가에 대한 지식과 정보의 파편이다. 학교와 교과서에서 배운 것에서 한 걸음도 더 나아가는 게 별로 없다. 의심도 전혀 없다. 국어, 국사, 미술 등의 교과서에서 보았거나 배웠으니 절대적이라고 여기기 때문이다.

일곱 살 아이에게 물었더니 대답을 하지 못한다. 아는 게 없으니 당연한 일이다. 그런데 한참 그림을 바라보더니 거꾸로 묻는다. "누가 이겨요?" 어른들은 그렇게 묻는 법이 없다. 씨름하는 두 사람 가운데 누가 이길까? 이 물음에서 시작하면 이 그림에 대한 무궁무진한 이야기가 펼쳐진다. 실제로 네댓 시간 넘게 강의할 수 있을 정도다. 우리는 주로 정보와 지식 위주로 배우고 머릿속에 저장하는 방식이어서 과목에 따라 단편적 지식만 습득한다. 그리고 그림에서도 주인공에만 주목하고 주변 인물은 대강 훑어보기만 한다. 사람들의 표정, 입성(옷), 소도구 등에 대해서도 별로 관심이 없다. 심지어 그림의 화가가 김홍도라는 근거가 될 낙관이나 글도 없는데 아무런 의심 없이 단원 김홍도의 풍속화라고 받아들인다. 교과서에서 배운 것이니 조금도 의심하거나 따지지 않는다.

이 그림은 《단원풍속도첩》에 있는 그림이다. 그래서 김홍도의 그림이라는 확실한 증거가 있다. 그 도첩에는 스물다섯 장의 그림이 있는데 그 가운데 두 점이 보물로 지정됐다. 종이의 질도 하급의, 값싼 것이다. 누군가의 주문을 받아서 그린 그림이 아니라 일종의 사생 스케치북이다. 그런 싸구려 종이에 연습용으로 휘리릭 그린 그림에 매번 낙관을 찍거나 수결하는 일은 좀 우습다. 질 낮은 종이가 거칠어 붓이 잘 나가지 않으니 홍두깨 등으로 문질러 매끄럽게 가공한 것을 보면 쉽게 짐작할 수 있다.

과연 누가 이길까? 든 사람이 이길까, 들린 사람이 이길까? 물론 들린 사람이 이길 수도 있다. 씨름 기술의 백미는 되치기다. 그런데 하나하나 따져 보면 그게 그리 쉽지 않다는 걸 금세 깨닫는다. 든 사람의 얼굴을 보자. 외모가 체력이나 기술을 그대로 드러내는 건 아니지만 인상은 읽어낼 수 있다. 이마와 광대가 튀어나온 모습은 강인해 보인다. 그저 붓으로 점 하나 콕 찍은 눈이지만 그의 눈은 예리하다. 앙다문 입과 강인한 턱은 그의 근성을 보여준다. 그에 반해 들린 사람은 미간을 찡그리고 있다. 뭔가 뜻대로 되지 않거나 당혹스러울 때의 표정이다. 두 사람의 표정을 비교해보면 든 사람이 더 강해 보인다. 10퍼센트쯤의 확률을 확보한다.

이번에는 두 사람의 몸과 옷을 비교해보자. 든 사람의 소매는 짧다. 살짝 걷어 올리기도 했지만 기본적으로 소매가 짧고 폭도 상대적으로 좁다. 들린 사람의 소매는 그에 비해 폭도 넓고 길이도 길다. 늘어진 소매의 주름을 자세히 살펴보면 알 수 있다. 일할 때 소매를 걷는다. 그래야 일하기 편하다. 그러니 평소에 노동하는 사람들은 그런 옷을 입는다. 바지도 마찬가지다. 든 사람의 바지폭은 좁다. 그래야 일하기 편하다. 하지만 들린 사람의 종아리 부분은 행전行纏으로 묶었다. 행전은 각반과 같은 것으로 바짓단이 너풀거리는 것을 막는 물건이다. 게다가 양반은 겉에 두루마기까지 입으니 더 필요하다. 오른쪽에 벗어놓은 신발도 두 사람의 신분이 다름을 보여준다. 갓신은 양반(들린 사람)의 것이고 짚신은 농부(든 사람)의 것이다. 평소에 노동하는 사람과 평생 노동하지 않은 사람이 붙으면 당연히 노동한 사람이 유리하다. 든 사람의 팔뚝에 그은 두 개의 줄은 힘을 가한 힘줄의 모습이다. 이쯤이면 든 사람이 이길 확률이 30퍼센트쯤 더 높아진다.

들린 사람이 되치기로 승리할 수도 있다. 하지만 그러려면 상대방 힘의 중심을 흔들어야 한다. 요즘 씨름으로 치면 샅바고 이 그림에서는 허리춤이다. 그런데 왼손은 상대의 겨드랑이에 있고 오른손은 엉덩이쯤에 걸쳐 있다. 팔의 모양으로 봐서 힘을 가하지 못한 상태다. 이 상태에서는 되치기가 거의 불가능하다. 그러니 다시 확률이 올라간다.

이번에는 주변의 인물을 살펴보자. 왼쪽 위에 있는 사람들 가운데 갓을 벗고 무릎을 당겨 깍지 낀 양반을 보라. 특히 벗어놓은 신발에 주목해보자. 그는 왜 그런 모습일까? 그 앉음새는 마음이 심란할 때 나타난다. 왜 심란할까? 자기편이 지는 게 확실해 보이기 때문이다. 그래서 시선도 피한다. 다른 양반은 덤덤한데 왜 그는 그렇게 안절부절할까? 다음 선수이기 때문이다. 그래서 미리 갓도 벗고 신발도 벗어놓았다. 이 사람을 주목해보면 다시 확률은 70퍼센트쯤으로 오른다. 결정적인 것은 오른쪽 아래에 있는 두 사람이다. 다른 사람들 상당수는 몸이 앞으로 쏠렸다. 승부가 결정하는 순간이기 때문에 본능적으로 몸이 앞으로 끌린 모습이다. 그런데 아래 두 사람은 왜 몸을 뒤로 젖혔을까? 들린 사람이 자기 앞에 패대기쳐질 것이기 때문에 본능적으로 피하는 모양새다. 이쯤이면 확률은 90퍼센트를 넘어간다.

씨름의 자세, 복장과 신발, 관객의 태도와 몸의 기울기 등여러 요소를 하나씩 추론해가면서 승자를 맞출 확률을 높이는 것이 탐구의 방식이다. 그리고 이것을 진행하는 방식은 일방적인 통로가 아니라 서로 묻고 답을 하나하나 찾아가는 과정이다. 그 과정에서 만나는 등장인물 가운데 사소하거나 무시해도 좋을 단 한 사람도 없다. 그 각각의 인물이 풀어낼 이야기는 거의 무궁무진하다. 그 무궁무진할 이야기, 즉 콘텐츠를 풀어내는 키 플레이어 key player가 바로 연출가다. 그러므로 연출가는 규칙을 정하고 그것을 따르라고 강요하는 독재자일 수 없다. 연출가는 커뮤니케이터 communicator여야 한다. 답을 던지는 사람이 아니라 답을 함께 찾아가는 질문자이며 가이드다. 그 공동 탐구의 과정에서 자연스럽게 의제를 이끌어낸다. 강제가 아니라 스스로 발견하게 함으로써 자발성과 창조성을 함께 키우는 조력자다.

이 그림에서 구성, 구도, 인물, 계층, 세시풍속, 인간관계 등 하나하나 따져 보면 많은 것을 발견하고 만나게 된다. 실제로 나는 어느 지방자치단체의 공무원 특강에서 여덟 시간을 꼬박 이 그림 하나로 채운 적이 있다. 이 그림 하나로 엄청난 이야기를 이끌어낼 수 있다. 그 실마리는 그 꼬마의 '물음'이었다. 그림에 대한 지식과 정보를 담고 있는 '명사'들을 아무리 모아도 그런 이야기를 끌어낼 수 없다. 아이가 묻고 그 물음에 대한 답을 함께 찾아가는 과정은 소통 communication이다. 콘텐츠는 그런 소통의 산물이고 우리는 모두 커뮤니케이터로서의 연출가의 시선과 능력을 가져야 한다. 그게 콘텐츠 파워의 궁극적 지향이다.

콘텐츠의 시대에 최상의 콘텐츠를 창조하고 진화시켜 더 나은 미래를 만드는 것이 우리에게 주어진 소명이다. 그런데 여기서 우리는 다시 물어야 한다. 도대체 무엇 때문에, 왜 더 나은 콘텐츠를 만들어야 하는가의 물음이다. 그것은 보다 더 나은 삶, 보다 가치 있는 사회, 보다 인간적이고 인격적인 실현이 가능한 미래를 마련하기 위해서다. 그런 점에서 이 그림의 마지막 물음은 이렇다.

가령 당신이 늘 단오 씨름 시합 때마다 지던 양반 계급이라고 가정하고 이번 단오 때는 반드시 이기기 위해 특별한 훈련과 교육을 통해 씨름 기술을 연마했다고 가정해보자. 그랬을 때 이번 단오에는 반드시 씨름 시합에서 이길 것인가? 지는 것 좋아할 사람 없다. 이기고 싶다. 그러나 져야 한다. 내가 씨름 기술을 연마하고 힘을 기른 건 '멋지게, 잘 져주기 위해서'다. 단오는 본격적인 농사철에 들어서기 전 농부들에게 베푸는 한 판 큰 잔치다. 당연히 농부가 주인공이다. 그들의 사기를 높여주는 날이다. 농부들이 너무 싱겁게 이기면 재미없다. 최대한 그들이 손에 땀을 쥐고 조바심 내다 멋지게 역전승하는 것보다 더 짜릿한 건 없다. 상대 선수는 내가 샅바를 잡는 순간 본능적으로 알아챈다. '이 양반이 작년의 그 양반이 아니네.' 그는 긴장한다. 사람들도 긴장한다. 엎치락뒤치락 승부를 가늠할 수 없다. 한 치 앞도 가늠되지 않을 때 긴장은 최고조로 오른다. 바로 그때 나는 관중이 눈치 채지 못하게, 그러나 상대 선수는 알 수 있게 실수해서 져준다. 그 선수는 나의 의도를 알아챘을 것이다. 고맙고 존경스럽다. 그게 권위다. 관중들은 환호작약이다. 사기충천이다. 어차피 돼지 한 마리 막걸리 한 가마도 우리가 내놓은 상품이다. 그걸 내가 승리해서 가져갈 까닭이 없다. 그게 모두에게 유익한 일이다. 그게 가치다.

사람을 얻는 것, 사람의 마음을 얻는 것은 결국 가치의 문제다. 그 가치를 최대한 높일 수 있는 것이 바로 콘텐츠의 강화다. 그것은 콘텐츠의 결실을 소수의 강자가 독식하는 것이 아니라 공정하게 분배하여 모든 사람들이 만족할 수 있는 결과를 도출하는 것이다. 이 한 장의 그림을 통해 우리가 이끌어낼 수 있고 계발할 수 있는 스토리와 콘텐츠는 무궁무진하다. 하물며 우리의 일과 삶은 더 말할 것도 없다.

콘텐츠는 사람에서 시작된다

누구나 말로는 사람을 키워야 한다고 말한다. 하지만 정작 그걸 실천하는 경우는 드물다. 하드웨어는 돈만 있으면 쉽게 해결할 수 있다. 게다가 눈에 보인다. 건물을 짓는 것처럼 그 성과를 쉽게 체감한다. 그래서 정치인들은 최대한 눈으로 볼 수 있는 분야의 예산을 따내려 안간힘을 쓴다. 그게 유권자에게 가장 쉽게 먹히기 때문이다. 소프트웨어는 어느 정도의 축적된 지식과 정보의 문화가 숙성되어야 한다. 그러나 설령 그게 없더라도 기본적 체제만 갖추면 소프트웨어를 사서 끼워 넣으면 어느 정도는 굴러갈 수 있다. 어쨌거나 소프트웨어가 중요하니 누구

나 그것을 강조한다. 그러나 정작 더 중요한 '사람(휴먼웨어)'에
는 무관심하다.[11] 몰라서 그런 것도 있겠지만 알아도 애써 거기
에 눈길 주지 않으려 한다. 무엇보다 사람에게는 엄청난 시간과
비용이 투자되어야 하기 때문이다. 그 성과를 내가 자리에 있을
때 누릴 가망도 별로 없다. 말로는 오늘 지구가 망해도 사과나
무를 심겠다고 하지만 그런 경우를 별로 보지 못했다.

　사람 하나를 키우는 데 드는 시간과 돈은 엄청나다. 아마 가
장 쉽게 이해할 수 있는 사례가 조종사일 것이다. 뛰어난 전투
기 조종사 한 명을 양성하기 위해 드는 시간과 비용은 어마어마
하다. 아무리 좋은 전투기가 있어도 그것을 조종할 수 있는 전
문가가 없거나 모자라면 무용지물이다. 그래서 국가에서는 엄
청난 비용을 들여 조종사를 양성하고 그에 상응하는 일정한 기
간을 의무 복무 기간으로 잡는다. 비단 조종사의 경우에만 해당
되는 건 아니다. 모든 분야에서 사람을 키우는 건 대단한 노력
과 투자를 요구한다. 사람에 대한 투자는 아무리 빨라도 10년은
걸린다. 지식과 기술뿐 아니라 앞서 말한 다섯 개의 'I'를 키우

11　인지심리학자 스타노비치Keith E. Stanovich는 '마인드웨어mindware'라는 개념
　　을 제시하며 기반 지식, 규칙, 절차, 전략 등 특정 과제를 수행하기 위해 필요한
　　다양한 종류의 지식을 강조한다. 결국 마인드의 주체인 '사람'을 강조한다는 점
　　과 인지심리학적 관점으로 보는 '개인'의 문제를 환기하는 셈이다.

는 데에도 마찬가지다. 그런데도 사람을 키우지 않는 건 투자의 결실을 당장 얻어야 한다는 조바심 때문이다. 내가 돈을 줬으니 그 돈 값에 해당하는 노동력을 부려먹으면 그만이라고 생각한다. 그리고 더 이상 빼먹을 게 없으면 가차없이 버린다.

요즘 많은 기업에서 사람에 대한 투자를 강조한다. 많은 돈을 들여서 멋진 연수원을 짓고 교육만 전담하는 부서를 만들어 1년 내내 다양한 프로그램을 가동시킨다. 예전에 비하면 상전벽해에 가까울 만큼 바뀌고 있는 건 분명한 듯하다. 그러나 정작 교육을 담당한 사람에 대한 과감한 투자는 별로 없어 보인다. 적어도 교육 담당 부서로 배치할 때는 최소한 3~5년쯤 기간을 보장하고 다른 직원보다 훨씬 더 다양한 상위의 교육을 받을 수 있도록 적극 투자해야 한다. 또한 다양한 학회, 강연, 공연, 전시 등을 다니며 자신의 안목을 키우고 최적화된 교육가를 물색 섭외할 수 있는 네트워크를 키울 수 있도록 투자해야 한다.

좀 더 구체적으로 말하자면 교육 담당자들은 주3일만 사무실에 출근하고 이틀은 현장에 나가 몸으로 부딪히며 수많은 정보와 자료를 습득할 수 있도록 해야 한다. 그런데 현실은 어떤가? 늘 책상에 붙어서 일한다. 직원의 뒤통수를 볼 수 있어야 그가 일하고 있다고 여기는 낡은 태도 때문이다. 밖으로 나가서 많은 걸 보고 배우고 느끼게 해줄 일에는 자신감도 없고 투자비도 아까워한다. 그러니 유명세에 의존하거나 뻔한 외부 강연자를 섭외하는 따위의 일에나 매달리는 경우가 허다하다. 사람을 키우려면 사람을 키우는 일을 담당하는 사람부터, 그것도 아주 과감하게 키우고 투자해야 한다. 적어도 교육의 전문가가 되어 퇴사해서 독립할 수 있을 정도의 전문가로 키울 자신이 있어야 한다. 교육을 담당하는 직원은 뒤치다꺼리하는 사람이 아니다. 교육의 방향성과 내실을 담당하는 전문가여야 한다. 수천 억을 들인 연수원이라는 하드웨어나 다양하고 수준 높은 강의와 교수자라는 소프트웨어만 있다고 해결될 일이 아니다. 교육 담당자를 전문가로 키울 수 있게 과감하게 투자하면 그 비용의 수십 배 결실을 몇 년 후 얻게 된다. 눈앞의 이익만 보거나 당장 먹기에 곶감이라는 생각으로는 불가능한 일이다.

요즘은 여러 광역시나 도 단위의 지방자치단체에서도 '인재개발원' 등의 명칭으로 공무원 교육기관을 다양하게 운영하고 있다. 그런데 그 기구를 운영하고 실무를 담당하는 직원, 특히 주무관은 시스템을 지원하는 업무 담당자일 뿐 그들이 먼저 더 수준 높은 교육을 받고 역량을 키울 수 있는 투자에 대해서는 인색하다. 실제로 담당 주무관은 순환 근무하듯 잠깐 파견됐다가 또다시 다른 업무로 배치되는 경우가 흔하다. 이런 상황에서 무슨 큰 그림을 그릴 수 있겠는가. 나는 수차례 인재원이나 교육원 등의 발전을 위해 좋은 아이디어를 제공해봤지만 이제는 더 이상 그렇게 하지 않는다. 1년 후 혹은 반 년 후 가보면 그들은 이미 다른 곳이나 다른 부서로 전근 갔음을 발견하는 일이 한두 번이 아니다. 그 모습을 보면 희망이 없다. 사람을 키우겠다며 인재원이니 교육원이니 하는 연수원을 지었으면서도 정작 그곳을 운영하고 프로그램을 개발할 사람을 의전이나 섭외를 전담하는 사람으로 대하고 있다. 건물에 드는 수천 억은 과감히 쓰면서 사람의 투자에 드는 수천만 원은 아까워하는 건 소탐대실이다. 사람에 투자하는 데 인색한 문화에서 벗어나야 한다. 겨우 일을 파악하고 방향성을 잡을 만하면 부서를 이동시키는 한심한 행태 역시 그만두어야 한다. 사람을 키워야 '나'도 크고, '나'를 키워야 조직이 큰다.

사람을 키운다는 건 결국 각각의 '나'가 주체적이고 창의적인 구성원이 될 수 있도록 지원할 수 있는 다양한 방식을 모색한다는 것과 같다. 결국 미래 먹거리인 콘텐츠를 만들어내는 건 조직이 아니라 먼저 사람이라는 점을 분명히 인식해야 한다. 사람에 대한 투자는 장기적이어야 한다. 기계처럼 인풋input을 넣으면 곧바로 아웃풋output을 토해내는 존재가 아니다. 조급하면 다 망친다. 장기적인 투자는 장기적 콘텐츠 생산으로 이어진다는 점에서 조직에 이익이 되고, 구성원 자신에게도 큰 힘을 길러낸다는 점에서 윈윈win-win의 최적 조합이다. 사람을 존중해주지 않고 소모품으로 대하는 것만큼 어리석고 비생산적인 것은 없다. 신뢰와 상호 존중의 관계가 자발성, 충성심, 창의력으로 발현된다. 아무리 여섯 개의 'I'가 결합된다 해도 정작 사람의 가치와 능력에 대한 믿음과 투자가 없으면 콘텐츠는 만들어지지 않는다는 점을 명확히 공유해야 한다. 사람이 빠지면 백약이 무효다.

갈수록 영역이 확장되고 가치가 증대될 집단지성은 그저 여러 머리를 모은다고 저절로 이루어지는 게 아니다. 모든 구성원이 서로를 인정하고 그 잠재적 능력과 가능성을 최적화시켜 주는 상호관계 속에서 큰 힘을 발휘한다. 대표적인 사례가 바로 픽사의 브레인 트러스트Brain Trust다. 영화 제작 과정에서 조언이 필요한 경우 내부 베테랑 감독으로 구성된 여덟 명의 브레인 트러스트를 소집하여 토론하는데, 강제성이 없어서 다양하고 활발한 토론이 가능하고 그 자리에서 놀라운 아이디어와 실천 방안이 쏟아진다고 한다. 이런 방식은 〈토이 스토리〉를 제작할 때 처음 시작됐고 그 효과가 탁월해서 〈벅스 라이프〉와 〈몬스터 주식회사〉 등의 작품도 이런 토론 과정을 거쳐 제작됐다. 토론은 기계가 할 수 없다. 이런 사례는 다양한 방식으로 변형되거나 진화하면서 더 획기적인 대안으로 발전하고 있다. 결국 사람이 답이다. 이 명제가 바로 결론이라 해도 과언이 아니다.

인문학에 대한 관심이 컸던 이유는 바로 거기에 '사람'이 있다는 반가움 때문이기도 했다. 우리는 지금까지 '인력'을 강조하면서도 정작 '사람'에 대해서는 크게 관심을 갖지도 않았고 과감하게 투자하지도 않았다. 이제는 그런 관행과 작별해야 한다. 인문학이 그런 역할을 충실하게 이행해야 미래 가치를 창출하고 증대시킬 계기를 마련할 수 있다. 단순히 문·사·철의 좁은 분야가 아니라 어떤 학문이나 분야든 그 궁극적 주제, 대상, 목적, 주체 등이 사람으로 귀결되는 것이 바로 인문학이다. 내가 세상에 묻고 마지막에는 물었던 나로 돌아오는 것이 인문학적 태도다. 시대정신을 읽어내고 미래 의제를 도출할 수 있는 힘이 인문학적 태도에서 나온다. 그리고 그 중심에는 사람이 있다는 일관된 믿음에 기인한다. 사람을 중시하고 사람에 대한 관심과 투자에 인색하지 않으며 모든 가치와 방향의 중심을 사람에 두는 것이야말로 모든 콘텐츠의 궁극이다. 사람에 투자할 때 비로소 그것을 수행할 수 있는 '나'를 정립하고 그 '나'가 더 높은 세상 더 나은 미래를 이끌어갈 수 있다. 사람을 놓치면 다 놓친다.

사람에 대해 주목하고 자유를 요구하고 고취하며 모든 가능성을 열어놓고 기다리고 사람에 투자할 수 있도록 이끄는 인문학과 그를 통한 미래 가치가 콘텐츠에 담겨야 한다. 더 늦기 전에, 사람 좀 제대로 키워보자. 그래서 더 멋지고 생산적인 콘텐츠를 만들어내고 그 결실을 누리는 미래를 희망할 수 있어야 하지 않겠는가? 여섯 개의 I가 만들어내는 콘텐츠가 그런 미래를 실현할 수 있는 길이 될 수 있기를 희망한다.

파블로 네루다Pablo Neruda가 《질문의 책》에서 던진 물음을 놓치지 않으면서 살기만 해도 많은 것을 만들어낼 것이다.

나였던 그 아이는 어디 있을까,
아직 내 속에 있을까 아니면 사라졌을까?

'나였던' 그 아이가 중요한 게 아니라 '나인' 그 아이, '나일' 그 아이를 간직해야 한다. 그 '아이'가 이상이나 꿈에 그치는 게 아니다. 주체적이고 독립적인 '사람'이고 정체성을 잃지 않으면서도 조화할 수 있는 '사람'인 아이를 간직해야 한다. 그것만 놓치지 않아도 우리는 멋진 미래를 만들어낼 수 있다는 희망을 품을 수 있고 그 희망을 실현시킬 수 있다. 그게 모든 콘텐츠의 핵심이다.

세계를 낯설게 바라보기

21세기는 분명히 콘텐츠의 시대다. 현실은 분명 그런데 안타깝게도 우리는 여전히 상당 부분 과거의 틀에서 벗어나지 못하고 있다. 물론 예전에 비해 많이 변한 건 맞다. 그러나 혁명의 시대에 점진적 진화로는 턱없이 부족하다. 우리가 과거에 배운 것, 일한 것, 살아가는 것 등 거의 모든 것이 온통 속도와 효율을 지상 과제로 삼았고 그런 습성이 몸에 깊이 밴 까닭에 쉽게 털어내지 못하고 있다. 생각을 바꿔야 삶이 바뀌고 미래가 바뀐다. 콘텐츠에 대한 기존의 소극적 이해와 실행이 아니라 환골탈태해서 혁명적으로 전환해야 한다. 현재 우리가 당면한 과제다. 세상이 바뀌면 생각이 바뀌어야 한다. 삶의 방식이 바뀌면 생각이 바뀌어야 한다. 이 두 문장은 언제나 역逆이 가능하다.

나는 이 책에서 콘텐츠의 비형태적·비질료적·비가시적인

속성을 다섯 가지 요소로 나누어 살펴보고 그것들이 '나'라는 인격적 주체로 수렴되어야 한다는 점을 다루었다. 지식과 정보를 포함한 탐구, 직관, 영감, 통찰, 상상력의 다섯 가지 요소를 따로 떼어 독립적이고 체계적으로 설명하는 것은 철학, 사회학, 과학, 예술, 문화 등의 영역에서 서로 차이가 있을 뿐 아니라 미묘하되 유의미한 특징들이 있어서 생각보다 방대한 작업이었다. 이 책에서는 왜 그것들이 중요한 요소인지를 강조하는 데에 치중했고 각각 짝을 묶어 각 요소가 서로 어떻게 관계를 맺고 융합할 수 있는지, 어떻게 콘텐츠로 이어질 수 있는지 등의 문제와 사례를 우선적으로 다뤘다. 일종의 편의적 묶음이다. 그 단계에 머물지 않고 더 많은 경우의 수를 만들어낼 수 있다면 이 책이 던진 메시지와 의미는 충분히 전달됐다고 믿는다. 이 책은 해답이 아니라 생각을 던진 것이고 더 나아가 물음을 던진 것이다. 그 물음에 대해 어떤 경우의 수를 조합하는 것이 최적인지 탐색하는 것이 독자의 몫이다.

직관과 영감, 통찰과 상상력을 묶은 것은 1차적으로 서로 관련을 맺으면서 확장할 수 있는 요소이기 때문이다. 한꺼번에 모든 것을 뭉뚱그리는 것보다 그런 단계를 거쳐 셋, 넷으로 확장하면서 모든 요소가 하나의 콘텐츠로 수렴될 수 있으면 가장 이상적일 것이다. 주어진 내용이나 목적 등에 따라 엮고 묶을 수 있는 사항은 매우 다양해진다. 예를 들어 '탐구-직관', '탐구-영감' 등으로 확장하고 그다음에는 '탐구-직관-통찰', '탐구-영감-통찰-상상력' 등으로 확장된 짝을 맺어보는 등의 방식이다. 1대 1, 1대 다多, 다대 다의 조합은 생각보다 많은 것을 만들어줄 것이다. 그런 방식으로 확장하면 '순열 조합'을 통해 엄청난 경우의 수를 만들어낼 수 있다.

물론 '나나'는 언제나 이것들을 묶고 엮는 주체이며 판단하는 최종 판관이다. 모든 경우의 수에서 어떻게 '내'가 주관하고 주체적으로 해석하고 판단하는지를 경험하게 되면서 저절로 '조정자coordinator'와 '기획자curator'의 능력과 역할을 증강할 수 있다. 이런 식으로 하나의 단일한 아이템이 아니라 다양한 방식으로 '융합'하는 것을 통해 우리는 훨씬 더 깊고 풍부하며 부가가치가 높은 콘텐츠를 생산할 수 있게 될 것이다.

그러므로 이 책이 의도하는 방식은 1차적으로 각각의 요소에 대한 이해를 증진하는 것이고, 더불어 하나의 대상을 각각의 요소로 분류하고 범주의 틀을 마련함으로써 보다 체계적으로 구성할 수 있는 능력을 증진하는 것이다. 각 요소를 다양한 경우의 수로 묶어보면서 최적화된 조합 방식을 거듭 만들어보면 새로운 것만이 능사가 아니라 기존의 것으로도 충분히 새롭고 높은 가치를 창출해낼 수 있다는 것을 자각할 수 있을 것이다. 따라서 이 책에서 일별한 각 요소를 독립적이고 개별적인 방식으로만 이해하고 수용하는 방식에 집착하는 것은 이 책이

의도하는 목적과 배치되는 셈이다. 여러 차례 경험과 시도를 하다 보면 이 책에서 제시한 요소 이외의 것에도 스스로 발견하거나 만들어낼 수도 있을 것이며 다양한 응용의 방식을 자신에 맞게 변형 변용할 수 있게 될 것이다. 그 경지에 이른다면 이 책은 소임을 다한 것이니 쓰레기통에 버리거나 냄비받침으로 써도 무방하다. 그러나 당분간은 곁에 두면서 들춰 보고 읽을 때마다 자기만의 방식으로 재구성하는 훈련을 해보길 권한다. 이 책은 문제의 해결책이 아니라 문제를 낯설게 바라볼 수 있게 하는 제안서라고 할 수 있다.

비유적으로 말하자면 각 요소는 전술(개개 전투에 관계되는 방책)이고 모든 요소를 묶는 건 전략(전쟁 목적을 달성하는 전체 국면에 관계되는 기본 방침)이라 할 수 있다. 그러나 이 모든 것을 이상적으로 융합한다 하더라도 결정적으로 그것들이 주체적이고 인격적인 '나'의 존재 안에서 이루어지지 않으면 어설픈 자기계발 혹은 엉뚱한 경영 훈수에 불과하다. 전략이든 전술이든 그것을 수행하는 주체는 군인이다. 아무리 훌륭한 전략이나 전술을 마련해도 능력 있는 군인이 없으면 무용지물이다. 그러니 모든 것 가운데 하나를 고르라면 당연 사람이다!

이 책은 인문학자로서 콘텐츠에 대해 다양한 시선과 해석으로 접근하고 나름대로 고민한 결과물이다. 인문학은 내가 세상에 묻고 세상이 내게 묻는 것을 고민하며 분야를 막론하고 그 주제, 목적, 대상, 주체가 인간으로 수렴되는 것을 의미한다. 그리고 인문정신은 시대를 읽어내고 그 흐름의 고갱이를 밝혀내며 미래 의제를 성찰함으로써 더 나은 인간, 삶, 세상에 대해 고민하는 것이다. 이 책이 논리적이고 체계적이며 완벽하게 독창적인 면에서는 미흡하겠지만 그 고민의 소산이라는 점은 확신할 수 있다. 과거의 학습과 경험에 익숙한 기성세대로서 새로운 세상에 대한 기대와 희망을 조금이라도 마련할 벽돌 하나는 되고 싶다는 바람의 소산이기도 하다. 또한 이러한 시선은 무엇보다 젊은 세대들에게도 중요하고 그들이 그다음의 세대에게 자신의 방식으로 전해줘야 할 의무를 제시하는 것이기도 하다고 믿는다.

세상은 변했다. 그리고 더 빠르게 변화하고 있으며 미래의 세상은 훨씬 더 다르게 나타날 것이다. 그 핵심이 바로 콘텐츠다. 기술적인 면은 전문가들이 계속해서 채워 나갈 것이다. 기술로 구현될 것에 탑재될 콘텐츠는 인문적 측면과 시선으로 채우는 것이 필요하다. 엄밀히 말하자면 나는 새로운 것을 만들어낸 것이 아니라 내가 살아오며 겪고 느끼고 생각한 것들을 콘텐츠라는 주제로 재해석했으며 그것을 토대로 우리가 어떤 가치를 만들어내고 재구성할 것인지를 제안한 것이다. 먼저 이 그림을 그려낸 후 앞으로 꾸준히 각각의 요소에 대한 심층적이고 체계화된 내용을 연구할 것이다. 제4차 산업혁명의 핵심은 기계적 혁명이 아니라 생각(사유)의 혁명이다. 이 본질을 놓지지 말아야 한다. 그게 '콘텐츠'의 고갱이다.

콘텐츠의 질적 도약이 없으면 외면 받고 도태된다. 생각이 바뀌면 내 삶이 바뀌고 미래가 바뀐다. 콘텐츠가 미래의 답이다. 6I's로 콘텐츠의 힘을 키워 미래를 더 멋진 기회로 만들어야 한다. 미래는 언제나 '이미 도착'해 있다.